鞍钢人的故事

谨以此书献给鞍钢成立七十周年

1948 — 2018

鞍钢关心下一代工作委员会
鞍钢老干部工作办公室　编著
鞍 钢 集 团 博 物 馆

北　京
冶金工业出版社
2019

图书在版编目（CIP）数据

鞍钢人的故事/鞍钢关心下一代工作委员会，鞍钢老干部工作办公室，鞍钢集团博物馆编著.—北京：冶金工业出版社，2019.6

ISBN 978-7-5024-8188-9

Ⅰ.①鞍…　Ⅱ.①鞍…　②鞍…　③鞍…　Ⅲ.①钢铁厂—工厂史—鞍山　Ⅳ.①F426.31

中国版本图书馆 CIP 数据核字（2019）第 110942 号

出　版　人　谭学余
地　　　址　北京市东城区嵩祝院北巷 39 号　邮编　100009　电话　（010）64027926
网　　　址　www.cnmip.com.cn　电子信箱　yjcbs@cnmip.com.cn
责任编辑　杜婷婷　美术编辑　彭子赫　版式设计　孙跃红
责任校对　王永欣　责任印制　牛晓波
ISBN 978-7-5024-8188-9

冶金工业出版社出版发行；各地新华书店经销；三河市双峰印刷装订有限公司印刷
2019 年 6 月第 1 版，2019 年 6 月第 1 次印刷
169mm×239mm；24 印张；297 千字；372 页
88.00 元

冶金工业出版社　投稿电话　（010）64027932　投稿信箱　tougao@cnmip.com.cn
冶金工业出版社营销中心　电话　（010）64044283　传真　（010）64027893
冶金工业出版社天猫旗舰店　yjgycbs.tmall.com
（本书如有印装质量问题，本社营销中心负责退换）

编委会成员

蕴含着智慧和力量的生动教材

——《鞍钢人的故事》序言

栗宝卿

党的十九大报告指出："文化是一个国家、一个民族的灵魂。文化兴国运兴，文化强民族强。没有高度的文化自信，没有文化的繁荣兴盛，就没有中华民族伟大复兴。要坚持中国特色社会主义文化发展道路，激发全民族文化创新创造活力，建设社会主义文化强国。"企业的发展也承载着文化的生动内涵。鞍钢，更是有着深厚的文化底蕴和无穷的文化力量的钢铁企业。

1948 年 12 月 26 日，鞍山钢铁公司宣告成立，这个值得鞍钢人永远铭记的日子，至今已整整过去了 70 年。为深入贯彻习近平新时代中国特色社会主义思想，回顾和宣传鞍钢成立 70 年来的辉煌成就，让广大职工牢记鞍钢历史，担当振兴鞍钢使命，激励一代又一代的鞍钢人弘扬鞍钢精神，鞍钢关工委在离退休老干部中开展了以"讲鞍钢故事"为主题的纪念鞍钢成立 70 周年征文活动。以此向新一代鞍钢职工讲述鞍钢的历史，讲述老鞍钢人的成长经历，讲述他们熟悉的优秀人物和难忘的事，让新一代鞍钢职工铭记鞍钢的历史，继承和发扬鞍钢优良传统，激励新一代鞍钢职工立足岗位，为鞍钢新时代发展建功立业。

70年前，鞍钢在一片废墟上成立并迅速开工恢复生产，是新中国成立后最早恢复和建设起来的特大型钢铁企业，是中国钢铁工业发展的摇篮，是共和国的"钢铁长子"。鞍钢的发展，是新中国钢铁工业发展的缩影。以老英雄孟泰、王崇伦、雷锋、郭明义、李超等为代表的鞍钢英模，是中国工人阶级的光辉典范。在鞍钢发展的每一个历史阶段、每一个历史关头，在严峻困难的考验面前，他们都以高度的主人翁精神和百折不回的气概，顾全大局，为国分忧，拼搏进取，无私奉献。这种可歌可泣的英模精神，体现了社会主义国有大企业应有的胸襟和强大的凝聚力，体现了一代又一代鞍钢人的时代风采。

习近平总书记在中国文联十大、中国作协九大开幕式上的讲话中指出："要把提高作品的精神高度、文化内涵、艺术价值作为追求，让目光再广大一些、再深远一些，向着人类最先进的方面注目，向着人类精神世界的最深处探询，同时直面当下中国人民的生存现实，创造出丰富多样的中国故事、中国形象、中国旋律，为世界贡献特殊的声音和色彩、展现特殊的诗情和意境。"习近平总书记的这段讲话为我们企业文化工作指明了方向。现在呈现在大家面前的《鞍钢人的故事》，除收录了"讲鞍钢故事"活动中征集的大部分文章外，编者还搜集了20余篇散见于报刊、书籍中的鞍钢人颇具历史价值的记述和回忆文章，一并编入书中。这本书的作者，大都是鞍钢的老前辈、老领导、老专家、老劳模。他们以自己的亲身经历和所见所闻，从各自不同的角度，生动地描述了老一辈鞍钢人艰苦创业、开拓进取的历史轨迹，翔实地记录了鞍钢工人阶级建树卓著的历史功勋。不论是娓娓道来的珍闻轶事，还是对艰苦创业的热情讴歌，对于引导广大职工了解鞍钢奋斗历程、继承鞍钢传统、发扬鞍钢精神、促进鞍钢发展，都将发挥巨大的激励作用。本书分为历史回顾、英模风采、岁月留痕、我与鞍钢四个篇章。第一章是对鞍钢重大历史事件的回顾，第二章讲述的是鞍钢最具时代特征的五大英模的故事，第三章是老鞍钢人对以往一些难忘事件的回忆，第四章是老鞍钢人对企业割舍不下的情怀。这些故事具体而生动，散发着老鞍钢人的智慧和鞍钢人的力量。

当前，我国经济已经由高速增长阶段转向高质量发展阶段。新时代向鞍钢人提出新要求。我们要认真学习贯彻习近平新时代中国特色社会主义思想，进一步解放思想，转变观念，保持定力，面对挑战，做强钢铁主业，大力提升发展质量和效益。要抓住发展机遇，深化改革创新，扩大开放合作，加强核心人才队伍建设，完善人才的培养、引进、使用和激励机制，做到感情留人、事业留人，与职工共享改革发展成果。要大力弘扬"鞍钢宪法"精神，不断丰富和创新企业文化，不断赋予"鞍钢宪法"新的时代内涵。要进一步讲好鞍钢故事，将鞍钢精神、鞍钢文化发扬光大，为擦亮鞍钢品牌，为把鞍钢建设成为具有国际竞争力的一流钢铁企业，奋力谱写新时代鞍钢振兴发展的新篇章！

2018 年 12 月

目　录

历　史　回　顾

英　模　风　采

岁 月 留 痕

我　与　鞍　钢

历史回顾

日本技术总顾问对鞍钢的唱衰与点赞

石树林

  70 年前，鞍山钢铁公司成立前后的一个多月，针对鞍钢复工生产，留用的日方人员曾两次发声，先说"鞍钢只能种高粱"，后又高呼"共产党万岁"！至于发声者是谁？因何一贬一褒、自相矛盾？直至 20 世纪 80 年代末，亲历者才解开谜团：两次发声者为同一个人——日本技术总顾问赖尾喜代三。他从唱衰到点赞，是鞍钢 70 年历史的两个精彩瞬间，让我们读到一段鞍钢是怎样在一片废墟上昂首起步，鞍钢职工是怎样为国担当、为党争光的珍贵史料。

  1948 年 11 月初，东北全境解放。东北行政委员会工业部遵照党中

东北解放前鞍钢已是一片废墟

央关于"鞍钢要尽快恢复生产"的指示精神，立即把鞍山钢铁公司的成立和组建提上日程。12月初，首任经理李大璋同志到鞍钢主持工作。当时，李大璋还不到40岁，却已参加革命近20年，从事过地下工作，在党、政、军等岗位经过历练和考验，是位对党忠诚、信念坚定、思维缜密、行事干练的领导干部。他到任后办的第一件事，就是通知中、日双方的技术负责人，准备鞍钢修复和生产的意见，近日听取汇报。在当时，这是一个大家都在思考、盼望得到答案的问题。有一天，鞍钢职工总会筹委会主席王群与王勋（1948年—1954年任鞍钢副经理）、陶惕成（时任计划处负责人、1954年—1967年任鞍钢副经理）下厂区勘察回来，特意找到留用的日本专家总顾问赖尾喜代三、修建工程师原一桢，开门见山问："依你所见，需要多长时间、什么条件才能修复鞍钢？"留着八撇胡的赖尾讪笑着说："修复，谈何容易，需要美国的设备、日本的技术，再加上20—25年的时光。"他又说："可惜呀，你们同美国没有外交关系，我们日本又是战败国，你们外援无路、内力空虚，看来，这片厂区只能种高粱了。"王群听后十分气愤，严肃地对赖尾说："外国人能做到的事我们能做到，外国人做不到的事我们也能做到。"之后，不欢而散。

很快有人把这个情况报告给李大璋，并建议对赖尾严厉批评，令其深刻检讨。李大璋听后稍加思考，说："赖尾这些话是何动机？是怀有仇恨、恶意诅咒，是夸大困难、借以卸责，还是胸无定见、信口开河？现在尚不清楚。赖尾是位比较特殊的人物。他是有真才实学的技术官僚，是当前最了解鞍钢的技术权威，是留用数百位日本技术人员的长官，对这件事处理得不好，他同日方的技术人员都将无法工作，受影响、受损失的是我们。鞍钢当前最重要的任务是修复设备、恢复生产，这项任务相当艰巨，也相当困难，我们必须调动一切积极因素，发挥所有人的作用，同心协力，共同奋斗。只有把这项任务完成了，唱衰者才能信服我们，怀疑者才能转变观念。在此之前，有人说点泄气话，不要揪住不放，以免转移工作重心。赖尾的话不要扩散，也不要让他感到压力。要留意观察，做到心中有数。只要他能尽职尽责，帮助我们工作，就是朋友，就要以礼相待。把我的意见转告给有关部门。"之后，李大璋取消了听取汇报的计划，带着邵象华、王之玺、杨树棠、李松堂几位专家，深入生产一线，做深度调研。所谓"深度调研"，就是针对复工生产急需解决的问题，到现场进行剖析，诊断，讨论对策。"深度调研"结束后，李大璋指示由王之玺、赖尾喜代三分别牵头，中国专家和日本专家各制定一份《鞍钢复工计划》。大约3周后，两份计划相继上报，经过认真、慎重的比较，认为中方的《复工计划》更积极、更符合上级要求和企业现状，经东北工业部批准，采纳了中国专家的计划。

采纳中方的《复工方案》，标志着中、日专家在首个回合的技术较量中，日本专家败北。自尊心极强的日本专家感到很没面子，特别是他们的长官赖尾喜代三。这位日本技术总顾问并非等闲之辈，他曾任满洲制铁株式会社理事会的理事兼作业局局长，该局下设生铁、制钢、化工、采矿四个部，就是说，满洲制铁的生产主体单位尽由赖尾指挥。国民党接收鞍钢时，选中留用的第一人就是赖尾，并设立顾问室，委以总顾问的头衔。鞍钢解放后，我们接管了这批日本留用人员，沿用了原有的称谓，希望他们用技术和经验为鞍钢复工发挥作用。所以，尽管他是战败国的留用人员，却一直受到器重和尊敬。不久，赖尾收到《鞍钢1949年修复计划》，他反复看后，深感中国人员的技术能力不在日本之下，其设计理念、解决关键问题的思路和措施等还优于日本。但仍不相信这个《计划》能顺利完成，因为在李大璋通知要听取复工汇报时，他们曾分析过鞍钢的现状，认定有几个根本无法解决的难题：一是鞍钢主要生产设备残缺不全，凭现在的情况，既造不出来，也买不到，没有设备怎么能复工生产。二是技术力量严重不足，现在的技术人员，一部分是国民党留下的，他们曾在鞍钢干了近两年，成效甚微，说明能力一般；另一部分是满洲制铁留下的，只能当配角。这些技术人员有些是留洋归来的，有些是长期为国民政府服务的，有些是满洲制铁的员工，他们的理念和信仰与共产党很难相容，会真心为共产党出力吗？共产党能信任他们吗？三是鞍钢的各级领导人对钢铁工业几乎一窍不通，不仅没管过这样的大企业，甚至没见过这样的大企业，他们现在还不具备指挥鞍钢施工、生产的能力；四是劳动力解决不了，劳动技能也不行。鞍钢对现有的几千名工人都不发工资，还能有人愿意到鞍钢做工吗？就算能招进些曾在满洲制铁干过的工人，他们的技术也不行。因为在日本控制鞍钢时期，所有重要岗位的技术工作都是由日本员工承担。一个设备不行，一个技术不行，一个领导不行，一个工人不行，这样的企业是无法生产的。当初，"鞍钢只能种高粱"，就是基于这些分析抛出来的。

可是，从筹建鞍山钢铁公司开始，就出现许许多多让人无法理解、难以相信的情况。后来有人说："日本人所谓'四个不行'一句不灵。鞍钢是先生产奇迹，后生产钢铁。"

鞍钢职工总会筹委会刚一组建，就向职工发出献交器材的号召。不久，鞍山市委、市政府发布《告全市同胞书》，号召全市人民为鞍钢复工献交器材。由于广泛发动、工作细致、贴近民心、唤起激情，鞍钢就有4255人献交器材，占职工总数的73%。有一个居民区，居住2513户居民，有1870户献交了器材，占74%。这项活动进行了一个月零五天，没花一分钱，收到大如机床、电机，小如轴承、水嘴，共1123种，21万多件各类设备和器材。在这种氛围的感染下，一位日本技术人员也加入了献交器材的行列，把埋在唐马寨的中板轧机大牌坊告诉了中方领导人。赖尾喜代三曾详细看过献交的器材之后很惊讶地说："从来都是个人把厂里的东西往自己家里拿，只有偷鞍钢、吃鞍钢，哪有工人往厂里送东西的！有了这些设备，鞍钢恢复生产可以加快十年！"

在鞍山解放之前，党中央就有"鞍钢必须做好知识分子和留用工程技术人员工作"的明确指示。1948年2月19日鞍山解放，进入鞍钢的部队就下达了查找国民党资源委员会派到鞍钢的六位协理，以及对鞍钢工程技术人员保护的任务。解放军在鞍钢轧钢所（原二薄板厂办公室）发现几名男子和妇女儿童，见男子都像知识分子，便让妇女儿童留下，男人被部队护送到一处安全地带保护起来。过了几日，战事结束，秩序转好，部队来人检查，一位部队干部喊了一声："六位协理都在这。"随后就把他们送到市里一处旅馆，接着又把他们的家属接来团聚。2月27日，根据东北局的指示，鞍山市市长刘云鹤率公安局长等到旅馆探望，见面就说："照顾不周，深表歉意。"就这一句话，使六位协理装在心中的共产党对我们这几个国民党在鞍钢的要员将怎样处理的忧虑，一下子就烟消云散了，有了一种见到亲人的感觉。刘云鹤市长在宴请他们及家属时，详尽解释了党的知识分子政策，并诚恳欢迎他们留在鞍钢，共同建设这个钢铁基地。同时也表示："如果不愿意留下也予以尊重，想去哪里都会提供帮助。"几位协理听了这些坦诚、暖心的话，都表示了留在鞍钢工作的意愿。杨树棠尽管夫人尚在北京，因战事失去联系，他也申请留下。几位协理还介绍有几十位技术人员和一位德国焦炉专家没有离开鞍山，表示愿意动员他们为鞍钢效力。对如何发挥这批专家和技术人员的作用，则坚持充分信任、树立威信，全力打造发挥他们聪明才智的平台，以激发他们展示才干的冲动、知识报国的愿望、为理想献身的激情。在制定《鞍钢复工计划》时，只指定王之玺牵头，邵象华、杨树棠、李松堂参加，另外需要哪些人员参加，由他们提出名单，公司负责抽调，鞍钢不派什么干部来领导，复工计划全部工作由他们决定。复工计划被批准后，所有参与人员按专业下到基层，承担复工的准备工作。杨树棠到修造厂（辖机修总厂、中板厂、铸管厂等）任总工程师，利用献交的器材，很快就把中板厂修复并具备生产条件，但炼钢厂损坏严重，无法炼钢，他就提出先把机总的两座十吨固定式小平炉修好，铸成小锭轧材。但在试验过程中，钢锭出现裂纹，日方技术人员不再支持杨树棠的意见，实验难以继续。修造部领导同志对杨树棠说："你是技术负责人，怎么办由你决定。"杨树棠同志通过调整锰的配比，继续试验，终于获得成功，鞍钢在 1949 年初便有中型、小型、中板等厂顺利生产。一批已离开鞍钢的技术人员，得知鞍钢尊重知识分子，重视发挥工程技术人员作用，他们过去的领导和同仁现在工作都很高兴，便通过不同渠道又回到鞍钢工作。在鞍钢的工程技术人员队伍中，有一个人令日本人引以为荣，却又十分困惑。这个人叫孙照森，是位留学日本、学成归来的技术人员，曾任鞍山钢铁有限公司电修厂厂长，鞍钢解放后被留下工作的电气工程师。因为他在电气方面的技术水平、工作能力很强，日本技术人员觉得"这个人才是日本给培养的"，引以为荣；疑惑的是孙照森对日本同行缺乏热情，对共产党、对工作却有超级的热情和奉献精神。献交器材时，他把自己购买的数种国内外都很珍贵的仪表、器材全部献给鞍钢；为解决鞍钢恢复生产用电和市民生活用电，他带领工人修复遭到严重破坏的供电网络，并把鞍钢电网改成环形供电系统，避免因停电影响生产；针对恢复生产急需机电设备的状况，亲自设计并带领工人制造了 300 余台电机。这批工程技术人员，对鞍钢恢复生产做出了巨大的贡献，受到广泛的赞扬和尊敬，也获得很高的荣誉；原股份有限公司的六位协理中，王之玺、杨树棠被评选为鞍钢恢复生产的一等功臣，邵象华为二等功臣。孙照森不仅是一等功臣，还参加了 1950 年召开的全国第一次工农兵劳模代表大会，成为中国高级知识分子中首批全国劳动模范。为什么这批知识分子和技术人员，在这么短的时间精神面貌变化如此之大，聪明才智发挥如此之快？曾在鞍钢工作过的中国科学院、中国工程院的资深院士邵象华感慨地说："求学时代，相信工业可以救国，在国内大学毕业又去了国外，结果都是梦想。解放了，我在鞍钢工作了十年，工业救国的梦想才得以实现。"这位德高望重的老科学家道出了爱国知识分子的共同心声。对留用的日本技术人员同对中方技术人员一样，平等相待，充分尊重，支持工作。而在生活待遇方面还优于中方技术人员。以赖尾喜代三为首的日方技术人员甚为感动，都很认真工作，为鞍钢复工生产做了有益的工作。

从1948年2月鞍山解放，到年底鞍山钢铁公司成立，东北局向鞍钢派出了48名干部，他们都是红军时期与抗日战争时期参加革命，现职为县团级以上的优秀干部。从1949年起，党中央从华北、华东抽调近500名领导干部，号称"五百罗汉"。这些干部没有管理大企业的经验，对钢铁工业及生产技术知之甚少，但他们的特点是对党忠诚，勇于担当。报到时，哪里急需就到哪里。如曾任辽宁省辽阳市市长谷正荣到鞍钢被留在机关任秘书处代处长，山东省泰安市地委书记刘舜卿被派到土建公司当书记，浙江省政府办公厅副处长谭福润到机修厂下设的车间当车间主任等，这类情况不少，但没有一人提出职务安排不当或岗位不合适等问题。他们牢记领导的嘱托："到鞍钢工作责任重大，必须向内行学习，全心全意依靠工人阶级办企业。"到岗位后，他们发挥党的优良传统，沉到职工群众当中，把工人当兄弟、当朋友，关心群众疾苦，遇事听取职工意见，苦脏累险冲在前面，很快获得职工的信任。有不少干部还拜工人为师，订立师徒合同。特别是当职工得知跟他们朝夕相处、视如兄弟的这些干部竟是当过县长、市长、厅长的"大官"，就打心里敬佩他们、信任他们、亲近他们、支持他们。电修厂首任厂长郭英忱任职后，经常活动在工人群众中，工人干活时，他有时间就去打下手。中午，拿着饭盒到工人中边吃边聊，很快同工人建立了感情，也在职工中树立了威信。鞍钢动员职工献交器材时，他走遍了全厂所有的班组，同工人促膝谈心，讲解献交器材的意义，讨论如何把这项工作干好，使电修厂献交器材工作走在了全公司的前头。郭英忱的工作有很强的创造性和前瞻性，他预见到鞍钢要恢复生产，电修厂必须在"修"字上做文章，便很早就带职工到生产厂矿察看电器设备状况，并从已报废的电机、变压器中，组织职工修复百余台，为开工生产创造了条件，因而被评为"鞍钢恢复生产一等功臣"。首批进入鞍钢的领导干部中，由于他们认真学习，刻苦钻研，有一批人后来成为冶金行业的专家。鞍钢职工评价共产党的干部就两个字：忠诚。他们对党忠诚，对职工忠诚，对工作忠诚。机车厂工人出身的厂长栗清波讲过"毕怀林（鞍钢运输系统领导人，1975年—1982年任鞍钢副经理）只身拉队伍的故事"。在准备接管鞍山时，毕怀林被任命为辽南铁路局鞍山办事处主任。他听说鞍山新华工人住宅区有火车司机居住，便想到鞍山解放，鞍钢就要开工，必须有火车司机，早点物色些人有用，1948年2月19日鞍山解放的当天下午，毕怀林就带一位教导员到职工住宅区走访，因为下半夜才打完仗，市民都不上街，走了好长时间，才遇到一个人，这个人就是栗清波，毕怀林上前拉话，问他是干什么工作的，回答"开火车的"。毕怀林听了非常高兴，就对这个人宣传共产党的政策，说八路军是穷人的队伍，是为解放穷人而来的，自己就是贫苦农民，被解放参加八路的。鞍山解放了，咱们工人应该想办法恢复生产，过上好生活。栗清波对毕怀林言谈和善、平易近人很有好感，便问："你有什么事吗？""我想找些会开火车、会修火车的工人。""行，我给找，到哪找你？""火车站。"当天晚上，栗清波就找了十多人，第二天一早带这些人到毕怀林那里报到。毕怀林兴奋地对这些工人说："从今天起，你们就参加革命工作了。"经大家推选栗清波为这些人的负责人，毕怀林当即宣布任命。就这样毕怀林在鞍山解放第一天拉起一个班，不久变成一个段，最后成为鞍钢生产的运输骨干——机车厂，栗清波也从一名火车司机成为机车厂的厂长，鞍山钢铁公司成立后，毕怀林也进入鞍钢，率领他创建的这支队伍为鞍钢打拼38年，直到离休。

1948年年底，鞍山钢铁公司成立后首次招工。招收的对象以曾经在鞍钢工作过的技术工人为主，待遇是实物供给制，就是经过考核评定，分为四个等级，月领取90斤、180斤、220斤、260斤混合粮。公道地说，这些混合粮的价值比过去的薪金还要低。当初估计，会招进一批，但这样的条件，技术工人是否都愿意来，不敢肯定。可是招工决定一经公布，报名之踊跃就出乎预料，应招人数远超预招人数，不少人甚至带着捐献器材来报名应招，而且不论什么待遇只要批准入厂就行。对于暂时实行"供给制"，没有工资，有人说："我们都翻身作国家的主人了，还讲什么工资待遇呀！再说啦，共产党把我们救出火坑，还能亏待我们吗？"日本统治鞍钢时期，重要的技术活统由日本技术工人干，所以，中国工人的技术水平较低也是事实。但也有些工人技术不仅不低甚至还高于日本工人。电修厂工人宋学文就是这样一位，他于1927年16岁就进入鞍山制铁所学徒，因为有些技术日本工人不教，中国工人不会，学了几年也没有长进。宋学文对此很不甘心，就同师兄弟琢磨出一招——"偷学他们技术"。每当日本工匠出来干活，都让中国工人离开工作现场，这已成规律。因此，再遇到这种情况他们就派专人观察，关键时刻发出信号，几个工人就开始和宋学文打架，而且要见"红"，宋学文跑进现场，向日本工匠"告状"，日本人见都打出血了，便放松了警惕，起身制止、训斥。宋学文借机偷看日本人处理电机的技术，然后再向师兄弟讲解。像宋学文这样"有心计"的中国工人，通过不同手段、办法都学到一些关键技术，但深藏不露，直到解放后才施展出来。1948 年 12 月的一天，宋学文带着工人修电机，有位留用的日本工人参加，看到宋学文技术非常好，便问："宋，你有这么好的技术，为什么过去从来不用呢？"宋学文风趣地回答："强盗进我家抢东西，我还会帮他装车吗？现在强盗跑了，自家的活我还不干吗？"

1949 年年初，《鞍钢修复计划》公布并开始实施，各项工作有序、高效进行，鞍钢恢复生产已不是能不能，而是要更快、更好，公司上下兴高采烈，一片喜庆。1 月下旬，迎来了解放后第一个新春佳节，鞍山市人民政府决定举办一次春节招待会。日方技术总顾问赖尾喜代三不仅应邀参会，还被安排在会上发言。赖尾对此非常高兴，深感中国方面对日本留用人员的友好和尊重，是对他及他的属下工作的肯定。在招待会上的发言中，他把在鞍钢修复中亲身经历，亲眼所见，令他感动的人与事一一点赞、高度评价，对鞍钢恢复生产和发展前景做了极其乐观的展望，讲到激动时竟振臂高呼"共产党万岁！"

日本中上层人士喊"共产党万岁"者，极为罕见。赖尾一年前，还以"只能种高粱"唱衰鞍钢复工生产，如此大的转变因何而来？而此时用"共产党万岁"这样一句政治口号为中国点赞、为鞍钢点赞，是需要巨大的勇气和力量的。他的勇气和力量是从哪里来的？从他的讲话中，可以找到。它来自对鞍钢职工勇于担当、无私奉献激发的感叹；来自对鞍钢在一片近似废墟上创造出的奇迹，兴奋的呐喊；来自对共产党领导经济工作的特殊才干，表达的敬佩；来自同中国人民共同奋斗，收获的喜悦。

在欢庆鞍山钢铁公司成立 70 周年的日子，我们应该感谢赖尾喜代三这位日本朋友见证、传递和赞赏第一代鞍钢人的初心。

（作者曾任鞍钢党委副书记。）

鞍钢"五百罗汉"的由来

钟翔飞

自鞍钢恢复时期起，先期由中共中央东北局及辽东分局、后期由中共中央先后调集大批干部奔赴鞍钢。其中有来自东北、华北、华东、中南等地区的500多名地县级以上领导干部奉调鞍钢，史称"五百罗汉"。

柴树藩（左二）等人接收鞍钢时在"大白楼"楼顶合影

鞍钢"五百罗汉"的调入，为新中国第一座大型钢铁基地——鞍钢的恢复与建设，提供了有力的组织保证；为共和国钢铁事业的兴起与蓬勃发展，聚合了强大的领导力量。鞍钢"五百罗汉"的形成，在共和国钢铁发展史上乃至工业发展史上都具有重要的里程碑意义，对新中国钢铁工业格局的形成及工业化道路的开拓都具有举足轻重的影响。

鞍钢"五百罗汉"的出现，缘于一个特殊的、特定的历史背景。

"新中国成立之前，全国的建设重点在东北，而鞍钢又是东北的重点。"著名冶金规划专家、直接参与接收鞍钢并早期担任鞍钢副经理的王勋认为，正是在这样的背景下，"中央决定分几批调集大批干部和技术人员支援鞍钢。第一批是1949年从东北调来的，后来随着全国解放和鞍钢的恢复及发展又调来了第二批、第三批干部和技术人员。中央的这个正确决策，为加速鞍钢的恢复和建设创造了极为有利的条件。"

从史实来看，调入鞍钢的第一批领导干部，应该是由中共中央东北局及辽东分局从所辖的地区抽调的。鞍钢第一任经理李大璋在回忆中也作过说明：调来的这批干部"主要由两部分干部组成，一部分是大连来的（原来准备去长春的，后来不去了）；另一部分是辽东调来的。大连的主要有李建东、李元龙等同志，徐杰也是那一批的"。与李大璋搭档的鞍山市委书记兼鞍钢监委杨春茂于1984年亲笔写下了一篇关于鞍钢恢复时期的回忆，涉及了当年向鞍钢调派干部的事，但着墨不多。他写道："党中央、东北局、辽东分局下了很大决心，从地方和部队给鞍钢调一批老干部。这些同志有群众工作经验，会打仗，但多数同志不懂工业；有些人虽然搞过工厂，但生产规模也很小。这些老干部来鞍钢后，搞好团结，充分发挥大家的作用是件很重要的事。"

王勋是1948年3月底前调来鞍钢，在前面他提到"中央决定分几批调集大批干部支援鞍钢"，同时认为第一批从东北调来的是1949年。这个时间点，也被不少人所确认、被一些文献所记载。如王鹤寿和吕东在缅怀毛泽东的一篇文章说："据统计，从1949年到1953年，派到鞍钢的县级以上的领导干部就有500余人，有力地加强了鞍钢生产建设的领导。"又如《鞍钢志》中记载："恢复生产时期，党和政府陆续从东北、华北、华东地区，调集 500 多名地县级以上领导干部……"再如《中共鞍山钢铁公司组织史资料》记载："党和国家为了组织上加强鞍钢恢复生产和发展建设的领导力量，从 1949 年下半年起，陆续从东北、华北及华东等地区调来 500 多名地、县级以上领导干部……"

上述说法及文献资料记载，与李大璋和杨春茂确认的时间都有所不同。

杨春茂从 1948 年"2·19"鞍山解放起就一直参与鞍钢工作，李大璋从辽沈战役结束后的 1948 年 12 月中旬来到鞍钢，两个人尽管没有直接道出向鞍钢调入第一批领导干部的时间点，但在回忆中实际上给出了时间点。

杨春茂在回忆中描述的"有些人虽然搞过工厂，但生产规模也很小"。显然是指的办过兵工厂的老红军、鞍山钢铁厂厂长郝希英等，而郝希英又是与王勋几乎同一时间即 1948 年 3 月末或 4 月初来的鞍钢。

另外，杨春茂所提到的辽东分局（即中共中央南满分局）于 1948 年 4 月撤销，所辖辽宁、安东、辽南 3 个省委及旅大地委改归中共中央东北局直属，也就是说向鞍钢选调干部最早应该是从辽东分局就开始的，即 1948 年 4 月前。历史上，辽东分局调派干部，主要是为了接收鞍钢，柴树藩、郝希英都是受辽东分局指派来到鞍钢的。隶属于辽东分局的辽南一地委先期接管了鞍钢，移交给柴树藩、郝希英后，地委书记杨春茂等仍然参与了接收鞍钢与恢复鞍钢过程中的大量工作，包括从干部力量上给予的支持，如鞍钢第一任秘书长赵君哲原是辽南一地委宣传部长、鞍钢秘书处代处长谷正荣原是辽南第一专属秘书主任，鞍钢立山工厂厂长林蔚森原是鞍山新华区委书记。

也就是说，按照杨春茂的描述，第一批领导干部调入鞍钢的时间点是 1948 年。

李大璋在回忆文章中提到的从大连来的李建东、李元龙和徐杰都是于 1948 年年底前来的鞍钢，且李建东、李元龙都是于 1948 年 12 月分别任职鞍钢制造二厂和制造一厂厂长，而徐杰来得更早，当时主要负责地方与鞍钢的工运工作。

从先期接管鞍钢的柴树藩的描述中，也可以发现李大璋的说法更贴近史实。辽沈战役结束后的 1948 年 11 月 3 日，一度撤离鞍钢的柴树藩（时任鞍钢监委）再度返回鞍山，第二天去了沈阳，本来是想向东北工业部交差，但已被安排接替的东北工业部计划处处长李大璋执意要求柴树藩留任，并得到了东北工业部领导王首道、陈郁和吕东的认可，柴树藩随即返回鞍山（根据相关回忆，柴与李大璋此次没有同行，并可能早于李大璋回到鞍钢）。他后来回忆：在鞍山期间，"我接待了许多新调到鞍钢工作的干部，并临时分配了他们的工作"。1948 年 12 月 26 日，鞍钢公司成立，同时任命鞍山市委书记杨春茂兼任鞍钢监委，柴树藩正式卸任。可见，中共中央东北局开始大批地向鞍钢调派干部，应该是发生在柴树藩离任之前。

从下面的两组数据上分析，李大璋的说法也可以得到确认。一组数据：据初步统计，从 1948 年 4 月至 1949 年 12 月，中共中央东北局及辽东分局共向鞍钢调派地县级以上领导干部（以职务安排为准）111 名，其中于 1949 年 6 月底之前调入领导干部 76 名，之后调入领导干部 35 名。再一组数据：据初步统计，至 1951 年年底，调入鞍钢的地县级以上领导干部共 191 名，其中 1950 年至 1951 年的两年调入领导干部 80 名。也就是说，1949 年 6 月底之前调入的领导干部数量占全部干部调入总数的 39.7%，接近 1950 年至 1951 年的两年调入领导干部的总数。

鞍钢"五百罗汉"开始出现，起始点究竟是在鞍钢恢复前还是在鞍钢恢复中，具体说就是 1948 年还是 1949 年？从现有的历史史料来看，有关记载陆续调来"五百罗汉"是从 1949 年下半年起，明显缺乏定性与定量的依据；而有关回忆陆续调来"五百罗汉"是从 1949 年到 1953 年，又显得相对模糊和不够确切。因而，笔者认为，鞍钢"五百罗汉"出现的起始点应该以 1948 年为宜。

如果说鞍钢"五百罗汉"开始形成的起始点是 1948 年，那么说 1951 年就是一个转折点。

到 1951 年年底，在东北范围内大批调动干部支援鞍钢已经基本结束。"三大工程"即将启动，靠现有不到 200 名领导干部，同时应对生产和基建两条战线的繁重组织领导工作，已经捉襟见肘。

1951 年，李大璋在北京做手术，出院后就解决干部问题，直接写了一个报告给毛主席。毛主席批示后，李富春、王鹤寿等领导同志叫他到北京去，一起研究从华东等地抽调干部的事宜。在另一篇回忆中，李大璋还说：是重工业部代部长何长工打电话，让华东工业部部长汪道涵也到北京去，让我和汪道涵打交道。他没来。安子文（中央组织部常务副部长）说，他不来也可以，你提名单，提完我们调就行。

李大璋的说法，从王鹤寿的回忆中可以得到佐证。王鹤寿说："根据东北工业部的建议，1951 年 12 月 13 日李富春同志亲笔给周总理和毛泽东同志写报告，请求动员全国有关方面的力量帮助鞍钢建设'三大工程'。毛泽东同志于 17 日亲笔批示：'完全同意，应大力组织实行。'"

从李大璋的回忆分析推断，在给毛泽东递交报告之前，李大璋已经形成了报告的腹稿或初稿，时间应为 1951 年 9 月之前（即杨春茂调离之前），且是与鞍钢监委杨春茂商议的结果。从王鹤寿的回忆还可以分析推断，在给毛泽东递交报告之前，李大璋曾经将报告的初稿或想法上报给了东北工业部，且不仅得到了同意，并直接变成了东北工业部的建议。由此，也可以引申出，当时，鞍钢和鞍山市委以至东北工业部都感觉到继续从东北地区调派大批干部支援鞍钢，已经是心有余而力不足。

正是由于李大璋和杨春茂提出的动议，得到了毛泽东的首肯，才促使鞍钢的领导干部队伍最终形成500多人的规模。然而，李大璋于1952年3月调离鞍钢，杨春茂先于李大璋调离鞍山，他们两个人都没有直接见到500余名地县级以上领导干部陆续聚集到鞍钢的情形。当然，在他们的记忆中，也就不可能形成鞍钢"五百罗汉"的概念。

鞍钢"五百罗汉"的构成，可谓来自五湖四海，牵涉祖国的大多数地区与省份，按建国初期的行政区划，共涉及全国六大地区中的东北、华北、华东、中南等四大地区；按建国初期的中央局设置，共涉及中央六大地方局中的东北局、华北局、华东局和中南局等四大中央局。

动员全国的力量，向一个企业如此大规模地调派地县级以上领导干部，在共和国历史上绝无仅有。如果按照毛泽东1951年的批示为一个时间界限，前后大规模的干部调动至少出现过两个高潮。

第一个高潮发生在鞍钢恢复时期，时间应从1948年11月辽沈战役胜利后到1951年年底基本结束，干部主要来源于东北地区，由中共中央东北局统一调配，具体由东北工业部承办。

一部分干部来自于东北行政委员会所属机关部门和东北各省及所辖地市县，另有东北军区及所属单位，从鞍钢公司成立时生产组织管理系统的领导干部配备就看得比较清楚。在公司领导层面上，经理李大璋是东北工业部计划处处长，第一副经理马宾是辽宁省委秘书长，副经理郝希英原是辽东财委经建处副处长，副经理王勋原是东北财经委员会计划室主任；在公司生产管理系统中，采矿部主任刘克刚曾是吉林通化市委书记，后转任营口、台安县县委书记；化工部主任张益民是安东市委组织部部长，副主任周宣城是东北财经委经理处材料室主任；制铁部副主任温良贤是东北军区军械部秘书主任；制钢部副主任张宾是佳木斯电业局副局长；轧钢部主任吴铎是旅大地委城工部部长；动力部主任刘昇云是中共彰武县委书记；修造部副主任张同舟是中共克山县委书记；运输部主任包玉珍原是辽宁军区后勤部供给处政委、本溪钢铁公司特派员。

另一部分干部来自于辽东地区及大连地区。在解放战争期间，他们始终工作、战斗在这一地区，如鞍钢秘书长赵君哲就任前曾任中共辽南一地委宣传部长，经理处处长周民就任前曾任中国人民银行辽南分行行长，人事处第一处长鲍成吉就任前曾任中共营口市委书记，鞍钢轧钢部副主任兼党委书记马成德就任前曾任营口市代市长，采矿部党委书记范树林就任前曾任辽阳县县委副书记，秘书处代处长谷正荣就任前曾任辽阳市市长，鞍钢立山工厂厂长林蔚森就任前曾任台安县县委书记、鞍山新华区委书记，制造二厂厂长李建东就任前曾任金县副县长。

在进入恢复时期调到鞍钢的领导干部中，不少是东北籍干部。抗战胜利后，党中央在组织大批干部北上东北的同时，号召东北籍干部迅速返回东北。这批东北籍干部中有一部分后来调入了鞍钢，如李大璋是辽宁东沟县人、杨克冰是辽宁海城县人、吴铎是辽宁沈阳市人、张宾是辽宁法库县人、林诚是黑龙江双城县人、马成德是辽宁营口县人、王文是吉林大安县人、刘克刚是辽宁新民县人、鲍成吉是辽宁凤城县人、谷正荣是辽宁辽阳县人。

第二个高潮发生在鞍钢转入大规模建设时期，时间应从1952年4月至1954年8月，持续两年多，以中共中央华东局最后一批50余名地委级领导干部调往鞍钢即告结束。

这一时期领导干部的调动，正是体现具体落实毛泽东的批示，动员全国有关方面的力量帮助鞍钢建设"三大工程"。1952年3月，陈云视察鞍钢又进一步强调加强基本建设工作，鞍钢于当月21日正式分成生产和基建两大系统。正是来自于华北、华东和中南地区的大批地县级以上领导干部，同之前调入的领导干部一道撑起了鞍钢的生产与基建两条战线，并形成了鞍钢"五百罗汉"的规模。据初步统计，这一时期调入鞍钢的县级以上领导干部超过 300 人，以 1954 年的干部调派比较集中，达 160 人左右，其中地委级领导干部有 86 人。

从调入领导干部的地区来源看，主要还是集中在华东地区的山东、江苏、安徽、浙江、福建 5 省。

从山东省调入的有：山东分局宣传部副处长余忠（鞍钢地质处副处长），省工业部办公室副主任孙仲光（鞍钢大孤山矿副矿长），省农村工作部一处处长纪华（鞍钢基建金属结构安装公司经理），省人事厅二处处长慕光三（鞍钢设计公司党委书记），省财政厅计划处副处长封本化（鞍钢基建会计处副处长），省团委办公室主任韩子文（鞍钢矿山工程公司副经理），泰安地委书记刘舜卿（鞍钢基建土建公司党委书记），惠民地委委员、专员林光（鞍钢基建运输建筑公司经理），德州地委委员、副专员宋鲁源（鞍钢大石桥镁矿副矿长），青岛市公安局政治部副主任殷桂堂（鞍钢给水厂厂长），青岛市第二橡胶总厂党委副书记李维诺（鞍钢机械总厂党委书记）等。

从江苏省调入的有：省委办公厅行政处长李克（鞍钢基建金属结构公司副经理），省政府办公厅办公室主任兰琼（鞍钢公司办公室副主任），省农林厅主任秘书张子雄（鞍钢设计公司副经理），省妇联秘书长殷恕（鞍钢金属制品厂副厂长），省委宣传部处长何进（鞍钢基建高炉公司副经理），省公安厅政治部副主任彭鹤鸣（鞍钢矿山工程公司副经理），省合作社推销处处长徐衢（鞍钢推销处副处长），淮阴地委第一副书记李坚（鞍钢基建附企公司经理），扬州地委农委书记冯坚（鞍钢基建轧钢公司副经理），松江地委委员、专员陈冀（鞍钢公司副总机械师），松江地委纪委副书记林荫（鞍钢无缝厂党委第一副书记），徐州建设局局长白良玉（鞍钢基建高炉公司副经理）等。

从安徽省调入的有：省委办公厅副主任林云峡（鞍钢选矿厂厂长），省教育厅副厅长何英（鞍钢基建机械处第一副处长），省委农村工作部办公室主任鞏志明（鞍钢基建筑炉公司副经理），省委宣传部理论教育处处长周正（鞍钢公司技术监督处副处长），省公安厅经保处处长高扬（鞍钢基建保卫处副处长），省民政厅民政处副处长杨荫南（鞍钢基建化工公司副经理），合肥市副市长申毅（鞍钢基建机装公司副经理），蚌埠市委宣传部部长武进明（鞍钢公司教育处第一副处长），无为县县委书记王创业（鞍钢小型厂第一副厂长），铜官山矿务局保卫处处长阎峰（鞍钢燃气厂第一副厂长），淮河水上公安分局局长傅性天（鞍钢铸管厂管理副厂长）等。

从福建省调入的有：省委宣传部宣传处处长董奥林（鞍钢公司计划处副处长），省总工会组织部部长王成柱（鞍钢弓长岭矿党委副书记），省合作总社副主任任开宪（鞍钢基建化工公司第一副经理），省合作总社组干处处长杨杰（鞍钢基建机械处副处长），永安地委书记高一清（鞍钢炼铁厂党委书记），南平地委副书记兼组织部部长关钦礼（鞍钢矿山公司党委书记），龙汉地委委员、县委书记杨廷标（鞍钢基建土建公司党委第一副书记），晋江地委宣传部部长黄仁伟（鞍钢公司技术处副处长）等。

从浙江省调入的有：省检察署副检察长刘永芳（鞍钢钢绳厂厂长），省民政厅厅长赵克明（鞍钢基建技术监督处处长），省委宣传部教育处处长晨光（鞍钢公司副总动力师），嘉兴地委副书记盛平（鞍钢第一炼钢厂党委书记），台州地委委员、副专员赵铁英（鞍钢地质处党委副书记），宁波地委委员、勤县县委书记宋玉文（鞍钢地质处副处长），金华地委委员、县委书记张炎（鞍钢基建附企公司党委第一副书记），温州地委委员、瑞安县委书记张洪勋（鞍钢大石桥镁矿党委第一副书记)，温州市副市长袁明秀（鞍钢公司会计处副处长)，杭州市人事处处长杨志诚（鞍钢基建会计处副处长）等。时任鞍钢人事处副处长仲恩荣曾经随东北局组织部一起仅在浙江省委就待了半个多月。他回忆道：他们审阅了浙江省提供的100多人名单及档案，按照中组部规定的条件从中挑选了73名，其中有浙江省贸易总公司办公室副主任王升义（1954年7月任鞍钢公司专家办公室主任，后曾任鞍钢党委副书记)，浙江省政府秘书处副处长谭福润（1954年7月任机械总厂铸钢车间主任，后曾任鞍钢党委政治部副主任、鞍钢党委纪委筹备组组长)。

几乎与此同时，中共中央华北局为包钢、中共中央中南局为武钢选调的干部，也前往鞍钢实习培养。

从华北地区来的有：共青团华北委员会书记李超（鞍钢公司副经理)，华北局宣传部理论教育处副处长刘溥（鞍钢公司副总机械师)，华北局宣传部文教处干事游柳堂（鞍钢基建金属结构公司副经理)，华北局组织部组长郭廷俊（鞍钢基建高炉公司副经理)，华北妇联农村工作部副部长管冀民（鞍钢中央试验室主任)，华北五金工会副主任张玉堂（鞍钢基建机装公司副经理)，华北工业局处长严平（鞍钢公司副总动力师)，华北行政机关党委办公室副主任崔东鲁（鞍钢基建炼钢公司副经理)，华北行委会扫盲办公室副主任赵子和（鞍钢基建轧钢公司副经理)，华北团工委组织部副部长张大乙（鞍钢基建金属结构公司副经理)，华北合作总社干部处副处长陈波（鞍钢基建管道公司副经理)，华北保定专区供销合作社主任张敏汉（鞍钢公司供应处副处长)，华北保定专区财委副主任李振基（鞍钢基建特殊公司副经理)，河北省总工会副秘书长梁广义（鞍钢基建筑炉公司副经理)，河北省财委生产管理处处长石豁（鞍钢基建炼钢公司副经理)，河北行委会第四秘书室副主任曹士敬（鞍钢基建炼钢公司副经理)，天津市总工会生产部部长王文化（鞍钢第一炼钢厂副厂长)，山西省政府文化局局长何静（鞍钢基建机装公司副经理），山西省商业厅秘书主任刘健民（鞍钢基建设备处副处长），山西交通局副局长霍清林（鞍钢基建金属结构公司副经理），太原市总工会副主席多云海（鞍钢基建管道公司副经理），人民银行太原市营业部主任霍象三（鞍钢基建筑炉公司副经理），共青团内蒙古委员会第二书记杨昆（鞍钢基建工程计划处副处长），内蒙古民政部办公室主任兼民政处长陈苏（鞍钢基建高炉公司副经理），内蒙古公安部政治保卫处处长周家庆（鞍钢基建炼钢公司副经理），内蒙古包头市公安局局长苏东（鞍钢基建机装公司副经理），张家口地委宣传部长刘全仁（鞍钢矿山公司副经理），伊盟人民政府财委会副主任耿如章（鞍钢基建技术处副处长）等。

从中南地区来的有：广西省委组织部办公室主任韦克（鞍钢发电厂副厂长），广西桂西壮族自治区党委组织部副部长欧济文（曾任鞍钢第二初轧厂党委书记），桂西壮族自治区财政局副局长田民（鞍钢耐火厂副厂长，后曾任第二初轧厂党委书记），南宁市委宣传部长袁家柯（鞍钢化工总厂副厂长），南宁市政府主任秘书胡习恒（鞍钢供电厂厂长），广东水利局局长关伯标（鞍钢电修厂副厂长），广州市建设局局长邓恩（鞍钢基建工程技术处副处长）等。

1956 年，包钢、武钢决定缓建后，经鞍钢请示冶金工业部同意，这批干部作为鞍钢干部的一部分实行统一管理与调配。

从中共中央东北局也调入部分领导干部，如东北局财经工作部基建处科长门镇中（鞍钢基建轧钢公司副经理）、辽东公路局局长吴波岩（鞍钢采矿处副处长）、昌图县委书记李坦（鞍钢金属制造厂副厂长）及东北工学院调干生穆景升（鞍钢第二薄板厂车间主任、后任副厂长）等。

福建省永安地委书记高一清是 1954 年最后一批调入鞍钢的，同时调入的有时任中共中央华东局青委统战部副部长乔石（鞍钢基建技术处副处长）、华东监委会高级专员李玉轩（鞍钢中型厂副处长）等地专级领导干部。当年，仅从中共中央华东局各省市抽调到东北的最后一批县级以上干部就达千人以上，其中地委级干部有200余人，分配到鞍钢的地委级干部50余人。初任鞍钢炼铁厂党委书记、后任鞍钢党委组织部部长的高一清认为，到1954年第三季度，成批向鞍钢选调县级以上领导干部工作即告结束。

"五百罗汉"在鞍钢，他们的名字就是故事，他们的故事就是历史。

远去的岁月，渐渐地暗淡了那一串串熟悉的姓名，也渐渐地模糊了那一个个鲜活的面容，却永远带不走那一段段传奇的历史。

鞍钢"七九"开工45周年前夕，编辑出版了一部《鞍钢人回忆》，收录了近百篇回忆文章，其中编入了30多位老干部（他们都属于"五百罗汉"）亲笔写下的回忆文稿。这些文稿选自鞍钢史志办公室编辑的《当代鞍钢史料选辑》。这是鞍钢"五百罗汉"留下的珍贵史料。弹指一挥间，仅仅20多年过去，这30多位老干部大都作古。他们亲历的那段历史凝固下来，也不无遗憾地给历史留下了一些"空白"，当然也是给后人留下了探索与填补的"空间"。

鞍钢"五百罗汉"的形成经历过一个过程，其间出现过两次大规模调动的高潮时期。既然称为"五百罗汉"，就应该为500人左右，如今这已经很难落成一个绝对数，但如果低于500人过多或超出500人太多，"五百罗汉"的称谓也就显得有些过于牵强。按目前初步的统计，从1948年至1954年，调入鞍钢的地县级以上领导干部总数为540人左右，应该说这个数字是比较贴近"五百罗汉"的称谓，也可以从总体上比较清晰地再现出"五百罗汉"的基本构架。

如果没有毛泽东于1951年底批示动员全国的力量支援鞍钢，在鞍钢也就不会形成"五百罗汉"。此后的3年多时间里，几百名地县级以上领导干部调入鞍钢，才出现了"五百罗汉"，也才出现了"五百罗汉"的称谓。

鞍钢"五百罗汉"说法出现在何时？最早应该出现在 20 世纪 50 年代中后期，也就是说，在"五百罗汉"形成后不久，这样的说法就在民间的一定范围内传开了。

不过，也有一个奇怪的现象值得寻味。在那个年代里，老干部私下谈论的时候都是直呼"五百罗汉"，因为如此称呼简洁明了。而一旦落到白纸黑字上，却一定会采用官方统一的、完整的表述。以至直到 20 世纪 80 年代末，在鞍钢所有的历史文献中和老干部所有的回忆文章中，都没有采用"五百罗汉"的提法。唯一的例外，是"五百罗汉"之一的著名剧作家于敏，在描写著名作家草明在炼钢厂深入生活的情形时，引用了"五百罗汉"的称谓。他写道："这位体重不超过百斤的女菩萨，身于'五百罗汉'之间，想用笔尖挑一挑那些耸天的高炉和火焰一般的炼钢平炉。"

党中央自 1951 年年底向鞍钢大规模调派地县级以上领导干部，对于这样一件事关全局、事关长远的重大决策的实施，时任政务院副总理、中央财经委主任的陈云，事实上不仅是亲自过问，也是亲自抓落实，以至包括鞍钢"五百罗汉"的最终去向都有明确的考虑与长远的打算。

新中国的第一个五年计划，进行了 3 年准备，1952 年是最后的一年。这一年的 3 月上旬，陈云第三次视察鞍钢，对鞍山、鞍钢的主要领导强调："今后你们如果不把基本建设搞好，将来要犯路线的错误。建设任务成为中心任务了，其他任何工作都比不上基建重要。东北要比关内早，基建远远超过生产，将来在全国也会以基建为主。"谈到人员不足的问题时，陈云提出："对生产人员考虑过要'割韭菜'，要割三刀，今年是第一刀。"这是一个深谋远虑的打算，一语道破了鞍钢"五百罗汉"及大批生产基建工人、工程技术人员肩负的使命和未来的去向。通俗一点说,党中央在鞍钢要"割韭菜",不是为了给鞍钢自用,而是为了给全国来用。因而,也就决定了鞍钢"五百罗汉"中的一大批同志最终将离开鞍钢,走向全国。

鞍钢"五百罗汉"中较大规模的调出至少出现过4次。

第一次出现在1954年年底,鞍钢实行生产、基建和设计"一分为三",基建和设计系统从鞍钢整体划出,分别组建隶属重工业部的鞍山黑色冶金建设公司(简称"鞍建")和鞍山黑色冶金设计院。

这次由体制改革涉及的干部调动数量极大,估计"五百罗汉"至少有一半以上离开鞍钢。从公司层面上,调出的有鞍钢代总经理华明、副经理赵北克、王文、王勋、李超(同年又改任鞍钢副经理)及鞍钢公司基建系统两位秘书长杜文敏、樊天佑。从部门层面上,整体划出了基建工程技术处、合同预算处、技术监督处、计划处、设计处、设备处等10多个基建管理部门,涉及几十名正副处长,如基建工程技术处副处长乔石在该部门任职仅3个多月,就随部门划出,调入"鞍建"公司。从基层层面上,原基建系统所属的20多个基层单位划归"鞍建"公司,调出的县级以上领导干部数量更多,如岳仲轩、张明远、张永逊、计明达(后曾任司法部司长)等。同期,随着鞍山黑色冶金设计院成立,也调出一批领导干部,其中就任副院长的鲁达、王金栋、李力、周宣城、苏维民、计晋仁等都属于鞍钢"五百罗汉"。从划出的领导干部名单上看,自1952年以来,尤其是从华东地区调入鞍钢的领导干部,大部分在这次体制改革中调离鞍钢。显而易见,将他们调入鞍钢,又在短期内调离鞍钢,党中央的主要考虑是让他们接受"三大工程"的锻炼,以准备迎接全国基本建设高潮的到来。

多年里,"鞍建"公司转战各地,几经变化,当年的鞍钢"五百罗汉"中这一部分人也随之分散落户到各处。如"鞍建"特殊建筑工程公司经理林光、"鞍建"公司计划处处长孙冰水、机装公司副经理崔聘珍带队组建包头分公司;"鞍建"副总工程师高杰、基建炼钢工程公司副经理李杰、高炉公司副经理白良玉带队开赴石景山;"鞍建"副总工程师谢挺扬、第二矿建公司副经理韩子文带队调往湖南湘潭;"鞍建"副经理李坚带队调赴贵州;"鞍建"经理赵北克带队,倾其全部"家底"开赴甘肃酒泉等。

第二次出现在1956年重工业部改组为冶金工业部后,各省、市、自治区相继组建冶金厅局,急需抽调领导干部充实加强冶金各级管理机关。

在这段持续较长时间的干部调动过程中,直至1965年,从鞍钢调出了许多领导干部。如调入冶金部的有国向冰、王敬桓、张子杰、翟俊家、何进、张健国、张健飞、李英贵、杨仿人等。据统计,鞍钢共向13个省市自治区冶金厅局调派领导干部,其中有鞍钢副经理王觉调安徽冶金局任局长,第二初轧厂党委书记余坚调辽宁冶金厅任副厅长。另外,还有按照中组部的要求通过冶金部调出近10名领导干部从事外事工作,如刘溥、周正、庄步升、武保璋、管冀民等。

第三次出现在1957年至1960年年间,包钢、武钢的建设经过短暂的缓建后再度上马,以加快形成鞍钢、包钢和武钢"三足鼎立"的钢铁工业格局,按照"对口支援"的原则,"五百罗汉"中的又一批调出鞍钢。

这一次领导干部调动,主要涉及的是鞍钢生产、管理、党群系统。之前的1956年,鞍钢生产副经理刘克刚已经调往包钢出任副经理后任党委书记。先后调往包钢的还有机械总厂厂长陈冀、化工总厂副厂长韦克、炼钢厂副厂长刘旭、炼铁厂党委副书记李民、弓长岭铁矿矿长肖史、教育处副处长濮毂等。从现有的资料看,鞍钢"五百罗汉"中调往包钢的较多,调往武钢的则以工程技术人员和工人技术骨干为主。

而原为武钢代培的领导干部有些则没有调回，如曾任二初轧厂党委书记的欧济文、公司生产处处长田民等。同期，正是全国各地处于大上钢铁的"大跃进"时期，如1958年湖南湘潭钢铁厂也在建设中，冶金工业部调鞍钢副经理闫志遵前往就任湘潭钢铁公司经理，该公司的炼铁、炼钢、线材、化工、动力各厂及机关处室领导干部均由鞍钢配备。据统计，当时鞍钢共支援了全国38个单位，调出副经理4名，厂矿处长58名。到1965年，在鞍钢643名党政处级干部中，抗日战争时期参加革命的领导干部为196人，占这一级干部的31%。可见，以抗战时期和抗战前参加革命为主体的鞍钢"五百罗汉"，至此已经调出了超过五分之三。

第四次出现在1964年至1969年年间，西南和西北"大三线"建设拉开帷幕，水钢基建和生产及攀钢的生产准备全部由鞍钢包了下来，"五百罗汉"中仅剩的一部分能够调动的力量又前往大西南。

这一时期，调出的列在"五百罗汉"名单中的领导干部，已经为数不多。其中，调往水钢的有鞍钢副经理陶惕成、鞍钢政治部副主任张子雄、炼铁厂厂长刘剑萍、矿山公司副经理尹玉华、三冶公司经理冯坚；调往攀钢的有鞍钢政治部副主任刘京俊；调往攀枝花钢铁研究院的有李维诺、李子鉴；调往酒钢的有第二初轧厂党委书记李新民、第二炼钢厂党委书记袁明秀。

鞍钢"五百罗汉"，是一代具有崇高革命理想和坚定信念的新中国钢铁工业的开拓者。他们的那种高度自觉的品格、廉洁奉公的风范，他们的那种勇于担当的气魄、无私奉献的精神，他们的那种密切联系群众的作风和刻苦钻研业务的韧劲，铸就了一种时代精神、光荣传统和思想文化遗产，无疑是留给我们的一笔巨大的精神财富。

（作者曾任鞍钢党委办公室调研组组长。）

我 的 回 忆

仲恩荣

1929 年 6 月 18 日，我出生在山东黄县（现龙口市）北马镇南仲家村。我生活在一个三代同堂的大家庭，留给我童年的记忆，勤俭持家、为人忠厚、乐于助人的祖父母和父辈，深受街坊邻居的尊重。我家人口多，人均耕地少，所以男孩成年以后，外出谋生的较多，有从龙口经大连去东北或从龙口经天津去京津，在那里当店员、当工人，到四五十岁回家务农。

仲恩荣（前排中）与鞍钢人事处部分同志欢送郝锡良同志（前排右三）
调京（中央组织部）工作合影留念（1954 年 2 月）

我在 1943 年上半年小学即将毕业时，得到父亲的赞许，老师仲伟敏（后来得知他是中共地下党员）将我从敌占区的家乡，送到山区的抗日根据地区政府。当时我才 14 岁，年龄小，县政府领导决定送我和一些同学到北海专署办的联中学习，从此离开家乡走上革命道路。

抗战胜利初的 9 月 10 日左右，我正在黄县中学，接到胶东区党委社会部来的调令，要我和另两位同志到当时驻莱阳县的胶东区党委社会部报到。第二天，区党委社会部的同志分别找我们 3 人谈话，决定我和其他一批同志随部队到东北去。

9 月下旬的一天下午，我们被安排上了一只小汽船。上船后，才知道山东军区政治部主任肖华（开国上将）及随行人员、警卫人员身着便装，乘坐在另一只小汽船上。"无风三尺浪，有风浪三丈。"黄昏，海面上刮起六七级西北风，小船上下颠簸，船至蓬莱的长山岛，上岛短暂休整。第二天午后，小汽船离岛，海上又遇大风，一会儿被大浪推向峰顶，一会儿又被抛入谷底，连船老大都有点着慌，向后面那只船的船老大招手，示意着想往回折返。后面的船老大经验丰富，是地方上特意选派来护送肖华的，大声地喊道："千万不能回头，当心见海龙王！"小汽船在大浪与旋涡中艰难行驶，船上的人们个个都眩晕恶心，大多数人都吐出了胃液，有的甚至昏厥了过去。经过 3 天的航行，踏破惊涛骇浪，两只汽船终于抵达辽宁的长山群岛。一夜休整后，肖华乘坐的那只船直奔大连登陆，我们乘坐的这只船在庄河县的打拉腰上岸。

在庄河短暂停留，我有生以来第一次吃到大米，第一次坐汽车、第一次住洋房……一位领导安排我和同来的两人，随先期登陆庄河的柳运光（解放后曾任东北大学党委书记），乘汽车前往安东的我军司令部。从安东前往沈阳，他平生第一次坐上火车。柳运光出任东北局和民主联军司令部的秘书主任，我被分配到秘书室做文书，负责首长的文件电报收发和接待各解放区调来东北的领导干部。

地处沈阳三经路的博物馆，是一幢三层洋楼，内饰较好，外贴瓷砖；楼的前后院及四周有围墙。1945年9月15日，中共中央东北局成立后，第一个办公地点就设在这里。当时，对外保密，开始对内称东北人民自治军司令部，后改称东北民主联军总司令部。在洋楼里，一楼是参谋处和副官处，二楼是秘书处，三楼是首长办公室及会议室。

那时，东北局书记兼民主联军第一政委彭真住在司令部南门对过的一幢二层小楼，每日过来办公；民主联军总司令林彪于10月下旬到沈阳后，住在紧挨着彭真住处东边的一幢二层小楼；民主联军第二政委罗荣桓于11月到沈阳，住司令部的东边；住在东边的还有副司令员肖劲光、吕正操，副政委程子华。由罗荣桓从山东军区带来的一个警卫团，负责东北局和司令部首长们的警卫。

在之后的短短半年多时间，东北局与东总机关五易驻地，可见当时东北战场的形势多么严峻。无论在转移的路上，还是在临时的驻地，秘书科的工作都非常繁忙。每到一处，我时常被彭真、高岗、张闻天等首长找过去整理文件、抄写材料、电文。

经历了3年解放战争后，我随东北局机关进入了解放后的沈阳城。我在那时的工作，主要是负责复写东北局常委会议纪要（秘书代处长马洪列席常委会议做记录并负责整理出会议纪要稿），给每位常委发一份；负责刻印"简讯"，马洪同志将中央重要电报及中情通报摘要编出，我负责刻印，发东北局委员、军队兵团级及省委书记以上干部，阅后按期收回销毁。领导还派我到东北局主要领导处帮助抄写会议讲话稿、重要材料。如1948年冬曾到高岗处，为高岗出国（去苏联）抄写带的材料，张闻天同志负责起草，我负责抄写，内容包括我党发展史、全国党政军民的现状，是一份比较全面、系统的材料。

1949年4月，遵照毛泽东、朱德发布的向全国进军的命令，东北局拟从机关抽调部分干部给行将组建的中南局机关，我和同在秘书处工作的殷渊（后曾任鞍钢经理、鞍山市委书记），打心眼里期望随军南下。与此同时，恢复与建设东北工业基地也急需大批干部，时任东北局秘书代处长马洪（后曾任国务院副秘书长）找我们谈过话，我表示愿到基层工作，但觉得自己到农业战线比较适合；殷渊在心里也犯嘀咕，让我们到工业战线上去，可我们什么都不明白呀！1949 年 7 月，组织上一声令下，我和殷渊（后曾任鞍山市委书记）一起来到了鞍钢。

初到鞍钢，公司负责人事工作的人，见东北局调来的两个年轻人，突发奇想，一言定夺："你们俩，一钢一铁。"结果，殷渊去了制铁部，我被分配到了制钢部。当时，制钢部下辖有炼钢厂和耐火厂，部里只有两个人，一个是主任门晋如，一个是主管人事的我。还有两位副主任，一位叫张宾，兼炼钢厂厂长；一位叫李力，兼耐火厂厂长。我刚到制钢部时，正值恢复生产紧张阶段，当时的炼钢厂，已经有职工1000 多人，党员仅有 7 名，还没有配备人员做党的工作。中共鞍山市委委员、制钢部主任门晋如与市委商量后，市委组织部通知并找我谈话，要我先任炼钢厂首任党支部书记，抓党建工作。

根据中共中央东北局关于"积极、公开、大量、慎重地发展党员"的方针和鞍山市委的党建工作部署，我会同厂长张宾和其他党员干部，着手在老工人中大力开展培养发展新党员的工作。当时，炼钢厂是市委组织部的党建工作试点单位，市委组织部长鲍成吉带两名同志和我一起，从 1949 年 8 月至 12 月，先后在炼钢厂办了 3 期党建学习班。每期由各车间挑选六七十名出身、历史好，知根知底，对共产党有一定认识，在护厂、献交器材、恢复生产各项工作中表现较好，在群众中有一定威信、评价较好的老工人参加学习班学习。学习班主要学习社会发展简史、中国共产党简史和怎样做一名共产党员。采取半脱产，半天上课，半天讨论，每期半月到 20 天。由市委组织部长鲍成吉、副部长封可涵，市委组织部的其他同志和我分别讲课。

那段时间里，我从宿舍搬到厂办公室住了半年多。参加学习的同志，大多是伪满、国民党时期的老工人，我与他们工作、学习、生活在一起，每期都访问十几个家庭，他们都视我为亲人。通过学习和讨论，这些老工人提高了阶级觉悟，纷纷提出入党要求。我们党支部逐一审查，听取群众意见，对够党员条件的，经学习班同志酝酿，再填表发展入党。由于党员少，我介绍入党的就有几十人。这些新发展老工人党员，都经历过旧社会的苦难，解放后爱厂如家，关心工厂生产建设，工作不怕劳累，在献交器材和恢复生产中起模范带头作用。如1949年末在评工资中，他们虽家境贫寒，但都互相谦让。依靠他们，各车间工资指标都安排得恰当而有余。他们对好人好事敢于表扬，对错事或工作表现不好的同志能当面批评。他们有较强的组织性、纪律性。从他们身上，我看到了产业工人所具有的中国工人阶级的优秀品德和大公无私精神。

从产业工人中挑选的比较进步的分子，一旦自觉接受马列主义、毛泽东思想，就成为了工人阶级先进分子，并担负起工人阶级政党的伟大使命。车间发展几名党员后，成立了党小组。车间发展党员多了，大约在1949年11月左右，在炼钢厂党支部下，又设平炉、造块（铸锭）、运转、煤气炉、修理厂、机关几个分支部。党的队伍扩大了，到1950年春，炼钢厂职工已有2000多人，党员已发展到近200人。炼钢厂改设党委时，经征求我本人意见，市委通知我为厂党委委员，鞍钢公司人事处通知我改任炼钢厂人事科科长。

1952年3月，我上调到鞍钢公司人事处，范树林同志（鞍山市委组织部副部长兼鞍钢人事处处长）提议，并经东北工业部任命，要我担任公司人事处干部科科长，主要负责公司各部处和各厂矿行政领导干部配备并统管公司所属其他行政干部及各类专业干部。1953年6月，经东北工业部批准，范树林不再兼任公司人事处处长，原副处长曹广教提任公司人事处处长，我被提任人事处副处长，仍然负责干部工作。1954年2月公司机构调整，鞍钢公司人事处与鞍建系统人事处合并，金铎任人事处处长、张震亚和我任人事处副处长，我分管鞍钢生产厂矿干部工作和人事调配工作。1955年春，鞍钢人事处又与鞍建公司人事处分开，人事处原分管工人的工人科划归公司劳资处，人事处改为干部处，我任公司干部处副处长，因当时没有处长，我主持全面工作。

这一期间，正值党中央向鞍钢调派大批地县级以上领导干部。

1954年2月和6月，党中央给鞍钢调来两批地级和一批县级领导干部，鞍山市委、鞍钢公司派我和市委组织部干部处长齐耀国同志参加了调给鞍钢86名地委级领导干部的有关工作。对抽调领导干部的工作，中央、东北局都很重视。按照中央组织部下达的调干计划与要求，地委级干部由有关省、市按条件提出名单，报有关中央局组织部审定。需要用人单位则由鞍钢及鞍山市委将需要配备领导干部的职务、单位情况报重工业部及东北局，重工业部及东北局组织人事部门根据有关中央局组织部报送来的有关地委级干部的情况，按照需要计划进行初步分配，征求干部原地组织的意见和鞍山市委、鞍钢意见后，正式宣布其工作职务。

抽调到工业战线的干部的主要条件：一是年龄不超过40岁；二是文化水平在初中程度以上，身体健康；三是政治历史清楚。这些抽调的干部在各地集中期间，有关省、市和中央局都组织了热烈欢送活动，并直接送到东北局所在地沈阳。东北局领导则向调来的干部介绍东北工业建设情况，并组织他们分批到各市、各大企业及建设工地参观。对分配到鞍钢生产、基建单位的两批地委级干部，市委、鞍钢派我和齐耀国同志带人到沈阳，与重工业部干部司长崔庆元、东北局组织部同志联系好后，从沈阳接到鞍山，他们受到鞍山市委、鞍钢公司领导的热烈欢迎，愉快地走上了工作岗位。他们中有乔石同志，曾任华东局青委统战部副部长，调到鞍钢任基建技术处副处长、处长，1992年在党的十四大当选中央政治局常委；有林云侠同志，曾任安徽省委办公厅副主任，调到鞍钢后任烧结总厂厂长，1960年提任鞍钢公司副经理；有刘舜卿同志，曾任山东省泰安地委书记，调到鞍钢后任基建土建公司党委书记，1959年提任鞍山市委候补书记；有高一清同志，曾任福建省晋江地委书记，调到鞍钢后任炼铁厂党委书记，后任公司党委组织部部长；有李坚同志，曾任江苏省淮阴地委第一副书记，调到鞍钢后任基建附属企业公司经理，后提任鞍建公司副经理。

1954年7月，根据中央决定，由东北局组织部主持，组织沈阳、鞍山、本溪、吉林等省市去华东有关省市接县级干部。鞍山市委和鞍钢公司派我带两名同志，根据需要干部的计划，随东北局组织部同志一起到上海华东局。支援鞍钢的县级干部，是由浙江省委负责抽调的。我们3人在浙江省委半个多月时间，审阅了提供的100多人的名单及档案，按照中组部规定的条件，从中挑选73名。浙江省召开欢送大会，这些干部乘专列卧铺车直达沈阳，鞍钢派车到沈阳迎接，他们到达鞍山，受到鞍山市委和鞍钢公司领导热烈欢迎。按原定需要与分配计划，经市委、鞍钢讨论审定，市委留下7人，其他人分配到鞍钢生产、基建有关单位，担任科长、车间主任等职务。

我在鞍钢公司做干部人事工作整整15年。1960年4月，我被正式任命为鞍钢公司干部处处长。1964年，公司成立政治部干部部，我出任干部部部长，后一度兼任冷轧厂党委书记。其间，支援包钢、武钢等新建单位干部，公司明确由公司干部处主办，我较长时间分管这项工作。

从1952年到"文化大革命"初期（完成支援攀钢、水钢）为止，鞍钢公司为新建的武钢、包钢、酒钢、湘钢、攀钢、水钢等39个钢铁企业和北京钢铁设计院、北京钢铁研究院、攀枝花钢铁研究院等5个科研设计单位、22个省市冶金局及冶金部机关、5个国家机关部委等共71个单位，共输送各级领导干部、工程技术人员、业务管理人员16855名，其中还不包括1954年12月基本建设系统从鞍钢划出去的各类干部人数。由于"文化大革命"中有些档案材料丢失，支援外地干部中只有10162人有职务分类的统计材料，其中：公司经理一级有10名（不包括上级调整的），厂矿、处长243名，科长、车间主任1256名，工长2275名，工程师542名，技术员3638名，专业人员2113名，技术熟练工人36887名，共支援干部和工人53742名。

1974年10月，我调离鞍钢，出任冶金工业部冶金地质会战指挥部党的核心组成员、政治部主任，从此告别了鞍钢。

（作者曾任鞍钢政治部干部部部长，中纪委驻冶金部纪检组组长、部党组成员。）

群众是真正的英雄

齐宝纯

我从 1949 年到 1974 年，在鞍钢第一炼钢厂整整干了 25 年。在这 25 年中，我从一名普通工人到领导干部，亲身经历了钢厂的恢复建设时期和困难、动乱年代。每当我回忆起这 25 年的战斗岁月，钢厂发生的巨大变化，特别是回想起那些和自己一起来到钢厂，一起生活战斗过的老工友，心情更是久久不能平静。我深深感到，在党的领导下，钢厂确实是座大熔炉。在这里不仅炼钢，还在育人，不仅钢产量由 1949 年的 83000 吨增加到 1974 年的 2053000 吨，还培养了一批又一批钢铁战线上的英雄模范，造就了一支过硬的钢铁大军。可以说，钢厂有今天，靠的是党的正确领导，靠的是这支大军的智慧和力量，靠的

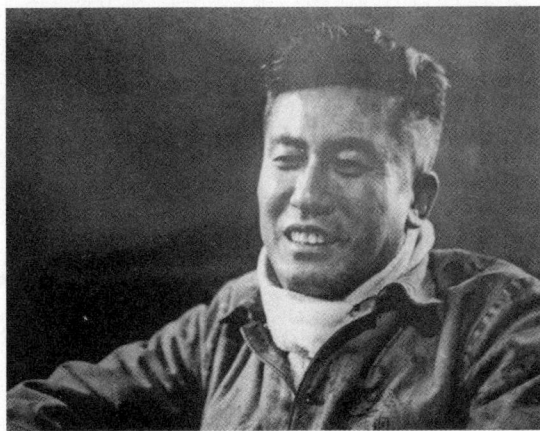

20 世纪 70 年代齐宝纯在鞍钢一炼钢厂工作期间留影

是他们的主人翁精神。这充分体现了"群众是真正的英雄"这个历史唯物主义真理。

恢复时期炼钢工人的主人翁精神

党中央、毛主席为了巩固政权，建设新中国，在党的七届二中全会上，提出了进城以后要全心全意依靠工人阶级的方针，并作出了决定。鞍山解放后，在党的号召下，一些老工人陆续回到了钢厂。为了发展生产，还招收了一大批青年工人入厂，我就是其中的一个，当年只有 18 岁。

由于日本帝国主义和国民党反动派的破坏，厂内设备、材料、工具等都被抢劫一空。钢水凝固在炉里，空荡的破烂厂房，一片荒凉景象。在这种情形下，我们这些旧社会的奴隶，刚刚当上了新社会的主人，怀着翻身解放的喜悦之情和对共产党、毛主席的感激之情，高唱"解放区的天是明朗的天，解放区的人民好喜欢"和"咱们工人有力量"等革命歌曲，下定决心要早日恢复生产，早日为国家炼出钢。

在恢复生产过程中，老工人们起到了骨干带头作用。他们发扬主人翁精神，带领新工人日夜苦干，整天守在炼钢厂。给我印象最深的有平炉上的顾宝山、沈杰廷、谢玉朴、丁孝科、吴洪武，铸锭的曹永奎、张菊泉，设备的郭翰春，铁合金的刘秉录、沙耀荣等。就是他们热爱党、热爱社会主义、热爱炼钢厂的实际行动和忘我劳动热情，深深地影响着我们这些青年人，促进我们的成长和进步。使我们这些青年工人也逐步成长为炼钢厂及全国一些钢厂的骨干力量。今天，在他们已经陆续离开生产第一线的时候，我们这些还在岗位上的人，就更加怀念他们，铭记他们的贡献。

在党中央的正确领导和全国人民的支援下，经过新中国第一代炼钢工人的努力奋斗，在不到两年的时间，即在 1950 年 7 月，炼钢厂就全面恢复了生产。但是，正当工人们热火朝天恢复生产的时候，美帝国主义发动了侵朝战争，并把战火烧到了鸭绿江边。这时，钢厂工人积极响应党中央关于"抗美援朝，保家卫国"的伟大号召。马青松等一批青年工人脱下炼钢服，奔赴抗美援朝第一线；留在厂里的工人日夜战斗在平炉旁，保卫钢铁生产。为了生产50锰炮弹钢，痛击美帝国主义侵略者，在设备技术都很差的条件下，炼钢厂的老工人与工程技术人员合作，从护炉、冶炼到铸锭，进行反复试验。老工人张菊泉大胆试验操作，提高了铸钢质量；炼钢工人们在工程技术人员庄宗勋、董秀春的帮助下，终于炼出了50锰炮弹钢，支援了前线。

为了生产更多更好的优质钢，支援抗美援朝和国内建设，钢厂工人掀起了快速炼钢运动。当时年仅20岁的青年炉长王凌好一马当先，用不到8个小时就炼出一炉优质钢，首创全国大型平炉快速炼钢最高纪录，被誉为全国快速炼钢能手，评为市劳动模范。不久，青年炉长单长巨仅用6点零9分钟炼出一炉优质钢，达到了大型平炉快速炼钢的世界先进水平。毛主席于1952年12月14日写信给钢厂职工表示祝贺和鼓励。

总之，恢复时期炼钢厂发展较快，工人们的贡献较大，处处体现了群众的主人翁精神。我的主要体会是，解放了的工人阶级最听党的话。

建设时期炼钢工人的主人翁责任感

1953年全国开始了第一个五年计划，展开了大规模的经济建设。党中央号召全国人民开展增加生产，厉行节约的大生产运动。国家急需增加钢的产量、品种，以及提高产品的质量。在这种形势下，炼钢工人急国家之所急，以高度主人翁责任感，在旧式的炼钢设备上，硬是炼出了国家急需的新品种。比如，为了加速当时鞍钢"三大工程"

的建设，炼钢厂职工主动提出了承担重轨和无缝钢管的新钢种冶炼任务。这种钢化学成分要求严格，温度要求高，冶炼难度大，过去没炼过。8号炉丙班炉长李绍奎接到任务后，发扬工人阶级的主人翁责任感，坚决表示再难炼的钢也要炼。他带领全炉同志团结奋战，运用高温做渣、高温精炼先进冶炼方法，精心操作。使重轨、无缝钢管钢终于试炼成功，保证了大型轧钢厂和无缝钢管厂如期试轧生产，为鞍钢大规模建设做出了贡献。1954年，李绍奎被命名市特等劳动模范。

钢厂工人还以主人翁责任感，创造了许多生产新纪录和先进操作方法，像王凌好和董秀春创造的"高温、薄渣、活跃、沸腾操作法"，为提高钢的质量做出了贡献。当时8号炉乙班炉长王守文，联合各班，互创条件，团结协作，首创一个炉一天3炉钢的快速炼钢纪录，被评为市劳动模范。由于炼钢工人有着为国家多炼钢炼好钢的主人翁责任感，炼出大量优质钢，支援了社会主义建设。武汉长江大桥的落成，成渝铁路的通车，北京十大建筑的建设，各大钢厂的修建，国际外援项目的建设等，都有一炼钢厂工人群众的贡献。

困难岁月里炼钢工人的主人翁志气

20世纪60年代初，我国面临严峻困难的考验。当时，社会上流传着一些说法："七级工、八级工，不如农民一条垄""君子无本难求利，好汉不挣有数钱""自由市场钱没腰，不去挣是熊蛋包"等等。一炼钢厂的工人对这些错误思想进行了针锋相对的斗争，始终坚守在炼钢炉旁。

那时，最大困难是粮食不够吃。为坚持炼钢，人们要吃饱饭，但粮食不够吃，怎么办？平炉车间共产党员芦玉宝就带领大家上山采树叶。他手套磨破了，就光手干，手磨破了流着血，继续干。别人劝他下山歇一歇，他却说，用我的血水可以换来炼钢工人的汗水，工人的汗水就能换来钢水。这表现了炼钢厂工人的主人翁志气，被群众称赞为"铁杆标兵"，工人们说："要吃饱，找玉宝。"

钢厂工人不但能自力更生，艰苦奋斗，战胜困难，还在生与死的面前经受住考验。钢铁英雄赵玉林就是其中"一不怕苦，二不怕死"的典型代表。赵玉林在 1960 年曾在浇铸钢锭时，受过严重的烧伤。1966 年 1 月，当时的铸钢副工长赵玉林正在铸钢。突然百吨吊车大钩自动下落，中心铸管的花盆砖已被大罐压的粉碎。大罐两耳上的大钩已落 2/3，大罐向南倾斜，眼看一场重大恶性事故就要发生。在这关键时刻，他让别人躲开，自己却面对生死关头，临危不惧，一面紧压大棒，一面呼喊吊车快抬大钩，终于避免了一场恶性事故的发生。赵玉林用生命保住了国家财产，被公司命名为"钢铁英雄"。他代表了一炼钢厂职工坚定的意志，顽强的性格，为国民经济的好转做出了自己的贡献。

"文化大革命"时期炼钢工人的主人翁品格

在这一时期，职工群众压不垮的优秀品格是令人钦佩的。他们为国家的前途担心，为社会主义建设着急，排除各种阻力，坚持多炼钢。1971 年响亮地提出"全年钢产量斤两不欠，节约任务分文不少，钢的品种质量满足国家建设需要，重大人身设备事故消灭掉"的口号。经过全厂职工的共同努力，实现了奋斗目标。从 1971 年到 1973 年三年迈出三大步，1971 年钢产量突破了 200 万吨大关，1972 年达到 206 万吨，1973 年达到 213 万吨。

四句口号的提出和实现，反映了钢厂工人的坚强决心；三年迈出三大步，是炼钢工人支援国家建设的实际行动。为实现这些目标，工人们创造许多可歌可泣的先进事迹。

在大批"技术挂帅"、污蔑技术人员是反动权威的情况下，炼钢工人却大搞技术操作表演赛。1971 年，老工人出身的炼钢工长刘广荣和炉长赵言兴，为了提高炼钢技术，主动与工程师范重模研究总结出一套新的快速炼钢操作法，在平炉上开展技术表演赛。平炉车间成立了快速炼钢技术攻关表演队，由车间副主任李绍奎为队长，工长刘广荣为副队长，带动全厂出现了优质高产的新局面。这一年，钢产量终于突破 200 万吨大关。技术表演赛的开展，也为安全生产打下了基础，第一次做到了 3 年零 6 个月无死亡事故，为超额完成生产任务创造了条件。

在大批所谓唯生产力论的情况下，炼钢厂的工人们却千方百计挖掘生产潜力，解放生产力，扩大装入量。崔玉琛等采取分层两次铺镁沙洗铁皮办法，扩大了平炉容积，保证安全生产。铸锭工人在党总支书记刘德玉等同志领导下，把大罐罐衬改用焦宝石打结办法，既扩大了大罐容积，又减轻了吊车负担，保证了扩装的实现。群众说："锹镐不动，一年多增产 7 万吨钢。"生产发展了，散装原料场太小，影响炼钢生产。要自己扩建，一无场地，二无资金。原料车间主任赵子臣和工会主席牟生林以及工长冯锡林等同志带领全段职工，经过调查，打掉了料场内小隔子，扩大了存料面积，方便了吊车抓料，满足了生产要求。

在一些人破坏工人与工程技术人员的团结的情况下，一炼钢厂的工人和工程技术人员却团结协作，攻克难关。当时为了发展生产，解决炉子出钢等吊车的问题，设备工人提出自力更生造吊车的建议。当时设备车间主任寇宝炎、书记毕万玉、老工人张广才、工程师高铲密切配合，带领工人和技术人员，自己制造一台负荷为 140 吨的吊车。在安装时，为了避免影响生产，吊检老工人张广才提出加固厂房屋架、不立袍子上吊车的建议。工程师高铲积极配合，反复测算和实验，终于在不影响生产情况下，自力更生装上了生产急需的新吊车。整个吊车的制造和安装都是炼钢厂历史上没有过的。

在一些人破坏工人与干部团结的情况下，炼钢厂广大工人与干部坚持团结在一起，经常走访谈心，互相帮助，互相关心，这就是后来总结的老工人、党小组长侯海山创造的"三知五必到"的经验，对密切干群关系起到了积极作用。

总之，20多年来，一炼钢职工的革命精神始终鼓舞着我为党干好工作。现在我已离开一炼钢厂12年了。这些年来，特别是党的十一届三中全会以来，一炼钢厂又发生了很大的变化，在两个文明建设中又取得了更大的成绩。涌现出大批英雄模范，一代新的炼钢工人在健康成长。我衷心祝愿一炼钢厂的广大职工，如长江后浪推前浪，一代更比一代强。我作为一炼钢厂的老工人，作为即将离开工作岗位的共产党员，将会更加高兴，备受鼓舞。

（作者曾任鞍钢工会主席。本文系1989年为纪念鞍钢开工40周年所作。）

举国瞩目的鞍钢"三大工程"

汪 蛟

今年是鞍钢"三大工程"竣工投产 60 周年。鞍钢广大职工特别是亲身参加过"三大工程"建设的职工满怀喜悦的心情，纪念这个在鞍钢发展史上具有重要意义的日子。我作为一名长期在鞍钢工作和生活的老同志，每当回首在鞍钢工作近 40 年的征程，特别是关于"三大工程"的记忆，心情格外激动，许多往事浮现在眼前，仿佛一下子又回到了那火红的年代。

鞍钢是东北全境解放后，中央最先恢复和重点建设的第一个大型钢铁联合企业。鞍钢与伟大祖国同岁同步成长，它发展和前进的历史是新中国钢铁工业发展的一个缩影。而"三大工程"的提前建成投产则是鞍钢发展史上最为壮丽的一章。

"三大工程"指的是苏联援建的我国第一座自动化无缝钢管厂、大型轧钢厂和炼铁厂 7 号高炉三项重点工程。按苏联设计部门的预计，这三项工程需要三至五年才能建成。在党中央的亲切关怀、苏联专家帮助以及全国 57 个大中城市的 200 多个企业的大力支援下，鞍钢广大职工艰苦努力、浴血奋战，仅用一年多时间便使"三大工程"相继建成投产。"三大工程"提前竣工投产振奋了全国。伟大领袖毛主席给鞍钢职工复信，称赞"三大工程"提前开工生产"是一九五三年我国重工业发展中的巨大事件。"并指出："我国人民现正团结一致，为实现我国的社会主义工业化而奋斗，你们的英勇劳动就是对这一目标的重大

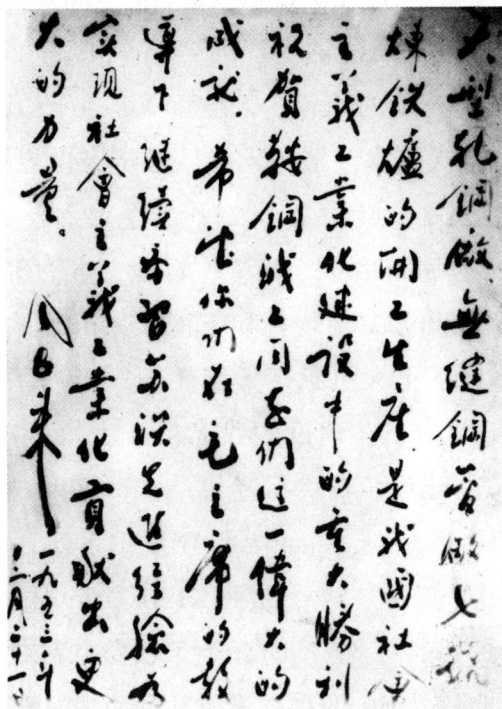

周总理为鞍钢"三大工程"题词

贡献。"周恩来总理为"三大工程"题词:"大型轧钢厂、无缝钢管厂、7 号炼铁炉的开工生产,是我国社会主义工业化建设中的重大胜利。"12 月 26 日,鞍钢隆重举行"三大工程"开工生产典礼。林枫、王鹤寿等中央领导同志出席大会。12 月 27 日,《人民日报》就此发表题为《我国工业建设的伟大胜利》的社论。可见党中央对"三大工程"的建设是多么重视。

"三大工程"是我国社会主义工业化建设的奠基工程(引自林枫同志的讲话),是鞍钢发展史上一个里程碑。"三大工程"的投产不仅使鞍钢的产能有了极大提高,而且在品种规格上有了质的飞跃。比如炼铁厂新建的 7 号高炉容积为 918 立方米,平均日产生铁 1123 吨,是当时全国最大的高炉。后经过几次技术改造，7号高炉成为容积大（2580立方米）、自动化程度高、清洁生产的"高炉王"。7号高炉投产为炼钢、轧钢生产提供了充足的原料。无缝钢管厂生产了新中国第一根无缝钢管。后来经过几次技术改造，无缝厂已跻身世界钢管厂先进行列。从投产到2013年9月，累计生产2万多个品种、规格的无缝钢管1356.9万吨，广泛应用于冶金、化工、石油、电力等行业和航空、航天、航海、军工、鸟巢等尖端装备和工程，为祖国的社会主义现代化建设和国防建设作出了重大贡献。大型轧钢厂生产了新中国第一根铁路用钢轨。1954年即为正在建设的武汉长江大桥轧制出不等边角钢，解决了中国第一桥的建设急需。后经过几次改造和技术引进，已建成为世界一流的钢轨生产基地，并能生产H型钢系列、大型工字钢系列、大型球扁钢等近30个钢种、57个品种、130多个规格的大型型钢产品。在今天中国建设的"三纵三横"的几十条铁路和高铁线路上都铺设着鞍钢大型厂生产的钢轨，50千克每米重轨还登陆中国台湾地区，铺设在环岛铁路上。有些远销澳大利亚、伊朗、博茨瓦纳等十几个国家，多种产品获国家"金质奖""金杯奖"……为鞍钢赢得了荣誉，为社会主义现代化建设作出了贡献。

"三大工程"胜利建成投产开启了鞍钢大规模建设的新时期。"一五"期间，鞍钢建设了39项主要工程，总投资15.45亿元，93%的投资转化为新增固定资产，为鞍钢的长远发展奠定了基础。五年累计产钢846.8万吨、铁1090万吨、钢材566.9万吨，均占全国总产量的一半以上，提前一年实现了"一五"计划目标。

"三大工程"建设的实践为鞍钢培养了一大批技术工人、技术人员和领导骨干。早在1952年11月，中央在转发东北工业部一份《关于鞍钢基本建设的情况报告》中，就明确指出："必须把基本建设提高到工业建设的首要地位，必须从生产岗位抽调一批技术人员到加强基本建设方面来。""三大工程"建成投产，鞍钢大规模建设随即全面展开。矿山、烧结、炼铁、炼钢、轧钢、动力、运输各系统都陆续开工建设。其中很多项目的装备水平当时在世界上也是领先的。面对这一系列重点工程全面开工建设，鞍钢从领导到工人包括技术人员无论从技术和经验的准备都是不足的。为了适应这种新形势，根据中央的指示精神，鞍钢公司领导采取了几项重要决策：

一是根据中央指示和苏联专家的建议，进行体制改革，加强对基本建设工作的领导。制定了《鞍山钢铁公司改组方案》，将鞍钢一分为三，即建立鞍山钢铁公司、鞍山黑色冶金建设公司（后改称鞍山黑色冶金建筑总公司）和黑色冶金设计总院鞍山分院，均直属中央重工业部领导。鞍钢从生产岗位抽调一批技术人员和技术工人充实鞍山黑色冶金建设公司。鞍山黑色冶金建设公司（以下简称鞍建）下设 13 个专业分公司，如 2 个矿山建设公司、炼钢建设公司、轧钢建设公司、机装公司、电装公司、管道建设公司等，还有 6 个附属企业公司和 1 个本溪分公司。建立起一支技术工种门类齐全的专业化冶金建设施工队伍。人员最多时达 9 万之众。在鞍建公司直接领导和鞍钢公司的支援配合下，鞍建用 6 年时间完成了苏联援建鞍钢的全部建设项目，以后又挥师西北，承载建设酒泉钢铁公司的任务，并派第二矿山建设公司支援湘钢建设，炼钢建设公司支援石景山钢铁厂（后称首钢）建设，同时向武钢、包钢等支援了近万名施工人员。

实践证明，鞍钢组建专业化冶金建设施工队伍的决策是完全正确的，不仅保证"三大工程"提前竣工投产，也为完成"二五"计划和以后技术改造提供了经验，创造了条件。

二是大力培养技术、管理人才，大规模地开展技术革新活动。为了加强人才培养，中央从北大、清华、南开等各地高校分配给鞍钢 2000 多名大、中专毕业生参加鞍钢的生产和建设工作。鞍钢、鞍建分别召开科技工作会议，号召干部、工人加强学习专业技术。中共鞍山市委专门召开会议，作出《关于在工人中培养技术人员的决定》。在干部、工人中迅速掀起学技术、搞革新的热潮。鞍钢、鞍建先后派出几千名干部、技术人员和工人去苏联和国内高校、技校学习进修。1952年9月14日，小型轧钢厂工人张明山创造了精轧机"反围盘"成功，解决了钢筋轧出后容易伤人的难题，在鞍钢引起很大反响。9月15日，全国总工会来信祝贺。9月25日鞍钢和市政府联合召开大会进行表彰并授予张明山鞍山市特等劳动模范称号。1953年4月，鞍钢机械总厂工具车间青年刨工王崇伦发明了"万能工具胎"，一年完成四年一个月零十七天的工作量，被誉为"走在时间前面的人"，并被鞍山市政府授予特等劳动模范称号。同时，《人民日报》发表《发扬王崇伦的工作精神，提前完成国家计划》的社论。随后，王崇伦、张明山等7名同志向全国总工会提出建议书，建议在全国开展技术革新运动。在老英雄孟泰、王崇伦、张明山等人的带领下，鞍钢迅速掀起了大规模的群众性学技术、搞革新的热潮。

与此同时，鞍建公司也开展了大规模的技术革新活动。"一五"时期，我还在长春冶金建筑专科学校读书，"二五"时期毕业。我先到"大白楼"（即鞍钢）报到，随即又去"小白楼"（即鞍建总公司）报到，后去酒泉钢铁公司工作。1962年又调回鞍钢。据我的学兄们介绍和我回鞍钢学习特别是调回后的了解，鞍建公司在"三大工程"建设中技术革新的成果颇丰。回想起来，印象最深的有两项：一项是"钢筋混凝土冬季施工法"，解决了冬季不能施工的难题。因为钢铁企业的冶炼和轧钢设备重量大、生产时震动性和压力大，对基础的强度和质量要求极严。而中国北方冬季长，温度低，每逢气温降到零下时便要停工，否则混凝土强度就达不到要求，而且时间长达四个多月，严重影响了工程进度。鞍建轧钢公司的工人和技术人员通力协作，反复实验，研究成功一种"蓄热法"。这种方法的原理是利用混凝土本身的初温和水泥与水结合时产生的热量并以保温材料（如木锯末、草垫、炼钢的炉渣等）覆盖于基础表面，使钢筋混凝土保持足够的温度，以达到设计的强度。这种方法更适用于比较大的基础工程如初轧、连轧机等体积较大的构筑物，因为它不仅表面系数小，而且是地下结构，可以利用未冻土的热量及避风保温的有利条件，既保证了工程质量，又解决了冬季无法施工的难题。此后，鞍建公司的技术人员和工人又实验成功用"电热法"和在水泥中添加石灰增热等方法，解决了冬季施工的难题，为"三大工程"建设争得了宝贵的时间。也为以后包钢、酒钢、首钢、齐钢等北方钢铁基地的建设提供了宝贵经验。

第二项是攻克了大型轧钢设备机座安装中如何固定的难题。大型轧机的机座是靠地脚螺栓固定在基础上面的。这种螺栓直径大、重量大，有的直径达25厘米，重量近百公斤，还要事先固定好，浇注在混凝土基础上。它的位置和露出基础的高度精度要求极严，毫厘之差都会失败，甚至要炸掉重建，一度成为施工的"拦路虎"。鞍建轧钢公司领导非常重视，集中力量组织攻关。在中国著名建筑工程专家、鞍建公司总工程师程士通院士的指导下，我的学兄王忠惠、赵永贵等同志与工人精心研究，反复测试，研制成一个"螺栓固定架"，解决了这个难题。这个方法简单说就是按照机械底座设计图纸地脚螺丝的位置、口径、露出基础面的高度，用角钢、槽钢制成一个固定架，经专用设备准确测定后将地脚螺丝精确地焊接在架上，然后一起浇灌在基础之中，待混凝土达到强度后即可进行设备安装。这种方法在鞍钢、酒钢等钢铁基地的施工中屡试不爽，成为一项"专利"。我的学兄王忠惠由此立功受奖，并被委以重任，先后在鞍建、酒钢、西昌钢铁研究院工作。另一位学兄赵永贵被派往苏联进修，后曾参加酒泉卫星发射基地建设。

"三大工程"的建设为国家培养了一大批技术专家、管理干部和技术工人。据不完全统计，60多年来，鞍钢为各兄弟企业和国家有关部门输送工程技术人员、企业领导干部和技术工人12万人。全国各大钢铁企业都有鞍钢人的足迹，鞍钢的熊熊炉火在武汉、包头、酒泉、水城等钢铁基地闪烁！

鞍钢成为新中国钢铁工业的摇篮。

如今，鞍钢"三大工程"竣工投产已经走过60年的历程。抚今追昔，令人感慨万千。回顾过去60年来，鞍钢发生了巨大而深刻的变化，取得了令人鼓舞的成就。但也有许多经验教训值得认真吸取。展望未来，我们豪情满怀。虽然鞍钢仍面临许多困难，但我坚信在党的十八大和十八届三中全会精神指引下，在鞍钢集团公司党委的坚强领导下，鞍钢广大党员、干部和职工一定能够坚持鞍钢集团第一次党代会提出的发展战略和总体思路，突出主线，发扬当年建设"三大工程"的精神，打胜"两大战役"，壮大"三大产业"，把鞍钢建设成最具国际竞争力的跨国钢铁集团，真正成为中国钢铁行业的排头兵。

（作者曾任鞍钢工会副主席。本文系2013年为纪念"三大工程"竣工60周年所作。）

新中国第一支冶金基建大军出征

钟翔飞

1952 年 7 月 14 日，鞍钢无缝钢管厂工程率先动工兴建，举国上下瞩目的鞍钢"三大工程"拉开帷幕，新中国的第一座大型钢铁基地将由此而诞生。伴随着这项"我国重工业发展中的巨大事件"的出现，新中国的第一支冶金基建大军也将由此而形成并走向成熟。

1953 年 12 月 26 日鞍钢隆重举行"三大工程"开工典礼

一年前的 4 月 30 日，东北人民政府调曾任东北局副书记陈云的秘书、东北财经委员会处长、时任中苏合办大连远东电业公司副总经理的王玉清，出任鞍钢副经理。正式上任前，东北人民政府副主席李富春找他谈话，明确地向他交代了到鞍钢的任务是负责抓好基本建设，重点是把"三大工程"抓好。当时，他有些担心，因为不懂工业，更不懂基本建设，怕干不好。李富春说："不懂的东西可以学习。"正式报到时，东北工业部部长王鹤寿对他说："既然富春同志让你去鞍钢，还是按他的意见办。去了以后遇到困难，部里会支持你。"

之前，鞍钢的生产尚处于恢复阶段，基本建设则是从头做起。当时，基建的技术力量只有80余名留用的日本人；基建的施工力量只有两个规模不大的专业工程公司，由鞍钢修造部下属的机修、电修、铆造和营缮等4个厂演变而来，成立于1951年1月，一个是土建工程公司，计明达（曾任锦州市第一任市长）任经理；一个是机电工程公司，张宾（之前曾任鞍钢制钢部副主任、炼钢厂厂长）任经理。

从1952年3月起，鞍钢组成以副总经理王玉清为主的基本建设指挥系统，同时成立了基建系统党委。公司采用陈云提出的"割韭菜"办法，先从生产单位抽调了15名老干部，其中有公司办公室主任李敬实、原采矿部副主任胡科、炼铁厂厂长温良贤、耐火材料厂厂长李力、选矿厂代厂长朱文恭、铸管厂厂长严叔端、小型厂厂长陈一之、给水厂厂长回吉胜、机械总厂副厂长李元龙等，抽调了180名工程技术人员和170名管理干部，转到基本建设战线，整个基建系统形成了6个专业工程公司和2个厂，聚集了12854人。到1952年年底，共培养了1000多名专业干部和4300名技术工人。这一年的冬天，国家又集中分配到鞍钢2000多名大专学生，其中90%分配到基建部门。

经过鞍钢"三大工程"的历练，新中国的第一支冶金基本建设队伍，从鞍钢逐步成长起来了。

一大批能工巧匠边干边学，成为了这支基建队伍的中坚力量。鞍建混凝土工作队队长、市特等劳动模范王进忠，和工人们一起创造出"混凝土循环流水作业法"，成倍地提高了工作效率。在无缝厂工地上，鞍建工人曾创造出 20 多种流水作业的先进施工方法，比较著名的有苏殿臣工段深浅基础平行作业法，张甲明小组安装地脚螺丝流水作业法、杜绍泉小组机械预装流水作业法等。这些先进作业方法，极大地提高了施工效率。"爆破大王"周相臣创造的爆破水泥基础"龟裂爆破法"，在当时是一件了不起的创举，为"托柱换基"解决了重大难题。在大型轧钢厂工地上，鞍建钢筋组长、市特等劳动模范黄德茂，创造了钢筋流水作业法和 14 种钢筋成型工具；金长明的"万能截砖机"，提高工作效率 25 倍；贺善述的"平行对称焊接法"等 10 余种先进焊接法，提高工作效率 1 至 3 倍。1957 年后，王进忠随鞍建土建工程公司转战全国各地支援钢铁基地建设，后留在第三冶金建设公司。1958 年，黄德茂随鞍建征战湖南重点钢铁基地建设，后调入湘潭钢铁厂。

一大批工程技术人员在"三大工程"中呕心沥血，奉献了聪明才智。他们中的建筑总工程师邓恩诚、电气总工程师孙照森、管道工程师范先鼎等老一辈技术人员，胡兆森等青年技术人员，后来都成为了冶金基本建设战线的著名专家。建筑总工程师邓恩诚后任冶金工业部建筑研究总院总工程师、副院长，在"首都十大建筑"的头号工程——北京人民大会堂建设中，担当结构设计安全、施工质量的负责人。电气总工程师孙照森于 1959 年举家奔赴大西北，担任了酒钢动力部总工程师、副主任，后任冶金工业部建筑研究总院装备所所长，研制出我国第一台提炼晶体硅的自动设备——晶体还原炉。管道工程师范先鼎参加了包钢建设，后留在了第二冶金建设公司。胡兆森于 1958 年，随鞍建的一部分移师石景山钢铁厂（现首钢），又在动力、炼钢、轧钢、焦化、制氧等工程中取得多项业绩，再次荣获全国劳模。

到 1954 年年底，鞍钢基建系统已经拥有职工 50863 人（其中厂处级以上领导干部 132 名、各级各类管理干部 8010 名、工程技术人员3747 名），形成了全国冶金系统第一支包括地质勘探、勘察设计、设备成套和施工等一体化的基本建设队伍。

鞍钢"三大工程"竣工一年后，1954 年 12 月 26 日经重工业部转报国务院批准，将鞍钢"一分为三"，即生产、基建、设计各自独立，基建系统正式脱离鞍钢，成立鞍山钢铁建设公司，人们通常称为"鞍建"。原主管基建施工的鞍钢副经理赵北克和主管基建供应的鞍钢副经理王文，分别出任"鞍建"经理和副经理。

在胜利地完成了鞍钢的基本建设任务后，从鞍钢成长起来的这支基建队伍，由"鞍建"副经理王文、李超（曾任包钢经理、党委书记，攀钢党委书记、渡口市委第一书记，冶金工业部副部长）、计明达等率领基建大军接收本钢的全部基建任务。不久，王文转任本钢经理，计明达兼任"鞍建"本溪分公司经理。

从此，这支基建大军开始转战祖国各地，相继奔赴包钢、武钢、首钢、湘钢及贵州、河南、河北、云南、安徽、陕西、四川、广东、福建、浙江、江苏等地区。

1958 年，西北"大三线"钢铁建设拉开帷幕，原鞍钢副经理、时任"鞍建"经理赵北克亲自率领约剩 3.5 万人的基建队伍整建制调往嘉峪关。

挥师远征大西北，正当中年的赵北克可谓意气风发，踌躇满志，决心用 4 年时间在这里建设一座年产 400 万吨钢的钢铁联合企业，创造一个前所未有的建设速度。在当年年底举行的高炉、焦炉、矿山、铁路、热电站、水源地、机总厂等 7 大工程全面开工典礼上，"让祁连山低头，让北大河让路！""让镜铁山献宝，让戈壁滩变天堂！""以空前速度建成酒钢，在冶金建设中创造奇迹！"等铺天盖地的大幅标语，展现出了他和追随他的建设者们的豪情壮志。然而，风云莫测，世事难料。伴随着基建战场在戈壁荒滩迅速摆开，日趋紧缩的经济形势也初露端倪，计划投资开始压缩，直至最终工程全部下马。

"酒钢一年以后一定要继续建设；队伍一定要回来；酒钢建制一定不能变。"

在疏散动员大会上，赵北克几乎是对着大地在呼叫，几乎是对着天空在呐喊，发自心底的"三个一定"振聋发聩，在会场的内外、在人们的心中，久久回荡。当他充满着依恋，"一事三蹙额，一步三回头"，走出戈壁前，特意叮嘱留守的人员，给他留一个位置，他还要回来与大家一起奋斗。

20世纪60年代中期，偃旗息鼓了3年多的酒钢建设二次上马，当年的大军统帅赵北克期待重新杀回来的那一天终于到来了！然而，他没有能够如愿以偿地重返边关，但令他欣慰的是老搭档、原鞍钢副经理王文傲然屹立在了戈壁，由本钢经理转任酒钢建设总指挥。

对钢铁建设倾注了满腔热血的王文，一到酒泉就迫不及待地登矿山，看地形，跑现场，访群众。他身着粗布衣，脚穿棉胶鞋，腿上绑着在部队时用惯了的绑带，带领工作人员到远离城区的镜铁山、野牛滩等荒山僻野，察看矿产资源。在给家人的信中，从字里行间足以想象得到王文当时兴致勃勃、充满自信的神情，他写道："我今天登上了海拔4500米的镜铁山，说明我的身体状况很好，看来可以为党和国家再工作20年，再建设出两个钢铁基地。"可是，他的身体却越来越不能配合他的意志，日渐垮下。组织上强制王文暂时离开，回到本溪休养。

直到1971年，冶金工业部考虑到王文的身体状况，准备安排他去条件好的地方工作，他却坚持要重返酒钢。此时，酒钢距"两年准备、八年建成"的目标已经时间过半，他要把耽误的时间抢回来。1971年春夏之交，王文从本溪动身，先到了北京，已买好了返回酒泉的火车票。在北京临上车前，肝病发作，他无奈地住进了同仁医院，经确诊为肝癌晚期，生命的烛光已经燃烧到了尽头。得知王文病危的消息，许多人从酒钢匆匆赶来。老部下谢生凯（曾任基建工程兵 02 部队后勤部长）率领一行人风尘仆仆赶到北京，在病床前一声号令，向老首长王文集体致以军礼，场面令人悲恸不已。

"……我病好了跟你们一块干！"临终前，共和国钢铁战线上的一员猛将王文，依然雄心不已，坚信壮士不倒，却壮志未酬，1971 年 11 月 2 日病逝于北京，时年 59 岁。

1964 年，西南"大三线"钢铁建设正式启动。两年后的 2 月，正在病榻上的鞍钢副经理陶惕成奉命挂帅出征乌蒙山区，率领 18000 人的基建大军包建水城钢铁厂。

在"天无三日晴，地无三里平"的崇山峻岭之中，陶惕成和大家一样，同住潮湿的帐篷，同在大食堂就餐。家里考虑到他的身体状况，特意从鞍山捎来蜂蜜、苹果，陶惕成及时回信叮嘱到："这里的老百姓很穷，职工也很艰苦，这样做影响不好。"到水城不久，冶金工业部拨给会战指挥部 5 辆伏尔加轿车。陶惕成知道后，立即将承办的负责同志找来，让把车退回去，严肃地说："这里的老百姓穷得连裤子都穿不上，我们怎能坐着轿车在这里充当中国的洋人呢！我们在这里搞建设，到处需要钱，就是有钱也不能讲排场。"

其间，陶惕成回过一趟鞍山。夫人杨素关切地问他心脏病的状况，他如实地告诉她说："有次和大家爬山坡，在半山腰中，心区痛了，按照大夫所嘱，立即蹲下来，果然一会儿就好了。""哎呀！我真担心你的身体！"杨素不安地说。"不要紧，只要按照大夫的意见做，没有问题。"他安慰着杨素，忽而又惊悟似地嘱咐："我万一出了事，你可不能埋怨组织呀！这影响不好。"

正当陶惕成指挥千军万马，大展宏图之时，由"文化大革命"引发的一场疾风暴雨，很快侵袭西南"大三线"。在那一段时间里，他操碎了心，也累坏了身体。面对瘫痪的工地，他痛心疾首，却并未消沉，白天主持工作，晚上接受批斗。

受命前往水城前，冶金工业部部长吕东在东山宾馆召开的一次会议上，与陶惕成诙谐地开玩笑说："老陶，水城艰苦，你去吧，如果真的累死了，我们给你树碑立传。"没有想到，一句戏言竟然变成了现实。1967年2月24日23时，陶惕成因突发性急性胰腺炎出血，倒在了工地的帐篷里，终年47岁。去世前的3小时，他还安排了要和基建处的同志讨论工程的进度。

王文、陶惕成、赵北克……是鞍钢人的骄傲，是新中国第一支冶金基建大军的自豪，他们在共和国冶金发展史上立下了不朽的功勋。

若干年后，已进入古稀之年的王玉清和赵北克，满怀深情地回忆起在鞍钢的岁月，一致认为从鞍钢成长起来的这支基建队伍，应是鞍钢从干部和技术力量上支援全国的重要组成部分。曾任鞍钢干部部部长的仲恩荣（后任冶金工业部纪检组组长）依此统计，鞍钢支援祖国各地建设的总人数共计125339人。

（作者曾任鞍钢党委办公室调研组组长。）

新中国第一个土建专业工程公司诞生记

计四有

天刚破晓，霞光微弱，天空中凝结的云烟缓慢游动，旷野上的雾气还未消散，一切都是模模糊糊的、灰茫茫的，这是 1952 年夏天里的一个清晨。举国瞩目的鞍钢"三大工程"开始出现了轮廓，包裹在一片朦胧的气雾里，呈现出一抹淡青色的影子。

1952 年冬计明达（前排右三）向苏联专家马克西莫夫赠送锦旗

工地上的建筑工人，每天都是早起晚归，通常要比生产岗位的工人提前一个钟头赶到现场。这时，在鞍钢的正门前开始形成"上班潮"，犹如漫溢堤岸的早潮，汹涌澎湃，滚滚而过。当年，所谓的鞍钢正门，其实并没有门，它只是一座架着双轨铁路的大桥洞。洞口中央，贯穿着一条大路，路的一边有一块牌子和一幢木板房。牌子很简单，仅仅是钉在木头电线杆子上的白茬木板，上面写着黑字：鞍山钢铁公司公安处正门检查所。木板房子外面刷了黄色油漆，窗户框子漆成了天蓝色。此外，路的两侧有两所岗楼，有公安人员在那里执勤。

早潮不停地通过正门，涌进厂区，漫溢了各个工地。涌动在一波一波早潮中的人们，几乎都是鞍钢基建系统土建工程公司的职工。自鞍钢"三大工程"中的无缝厂、大型轧钢厂工程正式动工后，土建工程公司就承接了大部分基建项目。公司下设了包括大型、无缝、高炉、焦化、民建等11个工地，每个工地都有4—14个工段和1—16个工程队。到了当年的10月份，这个公司已拥有26000多名职工。有这样一组数字：当年的鞍钢，职工总数为67675人，其中基建系统为56800人，而土建工程公司的职工就超过了鞍钢职工总数的三分之一，占到了基建系统职工总数近一半。

此一时的土建工程公司，不仅拥有大批著名劳动模范、先进生产者、技术革新能手，还拥有以当时东北地区知名的土建专家范先鼎总工程师为首的几百名工程技术人员，更加宝贵的是还拥有一支热诚帮助鞍钢"三大工程"建设的、经验丰富的苏联专家团队，包括了工程设计、施工组织、金结、管道、电气等建设工程各个领域的专家们。土建工程公司在1951年成立以后，不断地承造多种工程，干中学，学中干，不断革新旧的传统施工工艺。特别是在吸收苏联先进的建筑经验后，实现了建筑工厂化，学会了现代化的施工组织管理和施工技术，已经是中国工业建筑史上第一支实现了建筑工厂化、管理科学化、施工专业化、机械化的建设大军。

领导这支中国工业建筑史上前所未有的土建工程建设大军的主帅

是谁呢？

他是这样一个人：出生在辛亥革命前夕，祖上几代务农，父辈时薄有田产，他得以进入私塾读过四书五经；中学时代思想进步，向老师借阅传播到我国的多部马克思的著作；"九·一八"事变时，他刚刚以第八名的成绩考入河北省立工学院，马上参加了天津抗议日本侵占东北的大游行。在那个民族危机深重的年代，他的大学学习注定不平静。1935年，北京爆发了震惊全国的"一二·九"抗日救亡运动，已是工学院学生会主席的他，又带领同学参加了天津、北京两地的抗日救亡游行。1937年，发生了"七七"事变，日本帝国主义开始了全面侵华战争。日军飞机攻占天津时野蛮地轰炸了他就读的那所大学，包括他最喜爱的水工实验所全部被炸成一片废墟，老师和同学死伤无数。他的家乡也被日本侵略者霸占，他义无反顾地参加了中国共产党领导的抗日斗争，成为一名坚定的共产党员。日寇对华北抗日根据地进行残酷的铁壁合围，反复扫荡，烧光、杀光、抢光，制造千里无人区，他三次面对必死的险境，三次都凭他个人的机警判断和沉着的行动死里逃出。抗战胜利后，党中央派出十万大军抢占东北，锦州第一次解放。经各界人士推举，他出任了这座城市的第一位"民选"市长。热河省解放后，他出任省人民政府工业厅副厅长。

他就是计明达，1950年他与妻子文玉一起从热河省调入鞍钢，任基建工程处副处长。当年，东北局工业部选他出任土建工程公司的主帅，不仅仅是因为他接受过抗日战争和解放战争血与火的考验，对党忠诚始终如一；不仅仅是因为他精明干练，沉着坚毅；也不仅仅是因为他有着丰富的领导经验，能统筹大局。其实在支援鞍钢的"五百罗汉"中，具有这些品质的领导干部绝不在少数。组织上特别看重他的是在参加革命前就接受过高等教育，是一位成绩优秀的工科大学毕业生。

在计明达组织鞍钢基建系统土建工程公司之前，土建施工的能力非常微弱，只有几个用于维修的工程队。鞍钢的前身昭和制钢所，也没有专业的施工组织与队伍，其营造工程全部外包。那个时期，沈阳、鞍山的营造建筑业几乎全部是日本人控制，而能承揽昭和制钢所建筑的日商中，较大者是丰田、清水（专营民建）、高冈（专营结构）、大林等。这些日本人的营造社，技术职员和技工都是日本人，被雇佣的中国人只能从事搬运砂石、水泥等最笨重的体力劳动，被贬称为"苦力"。1945 年日本投降后，这些曾经为昭和制钢所服务的营造社也随之一同解体。解放初期的鞍山，私营建筑业能力更加微弱，只能承担一些民用住宅的修修补补。

1950 年年底，计明达着手组建土建施工队伍，由少部分检修工和大部分日伪时期各种营造社的老工人组成的工程大队为主体，组建成为鞍钢土建工程公司，并于 1951 年 1 月 1 日正式成立。初创时期，连一台机械设备也没有，而计明达就要带着这样一支队伍，迎接"三大工程"这样巨大的项目。值得一提的是，两年之后，在"三大工程"建设中，这支施工队伍壮大起来了，也强大起来了。从这支队伍中涌现出了鞍山市特等劳动模范黄德茂、王进忠以及许多先进生产者、技术革新能手。

鞍钢基建系统土建工程公司成立之时，正值朝鲜战争爆发不久，美军飞机沿鸭绿江飞行、轰炸，经常飞入我国境内，鞍山市距鸭绿江仅 200 多公里，也时常拉响防空警报，我国政府决定在丹东和鞍山附近修建军用机场。机场都是苏联空军设计的，建成后由苏空军飞机进驻，保护边境空域安全。当时的辽南地区，仅鞍钢有一支刚组建的建筑工程队伍，上级就将这一紧急任务交给土建工程公司。计明达派出了最好的工程大队奔赴现场，经过两个多月的紧急施工，机场工程提前竣工。在丹东机场施工的工程大队王进忠中队，还受到机场的表彰。

在修建飞机场的同时，土建工程公司也开始在台町地区修建防空洞。在准备为即将来到鞍钢的苏联专家建造公寓的选址旁边，在一座日军遗留在台町高地炮台下面有一段地道，土建工程公司整修作业一个出入口，又将地道延挖至2·19公园，在台町小区和2·19公园各设一个出入口。现除东山宾馆处尚保有部分遗迹外，其余恐已湮灭。

1951年4月，土建工程公司开始在大型、无缝、八高炉工地上清理旧厂房，拆除损毁的建筑，移除障碍物。

这一年的秋天，计明达受命为明年初即将到达鞍钢的大批苏联专家修建公寓楼。这座苏联专家公寓，就是今天仍在使用的东山宾馆。这座建筑是苏联人设计的，在当时的鞍山也是标准等级很高的建筑物了。由于时间紧迫，必须进行冬季施工，而历史上东北地区从来没有过冬季施工的先例。在先期到达的苏联专家马克西莫夫的指导和帮助下，土建工程公司边学边干，很快掌握了冬季施工技术。在工地上，公司开展了劳动竞赛，首次实行了计件工资，报酬拉开了档次，工友的劳动积极性进一步调动起来，技术革新不断涌现。东山公寓的建设工程，以一等的质量提前了43天完工，交付使用。这标志着在即将到来的大规模基本建设前夕，鞍钢的工程建设者和组织领导者通过了一场不大不小的考核。对计明达本人来讲，通过对工程的严格要求的理解，使他后来在所有由他领导的工程建设中，都极其重视质量，这是后话。

1951年年末，在苏联施工组织专家维奇托莫夫的建议和帮助下，土建工程公司加快了"工厂化施工"的进程，开始建设大型混凝土搅拌厂。12月4日，东北工业部批准鞍钢土建工程公司设立混凝土搅拌厂，并任命黄利锋为厂长。这个将来要发挥巨大作用的混凝土搅拌厂，占地2万平方米，包括砂石运输专用铁路线、砂石放置场、水泥仓库、六台大型混凝土搅拌机可同时工作的搅拌楼和加热蒸气管道，配备翻斗车，日产混凝土 1000 立方米。在我国的建筑史上，这是第一座集中搅拌混凝土的工厂化施工厂区。

其后，土建工程公司又陆续建立了模板加工厂、金属结构加工厂等附属工厂，对旧式施工现场手工制作的传统工艺实现了重大突破。

进入 1952 年，这一年在现代鞍钢的建设史上，注定是不平凡的一年。建设一个现代化的鞍钢，是根据中苏两国政府间协议，由苏联援建的一个重要工程，也是国家第一个五年计划中带有全局性质的重点工程，不仅建设规模宏大，时间也是非常紧迫。1951 年 10 月，国家财经委副主任李富春在第二次全国政协会议时所作的报告中提出："到 1953 年，我们修建铁路的钢轨，就可以完全由自己解决了。大型钢材、无缝钢管及薄型钢板也能大部分解决了。这些新厂的建设，对于我国的重工业，是会有一定的加强作用。"李富春的报告，是代表党中央、中央人民政府，向全国、全世界宣告中国将有新的大型轧钢厂、无缝钢管厂在 1953 年投产，这对鞍钢的建设者来说，是一个必须完成的时间表。

当时，鞍钢的情况怎样呢？

鞍钢的大型轧钢厂和无缝钢管厂，是苏联 7 个冶金设计院按照 20 世纪 50 年代冶金科技的最新成果设计的。1950 年，苏联政府派出首批专家 42 人到鞍钢收集资料和进行设计，正值朝鲜战争最紧张的时候，这项准备工作仍在进行。原定全部设计图纸应于 1951 年 2 月提供给中方。由于鞍钢方面为苏方设计提供的地质勘探资料及旧厂测绘资料不够准确，不够全面，需要再次收集补充。现在的人们可能要问，那么大的鞍钢怎么连这些简单的工作都做不好？要知道，那时的鞍钢没有设计单位，连一台水平仪都没有，地面上搞不了测量，地下的图纸资料又很不完整。地上地下的情况都不了解，那时连简单的土壤承压试验都搞不了，要把试样送到长春去做，基本的技术力量只有 80 余名留用的日本人。苏联方面的设计图纸，因此推迟到1951年10月，共计全厂初步设计134卷，大型轧钢厂技术设计21卷，无缝钢管厂技术设计9卷（后补充至17卷）。东北人民政府于1952年2月审批完成，鞍钢得到设计图和施工图时，距离国家确定的1953年完工的目标，仅仅有21个月了。

苏联设计并提供主要设备的大型轧钢厂和无缝钢管厂，是以往昭和制钢所的小规模、基本手工操作的轧钢厂和钢管厂无法比拟的，它是高精度、机械化和自动化的，生产流程是连续的。每个工厂的工艺流程都是一个高度同步运行的整体，都具有高精尖的特点，工程建设的高度复杂性和严格要求可想而知，这在当时不仅对于建设者，就是对于鞍钢的组织领导者、工程技术人员都是见所未见，闻所未闻的。

土建工程公司得到设计施工图之后，即开始了突破性的施工准备工作。此前由于没有图纸，公司的技术人员所做的工作无相应的计划，准备上不充分，因而公司上下对即将开始的建设工程的复杂性与艰巨性也准备不足。例如，原计算无缝厂工程用工需要60万个工日，已感到十分庞大，力量不足，在设计图到公司后，工作人员在苏联专家维奇托莫夫的帮助下，工程技术人员按照实物工作量计划，应为180万个工日，比之前估计的高出3倍！大型厂工程的工作量比无缝厂工程的工作量更加庞大。面对如此巨大的工作量，要按期完成，时间非常紧迫了。自3月份起，土建工程公司各工地开始依据施工图纸的要求，对准备利用的旧厂房，改造旧基础，排除地下水，进行土建方面的施工。

鞍钢"三大工程"能不能按期完工，对我国第一个五年计划的全局性影响非同一般，党中央和中央人民政府十分重视。就在苏方的工程图纸到达鞍钢后不久，党中央就确定集中全国力量、特别是工程技术人员，首先恢复与改建鞍山钢铁公司，发出"全国支援鞍钢"的动员令。当年的3月上旬，政务院副总理陈云视察鞍钢，提出鞍钢的恢复和发展是全国基本建设的重点，如果不能及时将重点转向基本建设，将会犯路线上的错误。在不平凡的 1952 年，从全国各地陆续汇聚到鞍钢的，有从各大行政区调来的一大批地、县级领导干部，有从中央机关和 47 个城市调来的近千名专业干部和技术人员，有从辽西地区选拔的 3000 名农村基层干部，有从全国 70 所高等院校分配来的 2000 名大学毕业生（其中 90% 分到基建单位），还有招入的 20000 多名员工。土建工程公司是被重点加强的单位，也由此大大缓解了技术及施工能力严重不足的状况。

当年 4 月底，经东北工业部批准，范先鼎出任鞍钢基建系统土建工程公司总工程师。

范先鼎先生当年在东北地区，已是知名的土建方面的工程师，尤其是在管道方面。1934 年，他为沈阳市供水设计和建造的万泉水塔，集艺术与功能于一体。在落后的旧中国，这是第一座由中国自行设计的水塔，该水塔建造十分坚固，如今已成为文物。以范先鼎先生为首的一批工程技术人员陆续加入，使土建工程公司的工程施工技术力量得到了很大加强。

1952 年上半年，施工面临的关键问题是大型、无缝两地旧厂房的改造利用。苏联设计院在对两厂进行设计时，利用了大部分旧厂房，以节省工程费，减少工程量。这就必须对旧厂房进行托梁换柱、托柱换基的改造工程，要求做到：一不影响旧厂房的整体结构；二要保证工期；三要旧厂房能利用的部分不受损坏。原计划采用凿岩技术拆除旧基更新，经过计算，两厂工程总共万余立方米混凝土旧基础，需要 1 年多时间才能拆除，在工期上是绝对不允许的，这也成为施工的拦路虎。

在工地上，公司除了进行技术交底外，鼓励工人和技术人员献计献策。无缝工地的爆破工人周相臣经过几十次试验，掌握了室内爆破技术，针对不同的基础条件成功地实施了不同爆破方法，实现了对旧设备基础拆除的同时又防止了对原厂房结构的损害。在托梁换柱时，他在苏联专家指导下，采用小当量龟裂爆矿法，把爆炸的冲击、震动等减至最小，效果非常好，保证了基础上部的钢梁结构没有受到爆破的震动损害，这在当时是一个了不起的创举，它为旧厂房改造利用解决了重大难题。对需运出厂房的巨大混凝土块，周相臣也发明了有针对性的爆破法，使之破碎，搬运效率提高两倍半。此外，他还创造出了冬季施工冻结的爆破方法。土建工程公司派技术人员帮助他对这些爆破方法进行了理论上的总结，确立了各种爆破法的经验公式，也由此奠定了室内爆破技术的基础。在大型、无缝工地推广采用这些爆破新工艺后，劳动效率提高了二十倍，总工期提前了半年。

"三大工程"开工初期，由于没有现代化施工组织的概念和经验，施工中各区段、各工程队相互影响，秩序较乱；各工地没有总平面布置图，材料乱堆放；混凝土已开始浇灌，道路却没修好，各个工程队、各个工区各顾各，运输十分拥挤，各个路口不得不设许多"交通警察"调度车辆，窝工现象较严重。土建工程公司作为各工地的"大包"单位，需要有效地解决这些问题，组织好施工。在维奇托莫夫等苏联专家的提议和帮助下，公司实行了施工现场总图管理，大大改进了施工组织，在工程量大、多工区、多工序立体交叉作业突出的大型、无缝工地，很快地消除了初期的混乱和低效率的现象；在施工场地狭窄、需边生产边施工的七高炉、二薄板、进炉与回收、一初轧、一炼钢等工程中效果显著。

在"三大工程"施工中，土建工程公司首次采用了大规模工厂化施工方式，这在中国建筑史上是前所未有的。传统的建筑作业，工程量小，包工分散，基本上是手工操作。"三大工程"如果按这种方式施工，不用说工期根本无法保证，就是在工地现场布置、材料运输、半成品加工的问题也无法解决。仅以大型、无缝两厂的工程量为例：混凝土 11 万立方米，模板 10 万平方米，钢筋 11000 吨，钢结构 15200 吨，机械设备 17900 吨。其中混凝土一项，施工高峰期每月就需要 18000 立方米，使用旧式施工法，完全不可想象。由于大型、无缝两厂的建设是从 7 月、8 月开始的，大量的混凝土基础工程必须在冬季施工浇灌，方能保证留给设备安装调试足够的时间，保证两厂在 1953 年年底前竣工、投产。这个时候，之前建起来的混凝土搅拌厂发挥了巨大的作用。大型轧钢机基础，被人们称为"重工业基础"。这个基础深 9 米多，纵横 800 多平方米，需要 250 吨钢筋，3200 多立方米混凝土，有 600 多个地脚螺栓，最重的螺栓有 1.8 吨，基础里埋藏着密如蛛网的各种管道和电缆。在地冻天寒的冬季，工地搭设了巨大的暖棚。这样的庞然大物，在这种条件下要一次连续浇灌混凝土。混凝土搅拌厂连续搅拌，自卸车不停运输，84 个小时浇灌完毕，工期缩短了五分之四，节约了 1400 多个工日。这样大规模、高复杂、高速度的施工，对土建工程公司来说是破天荒的。在 60 多年后的今天，这样的工程已不是什么难事，但当时不但整个鞍钢为之轰动，也是全国各大报纸轰动一时的新闻。

工厂化施工大大提高了效率，但是各工地现场部分的施工仍然是落后的工艺和手工操作，效率很低，不解决这个问题，仍会拖工程的后腿。从 9 月起，土建工程公司在大型厂、无缝厂工地相继开展了以改革施工工艺为主要内容的群众性的技术革新和合理化建议活动，无缝厂工地的钢筋组长黄德茂，面对 800 多吨庞大的钢筋成型任务，提出了按工序分工、实行流水作业的设想，改革旧的钢筋成型工艺。在公司派出的技术人员帮助下，他创造出专业化的钢筋成型流水作业法，并在各个工序上都发明了一些简单的加工机械。经过测定，这项工艺革新，使劳动效率提高了 317%，钢筋损耗率由 7% 降到 1.5%（控额为

4%）。土建工程公司及时抓住这个典型宣传，黄德茂的创造很快轰动各个工地。受到他的启发，各工种的平行流水作业法就像雨后春笋一般涌现出来，也迅速普及开来，如混凝土浇灌流水作业法、模具安装流水作业法、地脚螺栓及固定架安装流水作业法、电缆合并安装流水作业法。随着施工进度，在墙体工程施工工序中也都实行了流水作业法。土建工程公司开展的群众性技术革新和合理化建议活动，极大地唤起了广大工友们的国家主人翁意识，极大地激发了他们为创造自己幸福生活的劳动积极性。旧社会被人奴役的"苦力"，一旦挣脱了身上的锁链，成为了新中国受到尊重的主人，他们在建设自己的家园时就会迸发出惊人的聪明才智。

施工组织和施工工艺上的重大突破，为"三大工程"提前竣工投产抢出了时间、创下了速度，大型厂、无缝厂的 77100 立方米的基础工程完成的总工期仅为 9 个月。

计明达和他带领的鞍钢土建工程公司 26000 多名职工，有幸承担了鞍钢"三大工程"这一重任，并且以新中国工业建设第一批开拓者的忘我劳动和聪明才智，向党和人民交上了一份出色的成绩单。计明达被誉为鞍钢"三大工程"建设的一员主将，这个称誉也是实至名归。

（作者系鞍钢基建系统土建工程公司第一任经理计明达之子。）

起起落落五十年

石树林

2010 年 3 月 22 日，是毛泽东主席批示"鞍钢宪法"50 年的日子。这 50 年，"鞍钢宪法"曾作为办企业的根本大法，被奉为宝典；"文化大革命"期间，它又被有些人用来批判和打击许多工业企业领导干部；粉碎"四人帮"后，有人写出文章，历数"鞍钢宪法"的罪责，欲公开批判，全面否定"鞍钢宪法"；近 30 年，"鞍钢宪法"已无声无息，淡出人们的记忆。"鞍钢宪法"起起落落五十年，在迎来它的"知天命"之年，到底该怎样看待"鞍钢宪法"，如何评价"鞍钢宪法"，确实是一个无法回避的问题。

一

1958 年 1 月，毛泽东同志在南宁会议上，提出要搞技术革命，并把它视为提高劳动生产率，迅速改变中国经济技术落后面貌，赶超世界最发达的西方国家的重要途径，寄予很高的希望。之后不久，全国就掀起了大搞技术革新和技术革命的热潮。1960 年 3 月 3 日至 25 日的二十几天里，毛主席先后批转了吉林省委上报的技术革新和技术革命情况等 4 份报告。中共鞍山市委的报告，是毛主席批转的报告之一。鞍山市委的报告是 1960 年 3 月 11 日报出的，全称是《鞍山市委关于工业战线上技术革新和技术革命运动开展情况的报告》。这份报告共分为：鞍山开展这次运动的 3 个特点、初步取得的 5 条经验、当年要抓的 5 项

工作、把技术革新和技术革命运动推向新的高峰必须坚持党的领导等
四个部分，全文近8000字。毛泽东同志于3月22日对鞍山市委的这份
报告写了近600字的批语，文字之长在毛主席批示的诸多报告中，极为
罕见。一开头就讲"这个报告很好，使人越看越爱看，不觉得文字长，
再长一点也愿意看，因为这个报告所提出来的问题有事实，有道理，
很吸引人。"接着笔锋一转，论述了技术革新和技术革命、大搞群众运
动、两参一改三结合、政治挂帅，党委领导下的厂长负责制等企业的
一些重大问题。并说"鞍钢宪法在远东，在中国出现了"。

毛泽东同志批示鞍山市委的这个报告两个月后，5月23日至26
日，冶金工业部党组在鞍钢召开了学习、推广"鞍钢宪法"现场会，
党组书记、部长王鹤寿同志在会议总结时，初步归纳了"鞍钢宪法"
的一些原则，即后来确定的"坚持政治挂帅，加强党的领导、大搞群
众运动，实行两参一改三结合，大搞技术革新和技术革命"这五项基
本原则。

实事求是地讲，鞍山市委的报告，是关于技术革新和技术革命情
况的专题报告。报告的是鞍山全市的情况，其中鞍钢的情况相对多一
点，但也仅仅是例子，并未涉及其他问题。毛主席在批示中提出的一
些原则，在鞍山市委的报告中有的涉及了，有的稍微涉及一点，有的
并未涉及。即便鞍山市委的报告中有所涉及、并在毛主席批示中所肯
定的问题，也仅仅是从搞好技术革新和技术革命这个角度提出的，远
非是办企业的原则。那么，毛主席为什么在一个地方党委的专题报告
上，批示一系列办企业的基本原则呢？我认为，这是一种借题发挥，
意在教育、引导、规范我们进行社会主义经济建设所必须解决的一些
重大问题。而为什么自己思考和探索的一系列办企业的原则，在鞍山
市委的这个报告上批示了"鞍钢宪法"呢？这也有毛主席自己的考虑。
鞍钢在当时是全国职工人数最多、规模最大、知名度最高、管理难度

2010 年 3 月 22 日，鞍钢举行纪念"鞍钢宪法"发表 50 周年大会

最大的企业，鞍钢认为可行的事情，任何一个企业都不能说不行。所以，鞍钢创造的"鞍钢宪法"在全国推行，肯定是件没有任何阻力的事情。

我们都知道，新中国成立之后，如何搞好经济建设，如何办好、管好社会主义企业，是毛泽东主席等老一辈无产阶级革命家及各级领导干部都十分关注、认真思考、不断探索的重大问题之一，也是企业急迫要求回答的问题。毛泽东主席在对鞍山市委报告的批示中所提出的一系列原则，正是近十年来经过认真研究探索、反复比较之后所确定的，或者由别人提出经他认可是最佳方案的，写入批示，并称之为"鞍钢宪法"，目的在于引起人们的足够重视。

二

毛泽东同志批示"鞍钢宪法"之后不久，我国便出现了意料之中和意料之外的一系列情况。

1960年下半年开始形势急转直下，由于连年的自然灾害，造成粮食严重不足，市场供应极度紧张，人民生活水平明显下降。有一段时间，鞍钢职工平均每天只能吃到六两粮食。有些地方已出现饿死人的问题，困难程度可想而知。"大跃进"的消极后果已全部暴露，工业比例失调，部分设备已拼废拼垮，企业管理混乱，劳动生产率下降，浪费严重，损失惊人。当年7月，苏联政府片面撕毁协议与合同，把在华的1390名专家撤走，废除257项技术合作项目，中止了尚在建设中的201项援建项目，这使我国社会主义经济建设更是雪上加霜。在这种形势下，我国相当一部分企业处于瘫痪状态，"大跃进"转变为大后退。为此，中央提出了"调整、巩固、充实、提高"的八字方针。此后，针对"大跃进"给企业带来系列问题的暴露，中央又颁布了《国营工业企业工作条例》（即工业70条）。在这种状况下，贯彻"鞍钢宪法"这件事，已无法摆上日程。

1962年9月，党的八届十中全会对阶级斗争形势做了错误的判断，阶级斗争一抓就灵，成为全党和全国各行各业——一切工作的重要指导方针。鞍钢于1963年起，先后在49个单位开展"四清"运动，批判和处理了695人，阶级斗争开始"天天讲，月月讲，年年讲"，哪还有人思考或讨论如何办企业的问题呢？

1966年"文化大革命"发生之后，"鞍钢宪法"被捧到吓人的高度。"文化大革命"期间遭受批斗的企业干部，几乎人人都有条罪状，就是反对毛主席亲自批示的"鞍钢宪法"，推行修正主义办企业路线。1975年3月22日，中共辽宁省委在鞍山召开了庆祝毛主席批示"鞍钢宪法"15周年大会，此后直到1979年，鞍钢年年在3月22日这一天召开大会，庆祝"鞍钢宪法"诞生，并加进了"工业学大庆"的内容。不过，当时的庆祝大会，响亮的政治口号多于具体贯彻"鞍钢宪法"

原则的内容。

1978年10月前后，有一天时任鞍钢党委书记的沈越同志交给我一个大信封，让我看后提出个具体意见。信封中装的是北京某大报拟刊登的一篇批判"鞍钢宪法"的文章大样，并附便函，征求鞍钢党委的意见。此事时隔30多年，文章的内容我已记不清楚了，但一些主要观点还有些印象。主要是批评"鞍钢宪法"是"大跃进"期间推行极"左"路线、坚持以阶级斗争为纲的产物。历数"鞍钢宪法"对企业的消极作用，甚至造成的破坏，"鞍钢宪法"不讲科学、不讲管理，结论是"鞍钢宪法"从来没有起过任何有意义的积极作用，必须肃清其影响，等等。看过这篇文章后，从主观上讲我不赞成批判"鞍钢宪法"，对文章的一些论点、论据我也不敢苟同，但又不清楚这篇文章及其作者有什么背景和来头。后来我想出一个推卸责任的理由，对沈越同志说："'鞍钢宪法'是毛主席的批示，同鞍钢没有什么关系，批判'鞍钢宪法'必有批判毛主席之嫌，对这样重大问题，鞍钢作为一个企业，无法表态。"以后这件事怎么处理的，我就不知道了，但据我所知这篇文章后来并没有见诸报端。

此后的30多年，"鞍钢宪法"便无人提及，也就无声无息了。

三

"鞍钢宪法"已经诞生50年了。作为我们党的领袖对牵涉一个企业的批示，无疑是这个企业的一件大事。到底应该怎样评价它？这个企业应该有自己的态度，企业职工也应该有自己的看法。

"鞍钢宪法"作为一个时代的产物，在语言上、表述上、内容上具有那个时期的烙印是必然的。但是，我们不能得出在一个"左"的倾向占据主导地位的年代，出现的一切事情都必然是错误的这样一种结论。评价"鞍钢宪法"，主要是看它的五项基本原则是正确或基本正确，还是毫无正确可言，一无是处。

关于"坚持政治挂帅"，是当时从上到下，一切党政机关、人民军队、群众团体、企事业单位、文化教育和科研部门，乃至城乡最基层单位都必须坚持的一项原则。"坚持政治挂帅"在鞍山市委的报告中，作为一条经验，即：大搞技术革新和技术革命"必须不断地进行思想革命，坚持政治挂帅，彻底破除迷信，解放思想。"而围绕这条经验，所针对的是"克服右倾保守思想，满足现状，不想革命，小手小脚，前怕狼后怕虎，甘居中游，不求上进"等一些思想认识问题。有人认为"坚持政治挂帅"就是坚持以阶级斗争为纲。事实上，阶级斗争理论和实践的不断升级，起自 1962 年 9 月，毛主席在党的八届十中全会上发表的"关于阶级、形势、矛盾和党的团结问题"的讲话中提出并引发的。在 1960 年 3 月，毛主席批示"鞍钢宪法"之前，虽有反击右倾翻案风及企业的"拔白旗"运动等明显的"左"的错误，但当时并未上升到以阶级斗争为纲的高度。因此，毛主席批示"鞍钢宪法"时提出的坚持政治挂帅，其本意应该是克服和纠正办社会主义企业的各种错误思想、观念，强调讲政治。但在"左"的思想影响下，却出现了将政治与经济、科技、管理等企业的其他工作对立起来的问题与倾向。如果说是"政治挂帅"的本意就是讲政治，那么，企业无论过去、现在、将来都是必须坚持的一项原则，谁都不会有什么疑义。

关于"加强党的领导"。这是毛主席针对有人主张"一长制"、反对党委领导下的厂长负责制这样一种企业领导体制提出来的。我国的企业领导体制，大体经历了这样几个阶段：解放之初，对大多数企业实行"不打烂旧的机构"，"维持原职、原薪、原制度"的政策，派出军代表接管和监督，只对少数像鞍钢这样的大企业，派出层级较高的干部接管并组成领导班子；从 1951 年起，实行上级任命企业厂长、经理直接管理企业经济活动，同时建立企业党组织，加强党对企业的领导；不久，全面学习苏联经验，苏联的"一长制"也被引入我国企业；1955 年 3 月，召开全国党的代表大会，毛主席在会上指出："鉴于种种历史教训，鉴于个人的智慧必须和集体的智慧相结合才能发挥较好的作用和使我们在工作中少犯错误，中央和各级党委必须坚持集体领导的原则，继续反对个人独裁和分散主义两种倾向。"企业领导体制便由"一长制"转变为党委领导下的厂长（经理）负责制。毛主席批示"鞍钢宪法"的时候，企业的领导体制转换时间不长，有些企业的行政领导、特别有些因执行"一长制"被批判的行政领导还有些意见，毛主席此时重提这个问题，实际是强调要坚定地执行党委领导下的厂长（经理）负责制这种企业领导体制。1982 年 1 月，党中央、国务院颁发《国营工厂厂长工作暂行条例》，企业又由党委领导下的厂长（经理）负责制转为厂长（经理）负责制。作为企业在不同时期实行不同的领导体制，不能武断地说哪种体制是正确的，而是哪种体制相对适应罢了。但是，无论实行哪种领导体制，党的领导都必须加强，只是领导的着力点有所不同而已。任何削弱党的领导的行为，都应及时纠正。

关于"大搞群众运动"。薄一波同志在他的《若干重大决策与事件的回顾》一书中，对群众运动有过准确的分析。他指出："搞社会主义建设，要依靠群众，走群众路线，充分发挥群众的积极性、主动性、创造性，这当然是必要的和正确的。""但是搞建设毕竟不同于打仗，不同于搞土改，而且群众运动也不是贯彻群众路线的唯一形式。""搞社会主义现代化建设，是人与自然的斗争，是一门科学，必须掌握专业知识、遵守客观规律、有严密的规章、由训练有素的劳动者去操作，才能把事情干好，'大跃进'或人海战术，不会把事情办好，这个教训我们有过不止一次。"在毛主席批示"鞍钢宪法"的内容中，既有依靠群众、发挥群众在技术革新和技术革命中的积极性与创造性，批评了"只信任少数人冷冷清清地去干"的行为；也批评了"反对大搞群众运动"的行为。所以，"鞍钢宪法"关于"大搞群众运动"的原则中，既提倡发挥群众在技术革新和技术革命中的积极性和创造性，也坚持"大跃进"中风行的那种极不科学的"人海战术"。在研究"大搞群众运动"这一方针时，只肯定前者而忽略后者，或者相反，都是不妥的。但是，办企业、搞建设，必须依靠群众，任何时候都不应忘记。

关于"两参一改三结合"。1981年6月，中共中央十一届六中全会通过的《中国共产党中央委员会关于建国以来党的若干历史问题的决议》，把"两参一改三结合"作为毛泽东同志"独创性的理论丰富和发展马克思列宁主义"的具体事例，予以高度评价和肯定。因此，"两参一改三结合"的正确性，是没有任何问题的。

关于"技术革新和技术革命"。科学技术、科技发展、自主创新，都已成为科学发展观的内容。鞍钢开工60年的历史已经并将继续证明，从王崇伦创造"万能工具胎"开始兴起的技术革新高潮，到近20年技术改造，使鞍钢发生的变化证明，企业发展离不开科学技术，不论称之技术革新和技术革命，还是叫自主创新，都是推动企业展翅高飞的巨大动力。

如果上述分析是公正、客观、不失偏颇的话，"鞍钢宪法"的五项基本原则，总体上是正确的或基本正确的。

四

"鞍钢宪法"起起落落50年，已逐渐进入历史。"鞍钢宪法"在历史上居于什么样的地位，"鞍钢宪法"现在和未来还有什么意义？本人有如下几个观点：

（1）"鞍钢宪法"必将成为研究我国经济发展和企业建设的重要史料。新中国成立以来，如何发展经济，如何办好、管好企业的研究与探索从未间断。而且，这种研究将是一个历史永恒的命题。"鞍钢宪法"同毛主席在经济领域的其他文章如《十大关系》等，涉及的领域不同，重要地位不同，当然受关注的程度也不同，但"鞍钢宪法"确是建国十余年来研究企业领导体制、群众运动、管理思想、技术革新和技术革命等诸多问题的成果，以史料留给了历史，留给了后人。史料的内容、观点只要是真实地记录和反映出那段历史，就是珍贵的，有价值的。至于内容与观点用现在的标准衡量是否正确，同史料无关。司马迁的《史记》，颂扬了西汉王朝的明望盛德，维护封建统治制度，宣扬了英雄史观和天命论、宿命论思想，但谁能因此而否定《史记》的历史价值呢？《史记》作为一份历史遗产，被后人研究、推崇了2000多年，至今尚在研究。当然，我们不能把"鞍钢宪法"同《史记》的历史价值相提并论，但情同此理。"鞍钢宪法"作为经济和企业的史料的研究价值，不能进行武断的、不负责任的评判。例如，企业领导体制从"一长制"转变为党委领导下的厂长（经理）负责制，就出现大批"一长制"的文章，由于这种批判，"一长制"竟成为某些企业行政领导干部的罪状，甚至受到处分。20世纪80年代开始，企业领导体制进行了改革，从党委领导下的厂长（经理）负责制转变为厂长负责制，于是又开始批判党委领导下的厂长负责制，甚至把党摆到行政之下，提出个"政党工"（即行政、党委、工会）排列。到底批判"一长制"（即厂长负责）、坚持党委领导下的厂长经理负责制正确，还是批判党委领导下的厂长（经理）负责制、坚持厂长负责制正确？谁能回答！建国60年来，特别是"文革"十年，我们吃大批判的苦头够多了，对我们事业的危害也够惨的了，有些大批判并没有使人们明辨是非，反倒越发分不清是非。这类傻事真的不应再干了，当然也不会再干了。

（2）"鞍钢宪法"的某些原则，已成为科学发展观的组成部分。当前，全党和全国各族人民都在认真学习和实践科学发展观，此时，迎来"鞍钢宪法"诞生50周年，我们会发现"鞍钢宪法"的某些原则，竟然也是科学发展观提倡的原则。"鞍钢宪法"的重点原则之一是大搞技术革新和技术革命，科学发展观的第一要义是发展，为此，胡锦涛同志多次强调"科学技术已成为经济社会发展的决定性力量"，"实现长期持续发展要依靠科技进步和劳动者素质的提高"。"鞍钢宪法"的"大搞群众运动"的原则，尽管有"人海战术"这种不科学的主张，但它所提倡的依靠群众、发挥群众积极性和创造性的主张，恰是我党几代领导人所一贯坚持的群众路线，它与科学发展观的核心，即以人为本的原则，"必须最充分地调动人民群众的积极性、主动性和创造性，最大限度地集中全社会全民族的智慧和力量，最广泛地动员和组织亿万群众投身中国特色社会主义伟大事业"的论述，是完全一致的。"鞍钢宪法"中关于加强党的领导的原则，与科学发展观"要切实加强和改进党的建设"的任务和目的，与党的十七届四中全会通过的《中共中央关于加强和改进新形势下党的建设若干重大问题的决定》的要求和目的，也是完全一致的。中国共产党是执政党，在不同的历史阶段，党的任务会有所不同；在不同单位，党的工作重点也会有所不同，这是不能怀疑的。至于"鞍钢宪法"将党的领导作为一项原则，也是不容怀疑的。其他几项原则，由于当前的形势、任务与50年前已有相当大的变化，但有些积极意义的东西，仍被吸收进来，尽管在提法上、表述上有所不同，而这正是"与时俱进"的必然。"鞍钢宪法"的若干原则被科学发展观所接纳，是"鞍钢宪法"起起落落50年后，对其在历史上应有地位的肯定，是对"鞍钢宪法"的基本原则可继承性的肯定。相信，必将激发人们进一步研究"鞍钢宪法"的兴趣和热情。

（3）"鞍钢宪法"，是鞍钢的无形资产，是鞍钢人的历史贡献。"鞍钢宪法"及其基本原则是毛泽东主席对发展经济、办好企业一些想法的提炼和概括，但亦是鞍钢人在那段历史时期的探索实践的真实反映。"鞍钢宪法"是毛主席批示的，但"鞍钢宪法"却又是毛主席为鞍钢推出的"鞍钢品牌"。"鞍钢宪法"总的原则正确或基本正确，以及其原则的可继承性，又必然使"鞍钢品牌"成为"鞍钢名牌"。"鞍钢宪法"以一个企业的创举，留给社会、留给历史，且有如此之大的影响，不是绝无仅有，也绝对不多，值得鞍钢及鞍钢人为之自豪。因为，"鞍钢宪法"留给后人的是一笔历史财富，留给自己的是一笔巨大的无形资产、是一种荣誉。鞍钢及鞍钢人在 60 年间对国家、对人民的贡献是众所周知、世人公认的。在学习实践科学发展观的新的历史时期，在建设中国特色的社会主义现代化的伟大实践中，鞍钢如何交出一份漂亮的答卷、创造新的辉煌？我们已高兴地看到，鞍钢已经做出了回答，并在继续做出回答。

回顾过去，无非是为了更勇敢、更有把握地奔向未来。"鞍钢宪法"起起落落 50 年后，它已作为一份珍贵史料和重要的历史遗产留传下来，实在是鼓励前人，激励后人的一件大事。

（作者曾任鞍钢党委副书记。本文系 2010 年为纪念"鞍钢宪法"诞生 50 周年所作。）

"鞍钢宪法" 记忆

王延绵

2010 年的 3 月 22 日是"鞍钢宪法"诞生 50 周年纪念日。在这个日子到来之前，我整理了一下关于"鞍钢宪法"的记忆，并且把它记录下来，以此作为自己的一种纪念方式。既然是记忆，恐难免有不全面、不准确之处。

最初印象

毛泽东同志批示"鞍钢宪法"是在 1960 年，这一年我开始读小学。在以后的近 10 年中，对"鞍钢宪法"的了解是空白，自然也没有什么记忆。

1969 年 12 月，我被分配到鞍钢第一初轧厂当工人。这时全国对"鞍钢宪法"的宣传正如火如荼。例如，1970 年 3 月 22 日，《人民日报》头版头条发表文章，题为《在毛泽东制定的"鞍钢宪法"的灿烂光辉照耀下　鞍钢革命和生产蓬勃发展呈现一派繁荣兴旺的新景象》，《辽宁日报》发表社论《伟大的"鞍钢宪法"万岁》。当然，这些并不是我一个刚入厂的青年工人所能接触到、注意到的，而是 20 年后在研究"鞍钢宪法"时搜集到的资料。当时"鞍钢宪法"在我的脑子里只是一个抽象的概念，对其中的内容不甚了了。我只知道中国有个"鞍钢宪法"，是毛主席他老人家亲自批示的，是非常了不起的根本大法，是鞍钢职工极大的荣耀。不过，有一件事我记得很清楚：1970 年 3 月

22 日，鞍山市革命委员会在中心广场（现在的人民公园），举行数万人参加的隆重集会，纪念"鞍钢宪法"诞生 10 周年，会后还组织了大规模的游行活动。这一天我早晨下夜班，按厂里的要求，参加了纪念大会和游行。

1974 年 6 月，我被调到鞍钢的宣传部门工作（当时叫作"鞍山市革命委员会第一工交组政工办公室宣传处"）。由于工作的需要，我开始接触"鞍钢宪法"，对"鞍钢宪法"的五项原则有所了解，但对其内涵并没有深刻的理解。这期间使我不能忘怀的是，在我结婚的时候，公司党委政治部副主任陈群同志亲自参加婚礼。她送我们两件礼物，其中一件就是印制精美的毛主席批示"鞍钢宪法"的全文。

在我的记忆中，直到 20 世纪 70 年代末，每年的 3 月 22 日鞍钢都有纪念活动。特别是后几年，一、二月份就从机关、基层抽调几十名"笔杆子"，总结数十个典型经验，在 3 月 22 日这一天，隆重召开"高举'鞍钢宪法'红旗，学大庆先进集体、先进个人代表大会"一类的会议，交流经验，表彰和树立先进典型，以此作为对"鞍钢宪法"的纪念。尽管每年会议的名称不尽相同，但从领导到工作人员都对会议统称"3·22 大会"。

难得的亲历

到 1980 年，情况发生了变化。党的十一届三中全会以后，全党都在拨乱反正，肃清"左"的思想影响。这一年是"鞍钢宪法"诞生 20 周年，3 月 22 日还要不要隆重庆祝，成为一个敏感的、需要鞍钢领导班子审慎对待的问题。

这个时候，我正在兼任鞍钢党委常委学习秘书。十一届三中全会以后党内学习任务很繁重，每周三全体公司领导学习一整天。在学习的时候，领导班子也研究实际问题，并且做出决定。大约在 1980 年 2

月份的一次学习会上，主持人鞍钢党委副书记、经理钟剑平同志讲："今年是'鞍钢宪法'诞生 20 周年，在新的形势下还要不要搞庆祝活动，采取什么方式搞，需要慎重考虑。经请示冶金工业部，部领导意见，现在不适合再搞大规模的庆祝活动，可搞规模较小的纪念活动。"

与会的领导们绝大多数认同冶金工业部这种折中的处理方式。这时，一位红军时期参加革命的领导同志发表了十分明确的反对意见。他认为，当前全党正在集中精力拨乱反正，肃清"左"的思想影响，在这个时候继续纪念"鞍钢宪法"，同全党全国的大形势显然不合拍。因此，不同意搞纪念活动。这位同志发言后，另一位领导表示赞成他的意见。经过讨论，会议最后决定，还是按照冶金工业部的意见办，要搞纪念活动，但要控制规模，避免造成太大的影响。

在此后不久的又一次学习会上，公司领导正式通报：辽宁省委书记任仲夷同志向党中央写信，不赞成在当前的形势下搞"鞍钢宪法"纪念活动。胡耀邦同志批示，同意任仲夷的意见。按照这个精神，鞍钢领导班子决定，"鞍钢宪法"诞生 20 周年不搞纪念活动。

我作为工作人员有机会身临其境，了解了这件事情演变的过程。在我的内心里，赞成党中央最终做出的决定。我认为，党和国家正面临着拨乱反正这一突出的政治任务，举国上下已经形成了高度统一的舆论导向和浓厚的政治氛围。胡耀邦同志的批示精神符合全党工作大局的要求，是审时度势的正确之举。但给我印象最深刻的并不是这件事情本身，而是会上发表不同意见那位领导同志鲜明的表达方式和坚持主见的勇气。

审视与思考

从 1980 年至 1989 年，鞍钢对"鞍钢宪法"没有组织过任何形式的纪念活动，人们对这个敏感问题也很少提及。随着对历史问题的看法越来越客观，对"鞍钢宪法"的认识也逐步明朗。

1981 年 6 月，中央十一届六中全会通过了邓小平同志亲自主持起草的《中共中央关于建国以来若干历史问题的决议》（简称《决议》）。《决议》在概括毛泽东思想以独创性的理论丰富和发展了马克思列宁主义时写道："他还强调工人是企业的主人，要实行干部参加劳动、工人参加管理，改革不合理的规章制度和技术人员、工人、干部'三结合'。"在学习《决议》时我感到，《决议》虽然没有提到"鞍钢宪法"，却把其五项原则中的"实行两参一改三结合"的内容，几乎一字不漏地写了进去。至少可以认为，党中央对"鞍钢宪法"中的这个局部、这个具体内容、这一项原则，给予了充分的肯定。

1986 年前后，原冶金工业部老领导王鹤寿、吕东、高杨文等同志相继在座谈会和回忆文章中，对"鞍钢宪法"做了分析和评价。这些亲身经历那一段历史的老同志，对"鞍钢宪法"的看法很客观，而且非常宝贵。

到 1990 年，毛主席批示"鞍钢宪法"已 30 年。经过 10 年的沉寂以后，鞍钢的领导层开始考虑，如何深入研究和准确评价"鞍钢宪法"。大约是这一年的 2 月份，鞍钢党委副书记石树林同志找我交代任务，要求我组织鞍钢党委宣传部和鞍钢党校的同志，研究如何评价"鞍钢宪法"，并要撰写一篇理论文章，待 3 月 22 日前后公司党委召开专题研讨会，在会上作中心发言。

我同宣传部主要领导汪蛟同志、党校常务副校长孟广义同志研究后，立即抽调宣传部思想政治研究室主任李文纯、党校科学社会主义教研室主任栾贵才等几名同志，到党校集中精力做这项工作。我们在搜集、消化自 20 世纪 50 年代以来大量历史资料的基础上，对"鞍钢宪法"做了比较系统的研究，有了更加深刻、更加全面的认识，撰写出题为《把握"鞍钢宪法"基本精神　建设有中国特色的社会主义企业》

的论文。文章客观地分析了"鞍钢宪法"产生的历史背景，对如何科学把握并继承、发扬"鞍钢宪法"基本精神，做了较为全面阐述。最近，我把这篇文章找出来仔细读了一读。即使用今天的眼光来看，20年前这篇文章的观点也是正确的。为此，我的心中还颇有几分满足感。

1990年3月21日，鞍钢党委在科技馆二楼的会议室召开了研讨会。鞍钢现职领导、离退休老领导、部分机关部门和基层单位领导参加了会议。会上大家的意见不尽一致。在与会的老领导中，有鞍钢党委政治部原副主任崔华景同志。30年前他是鞍山市委副秘书长，是鞍山市委报告的执笔者之一。由于特殊的经历和复杂的历史因素，崔华景同志没有发言。我一直为没能听到他的意见而感到遗憾。

很快，又过了10年。为纪念"鞍钢宪法"40周年，辽宁省委党校和鞍钢党校开展了对"鞍钢宪法"的研究工作，并被列为国家社会科学基金项目。冶金工业部副部长兼鞍钢党委书记吴溪淳同志担任研究小组组长。研究小组编辑出版了《"鞍钢宪法"研究——献给"鞍钢宪法"诞生40周年》一书，吴溪淳同志为该书作序。这个时候我已被调到基层单位工作。由于具体主持研究工作的省委党校林志副校长对我比较了解，因而他特意找到我听取意见。我依据1990年的研究基础和以后不断深化的认识，系统地说了自己的观点，也算是间接地为这项工作出了一点力。

留给未来的记忆

如今，"鞍钢宪法"已经诞生50周年。经过半个世纪的风风雨雨，鞍钢已今非昔比，发生了天翻地覆的变化。我以为，世界在变、国家在变、企业在变、企业里的人也在变，但有些东西在我们国有企业里是不会变、不应该变的。比如中国共产党对企业的领导，全心全意依靠职工群众办企业，追求和推进技术进步，不断完善制度体系并推动体制、机制、管理创新等，这些都是需要坚持和发扬的。

鞍钢决策层对纪念"鞍钢宪法"诞生 50 周年高度重视，从 2009 年第四季度便开始筹划，要通过一系列纪念活动和持久的后续工作，使鞍钢前辈职工探索的、经毛泽东同志提炼概括的、在全国工业战线产生巨大而又深远影响的"鞍钢宪法"，焕发出新的活力，使其基本精神在新形势下发扬光大，使新一代鞍钢职工了解"鞍钢宪法"，践行"鞍钢宪法"基本精神，搞好鞍钢文化的传承。

在集团公司党委部署的各项活动中，最引起我关注的是，开展"感动鞍钢——创新功勋人物评选活动"。其目的是弘扬"创新、求实、拼争、奉献"的鞍钢精神，加速"四个转变"，推动科技进步，引导广大职工开展技术革新、发明创造、合理化建议活动，为实现鞍钢全面腾飞做出新贡献。这项活动既体现了"鞍钢宪法"的核心内容，又具有强烈的现实性、针对性和广泛的群众性，必将取得良好的效果。

今天是现实，未来是记忆。希望今天留给未来的记忆是美好的、丰满的、令人感奋的、回味绵长的。

（作者曾任鞍山钢铁党委副书记。本文系 2010 年为纪念"鞍钢宪法"诞生 50 周年所作。）

鞍钢与"鞍钢宪法"

许家强

1960 年 3 月 22 日，毛主席批示鞍山市委《关于工业战线上的技术革新和技术革命运动情况的报告》，盛赞"鞍钢宪法"在远东、在中国出现了。怎样正确认识 58 年前的"鞍钢宪法"？习近平总书记 2012 年 11 月 29 日，在国家博物馆参观《复兴之路》展览时说："我坚信，到中国共产党成立 100 年时全面建成小康社会的目标一定能实现，到新中国成立 100 年时建成富强民主文明和谐的社会主义现代化国家的目标一定能实现，中华民族伟大复兴的梦想一定能实现。"今天，以"两个一百年一个中国梦"为主线，回顾"鞍钢宪法"的诞生背景、完整内容、深刻思想，有助于我们正确认识和理解"鞍钢宪法"。

鞍钢创造经验

"鞍钢宪法"诞生在新中国刚刚起步，中国亟须独立自主办好大型全民企业经验，加快新中国工业化进程之际。

1840 年鸦片战争以来，中国屡遭帝国主义列强侵略瓜分，原因是政治、经济、文化、社会落后于世界发展。其中，在经济上，西方列强经历了蒸汽机为标志的第一次工业革命；内燃机、电力、化学工程为标志的第二次工业革命；原子弹、计算机、宇航、生物工程为标志的第三次工业革命，成为工业国，而中国一次工业革命也没经历，仍是农业国。以民族独立，国家富强，人民幸福为己任的中国共产党对此认识十分深刻。1945年，为共产主义理想和民族复兴梦想奋斗了24年的中国共产党，拥有了120万名党员，130万军队，250万民兵，1亿5千万解放区人民。在这一基础上，党中央勾勒建立新中国实现民族伟大复兴的远景。当年4月，在延安召开的中国共产党第七次全国代表大会上，毛主席明确提出新中国将"在若干年内逐步地建立重工业和轻工业，使中国由农业国变为工业国"，并从战略高度要求全党关注东北，指出东北"有许多工业设备，有大工厂、大城市，如果能在我们领导之下，我们的胜利就有了基础""如果我们对工业问题，对大城市问题，对经济问题，对军队正规化问题，不能解决，那共产党就要灭亡。24年以来，我们没有解决这些问题，再过24年还不解决，那就一定要灭亡"。毛主席要求全党"注意大城市，注意东北，注意工人运动"。

毛主席的指示使全党思想豁然开朗。任弼时同志明确指出："开辟东北工作，争取组织武装，发动群众，以便掌握东北，是当前党的最大任务。掌握东北是极重要的问题。掌握了可将革命提前若干年，掌握不了可使革命胜利延迟若干年，东北可说是决定中国革命之命运的。"陈云同志在党的七大上指出："进城后，要保护城市机器。那时的城市是经过八年抗战，经过大反攻，破坏相当严重的城市。同志们到了城里，千万别把机器搞坏了，机器是我们恢复经济的本钱。"

1945年8月，日本战败前，鞍钢的前身昭和制钢所是日本侵略者在海外建起的最大的钢铁企业，当时的规模在世界上也是少有的。党中央、毛主席在党的七大上把东北作为工业基地时，这座钢铁厂已和东北一起纳入了党中央、毛主席的战略视野，成为新中国由农业国变工业国的重要企业。

为了控制东北，实现农业国变工业国的"百年大计"，1945年9月，抗日战争刚结束，我党派遣十名中央委员（其中政治局委员四名）、十名候补中央委员、两万干部和十万大军进入东北。1948年2月19日鞍山解放，我党于4月4日组建了鞍山钢铁厂；1948年11月初东北全境解放，1948年12月26日，鞍山钢铁公司成立；1949年7月9日，鞍钢正式开工时，党中央、中央军委送来"为工业中国而斗争"的贺幛。可见，在新中国由农业国变为工业国的伟大历史进程中，鞍钢已是党中央寄予厚望的重点企业。

1953年，在苏联援助下，鞍钢完成了大型厂、无缝钢管厂、七号高炉闻名全国的三大工程。1954年鞍钢产铁150.51万吨，产钢103.92万吨，超过日本昭和制钢所1943年的铁130万吨、钢84.3万吨的最高年产。1957年铁产量达到336.1万吨，钢产量达到291.07万吨。

苏联对鞍钢的援助功不可没。帮助恢复生产，援建成套设备，同时提供了整套管理制度，其中包括苏联马钢的"一长制"等做法。事实证明，马钢的这套做法并不完全适合中国的国有企业。多次到鞍钢调研的鞍山市委领导罗定枫有这样的回忆：鞍钢广大党员干部经过一段实践，逐步感到苏联马钢有许多做法不适合中国国情。比如，马钢主张实行一长制，不重视党的领导；强调行政命令，依靠死板的规章制度办事情，不走群众路线；强调物质刺激，忽视思想政治工作；认为鞍钢这个企业是现代化的了，用不着再有所谓技术革命了等。但在当时我国的工业企业管理究竟怎么搞，路子还不清楚，思想上还有这样那样的疑惑。所以，产生了一定的迷惘。

为解决鞍钢的问题，按毛主席的指示，1958年9月24日，时任总书记、副总理邓小平和中央政治局委员、副总理李富春到鞍钢视察。针对鞍钢问题，邓小平指出：搞社会主义有个方法问题，是多快好省呢，还是少慢差费呢？这是两条路线的问题。技术革命是在思想革命基础上，没有思想革命就不能有技术革命。不抹掉权威创造不了奇迹。不抹掉权威，世界就不能前进。思想对头了，就发展生产，思想不对头就阻碍生产，希望鞍钢开展技术革命，挖掘潜力，不仅完成产量，还要创造经验，创造新的东西。

为了强化党对鞍钢的领导，中央决定成立鞍钢党委，以往由鞍山市委领导的鞍钢基层单位党委，由鞍钢党委统一领导。鞍钢党委成立以后，落实党中央指示，在领导班子和基层单位深入开展了思想革命，广泛发动群众，破除迷信，解放思想，推动了鞍钢的技术革命，涌现出了许多典型的人和事。鞍钢二初轧厂是苏联援建的当时世界上先进的轧钢设备，鞍钢当时的轧钢工艺流程是钢锭→开坯→轧材，这套设备的功能是开坯，为轧材厂提供钢坯，设计能力年产 210 万吨，1958年 1 月建成投产。试生产时，全线由苏联人操作，中国人在一旁观看。当时鞍钢人称这套设备是"佛爷眼珠动不得"。这套先进轧钢设备存不存在少慢差费问题，有没有多快好省潜力？在钢锭增产，开坯成为鞍钢生产瓶颈时，一些思想解放的人思考着这个课题。这套轧机的操作规程是单锭轧制，也就是一次只能轧制一块加热好了的钢锭。共产党员轧钢工孟庆春在一次夜班时，遇见两块钢锭同时出炉，他大胆地尝试轧制，居然获得局部成功。这件事启发了孟庆春等鞍钢人，原来"佛爷眼珠"也动得，再先进的设备也有潜力可挖。邓小平、李富春同志视察鞍钢后，二初轧厂党委以思想革命推动技术革命，重新试验双锭轧制，组织了孟庆春等一线工人、厂领导、工程技术人员三结合小组，攻关双锭轧制。孟庆春等人把行李搬到现场，一个半月没回家。三结合攻关小组独立自主，破除迷信，遵循规律，改变了生产工艺，改造了部分装备，修改了操作规程，成功地实现了双锭轧制，有效地提高了轧机效率。1959 年产量达 278 万吨，比设计能力提高 32%。作为双锭轧制的代表人物，孟庆春成为全国先进生产者和全国人大代表，被辽宁省科委聘为研究员，以特邀代表身份到中国科学院第三届学部委员会会议上做专题报告，获得好评，受到国务院副总理聂荣臻、中科院院长郭沫若专门接见。

在鞍钢党委领导下，群众性的技术革新和技术革命广泛深入，类似孟庆春的人和事层出不穷。由于独立自主，解放思想，创新发展，鞍钢1959年产钢518万吨，比1958年增产了126万吨钢，增长32.14%。同时，鞍钢创造了中国人独立自主办好国有大企业的宝贵经验。

市委系统总结

鞍钢的技术革命经验引起了党中央的关注。1960年3月初，中央书记处书记彭真亲自给鞍山市委书记杨士杰打电话指示总结鞍钢经验。市委责成市委秘书长罗定枫组织崔华景（市委副秘书长）、殷恕（市委调研室副主任）、高杨（市委办公室副主任）、陈秉权（鞍钢党委办公室巡视员）等起草报告。经过到鞍钢调研，参考鞍钢党委《关于技术革新技术革命运动的情况报告》等资料，由高杨主笔、罗定枫修改的八千多字的《鞍山市委关于工业战线上的技术革新和技术革命运动情况的报告》，3月11日经市委常委会讨论，正式上报辽宁省委转中央。

鞍山市委报告的虽是全市技术革新和技术革命情况，但以鞍钢为主。鞍钢创造出的成果、做法、经验，探索了一条中国人自己管好特大型全民企业的道路。

比如报告中提出技术革新和技术革命本身，就是多快好省与少慢差费的斗争，点明了企业普遍矛盾。多快好省与少慢差费的矛盾在企业无时不在无处不有，不断地用多快好省战胜少慢差费，企业才能发展。

又如，报告中提出必须不断进行思想革命，坚持政治挂帅，彻底破除迷信，解放思想。正是坚持了这一点，鞍钢才敢于在二初轧等苏联援建的先进技术装备、生产工艺上找出少慢差费问题，勇于创新，开展技术革新和技术革命，实现了多快好省。

再如，报告中提出开展技术革新和技术革命，最根本的问题是高度发挥广大职工群众的积极性创造性，点明了企业活力源泉。对企业不同层面少慢差费问题及解决办法最有发言权的是不同层面的群众。鞍钢二初轧厂如果没有孟庆春等人尝试单锭变双锭轧制，没有厂党政领导、工程技术人员、现场工人的三结合，实行七包（包思想发动、包提出方案、包进行试验、包技术鉴定、包组织实施、包总结推广、包纳入规程），1959年就不会有超设计能力32.38%的技术革命成果。

报告中提出推进技术革新和技术革命必须加强党的领导，点明了企业政治核心。1958年9月29日鞍钢党委成立后一系列工作，有效推动了鞍钢发展，充分体现了党委的政治核心作用。

总之，鞍山市委的报告充分体现了党中央毛主席指示精神，尤其是邓小平和李富春同志1958年9月视察鞍钢时，对鞍钢工作的具体指示精神，真实反映了鞍钢落实中央指示开展技术革命情况，系统总结了有鞍钢特色的管理企业经验。

领袖批示了"鞍钢宪法"

1960年3月，毛主席在广州修改定稿《毛泽东选集》第四卷后，乘专列去天津开会。途中，于3月22日批示了鞍山市委3月11日的报告，即关于"鞍钢宪法"的批示，标志毛主席对中国人自己管好现代化大型全民企业的探索，有了十分自信的答案。

从世界各工业国的历史来看，工业化的主要标志是钢铁为主要材料，机械为主要手段，电动机内燃机为主要动力，自动化为主要方向，这些都是由大型工业企业完成的。当时中国主要的钢铁和机械企业的技术装备和管理体系都以苏联援助的为主，比如，20世纪50年代苏联援建的156个大项目，鞍钢的七号高炉、大型轧钢厂、无缝钢管厂"三大工程"就是排在首要位置的项目。围绕鞍钢这个钢铁基地，建设了长春汽车城、沈阳飞机城、富拉尔基重型机械加工基地等机械加工大项目。如何在国外先进技术装备基础上，把我们党的实事求是、群众路线、独立自主这些宝贵经验贯彻到企业管理中去，发挥职工的积极性创造性，提高生产力发展水平，一直是毛主席关注的课题。在写出了《关于正确处理人民内部矛盾的问题》和《论十大关系》，探索了宏观层面的政治、经济、文化课题后，1958 年毛主席集中精力研究微观层面的办好大企业课题。1958 年以来，毛主席非常关注钢铁和机械企业的生产尤其关注中国人自己管好企业的做法，探求答案。为此，一是考察了三十多家企业，在一些钢铁企业深入生产一线，在炉前观察炼铁和炼钢，找一线干部、工人、工程技术人员座谈，看望苏联专家；二是参观上海、天津等地的技术革命成果展；三是在杭州刘庄集中二十多天时间研读了《苏联政治经济学教科书（社会主义部分）》，边读边构思中国发展，提出了许多深邃思想，不仅对宏观层面的国家如何发展提出了系统思路，比如社会主义分不发达和发达阶段、四个现代化目标等；而且对微观层面的国有大企业如何管理也提出独到见解，比如技术革命、依靠群众、"两参一改三结合"，政治挂帅，解放思想；四是推广了企业先进管理经验，例如 1958 年 11 月 18 日看到长春汽车制造厂党委领导下的"两参一改三结合"管理制度推进企业发展的报道，亲自批示印发《长春汽车制造厂发动群众大闹技术革命的经验》，作为中央武昌会议和八届六中全会文件。

在上述一系列探索基础上，当毛主席从鞍山市委报告中看到全国第一个最大企业鞍钢的成果、做法、经验印证了他的思想时，十分高兴，写了 600 多字批示。

鞍钢创造经验、市委系统总结，经过毛主席批示的升华，形成了"鞍钢宪法"的完整内容。

考虑到中国和苏联的关系，"鞍钢宪法"当时只以中央文件

（【60】273 号）下发全党。1961 年，按毛主席指示，邓小平主持制定了《国营工业企业工作条例（草案）》，简称《工业七十条》，"鞍钢宪法"中的鞍钢经验和毛主席概括的五项原则融入其中。《工业七十条》在 1961 年 8 月下旬的中央工作会议上讨论通过，下发全国贯彻执行。1964 年 7 月邓小平视察鞍钢，明确指出：鞍钢贯彻《工业七十条》要和贯彻"鞍钢宪法"结合起来。大企业、现代化的企业也要革命，要自力更生，搞技术革新和技术革命。真正的革命是思想上的革命。

1970 年 3 月 22 日，《辽宁日报》发表社论《伟大的"鞍钢宪法"万岁》。1970 年 3 月 23 日，《人民日报》在第一版报道"在毛主席亲自制定的'鞍钢宪法'的灿烂光辉照耀下，鞍钢革命和生产蓬勃发展呈现一派繁荣兴旺的新景象"。在这两篇文章中，毛主席批示的"鞍钢宪法"五项原则表述为：坚持政治挂帅，加强党的领导，大搞群众运动，实行两参一改三结合，大搞技术革新和技术革命。

综上所述，"鞍钢宪法"是中国人独立自主办好国有大企业的宝贵经验和基本原则，是党的实事求是、独立自主、群众路线等优良传统在国有企业中运用的伟大成果。鞍钢弘扬"鞍钢宪法"精神，一代又一代鞍钢人担起了"钢铁强国，造福社会，持续发展"的重担，无愧共和国钢铁长子、钢铁摇篮的称号。

（作者曾任鞍钢实业集团有限公司党委副书记。）

在陶惕成和刘剑萍身边的日子

杨富照

　　1966 年 1 月 11 日，鞍山市委第一书记兼鞍钢党委书记王鹤寿主持常委扩大会议，冶金工业部副部长徐驰到会传达国家建设战略大后方的重大决策，提出只有建设强大钢铁基地，才能建成"硬大三线"，否则就是"软三线"的指导思想，并正式宣布鞍钢包建水城钢铁厂。会上，王鹤寿提议，由鞍钢副经理陶惕成挂帅出征，出任总指挥长。众人齐呼：舍陶其谁？最为合适妥当。

　　事业心极强的陶惕成，经年劳顿，患有心血管疾病，其时正在汤岗子疗养院住院治疗。得知国家重大决策和获任，他欣喜雀跃，深知使命重大，随即背包离榻，立即着手选调得力干将。选派炼铁厂厂长

陶惕成（左）在水钢建设工地为劳模戴红花

刘剑萍和公司政治部副主任张子雄等即刻启程赴水城现场。

3月初，陶总在后方安排好了调人、调设备、调物资等事宜后，立即赶赴水城。

当年的5月初，公司干部部的申德俊找我谈话，说陶惕成副经理挂帅"鞍钢包建水钢"，需要选择得力的秘书，要求具备三个条件：一是中共党员；二是科级干部；三是受过高等教育，懂得工程技术。你被选中了，怎么样？我毫不迟疑地回答，共产党员听从党分配，跟随高级干部工作是我的荣幸，建设"大三线"义不容辞。当时，我任鞍山钢铁学校团委书记。

陶总是我们尊敬的老领导和长辈。他那娴熟的领导才能和指挥艺术，令众多同行和部下所敬佩，他那渊博的知识、深厚的冶金技术功底，也令无数行家里手所钦佩。时任贵州省委第一书记贾启允称他为"钢铁大王"。

到青杠林林场（水钢的对外称呼）会战指挥部后，我在陶惕成总指挥长直接领导下，与分管规划、设计和人事教育工作的副总指挥长刘剑萍床对床，住在柳条泥糊油毡纸的简陋斗室里，协助他完成陶总交办的有关规划、设计、队伍调入、设备搬运、物资调进和建设资金等方面工作，向国家计委、冶金部、铁道部、物资部、财政部及鞍钢公司等上级部门报告工作情况，及上请下达文件、请示、报告、指示等，并承担工程进展情况的现场调研、撰写简报，以供陶总在每天上午10点碰头会参考。我亲历亲听、耳闻目睹了陶惕成、刘剑萍等主要领导率先垂范、费尽心血的"革命加拼命"的精神，十分敬佩，对他们肃然起敬，视为学习的榜样。

当时，整个建设现场一片抢建的繁忙景象。所谓"一个省部级、十八个厅局级、三百个县处级、一千个科技、三万职工"的建设大军，风餐露宿，日夜奋战在青杠林林场所属几十平方公里范围内的各个工地上，学大庆"三老四严"，有条件要上、没有条件创造条件也要上，晴天一身汗、雨天一身泥，人人都不知道什么是苦、什么是累，可歌可泣。

正在摩拳擦掌、大展宏图之时，谁料天有不测风云。到1967年2月初，陶总的会战总指挥部门前出现了第一张大字报，说什么"'603'工程（水钢的代号）是贺龙'二月兵变'基地"。陶惕成也成为"603"工程的"最大走资派"，建设工地顿时一片混乱。他是何等气恼，又是何等不能理解？为此，陶总曾到六枝特区面见专管"大三线"建设的国家"小计委"副主任谷牧，当面问道："请问是怎么回事？"谷牧答："我和你一样，去经受考验吧！"

1967年2月24日，工地上的"造反派"头目带着一帮人，手持长矛、大刀，将陶总押至总指挥部的"帐篷会议室"，给陶总戴上用钢筋制作的三尺高帽，外糊白板纸，上写"青杠林最大走资派"字样，批斗直至深夜。在他被批斗后，回到"干打垒"房间，在服用安眠药（因常年失眠）前，给老同事谷正荣（时任鞍钢副经理）写了一首事先约的七律诗："卅年书剑两无成，过眼烟云两无真；惭愧故人催笔墨，且将飞白去风尘。"次日凌晨，服务员进其居室照看，发现他安静地坐在藤椅上，两手扶放在椅帮上，两腿翘在土炕沿上，宁静安详，满以为他因劳累而闭目养神，未敢惊动他。过了一会儿，服务员再去喊他用药而不应，一摸头手已冰凉，估摸他的心脏停止跳动已3小时左右。此时，总指挥部领导及机关干部中的贴近者和秘书得悉噩耗，急奔前去，恸声一片，悲咽阵阵，山惊谷震，他只活到47岁啊……

陶总一去，群龙无首，众心如焚。当晚，林场党委召开会议，由副书记张子雄主持，决定由张子雄前去向冶金工业部、鞍山市委和鞍钢汇报。3月3日，鞍钢副经理林云侠来到林场。他在林场党委会议上强调，国家提出是"八·一出焦"和"十·一出铁"要求，必须全力以赴，保证实现，各项工程由承建单位包干到底；新工人培训由后方负责到底；老工人和技术人员按原定 770 名数额由鞍钢配齐；今后由张子雄、刘剑萍二同志主持鞍钢包建水城钢铁厂的工作。

受"文化大革命"的影响，时隔 5 年后，直到 1972 年春，才举行陶惕成同志追悼大会，由六盘水市一把手贾林放（原煤炭部副部长）致悼词。这个悼词是由我起草的，在印刷厂印刷了很多"陶公悼词"，在水城、在贵阳、在鞍钢广为散发，人们深深地怀念他。正是起草悼词，故我有幸怀着崇敬的心情，拜读了从中央组织部调来的陶惕成之人事档案，也才了解了这位有大学问的人的人生历程。1920 年正月初，他出生在安徽省肥东县官庭镇一个小业主家庭；1938 年春，他由京师大学堂投奔新四军，翌年 5 月加入中国共产党，历任中共苏中区党委《苏皖边区报》总编辑、区党委宣传部副部长。日寇投降后，他随黄克诚率领的部队，从山东渡海到辽东半岛。解放战争时期，他出任辽东财经委驻辽阳办事处副主任，主任由辽东财经办事处主任吕东兼任，后前往鞍山参与接收鞍钢……

陶总离世，刘剑萍就是水钢的又一个"擎天柱"。从水钢建设一开始，刘剑萍就是陶总的最得力助手，并且把水钢建设这部大剧一幕一幕地推向精彩。

是他，协助陶总不辱使命，规划设计了世界奇特的大型钢铁企业的总图布局——"瓜蔓式连接、藤蔓式结瓜的方式"，创造性地解决了在崇山峻岭中建设大钢铁厂的总图规划。同时，创新了"高炉皮带上料""烧结机机上冷却"、前三厂"爬山烟囱"等世界前所未有的新工艺、新技术。

是他，早在 1967 年就力邀冶金工业部基建总局负责人和专家来水城考察，耐心地、有理有据地阐述水城铁厂必须上炼钢、轧钢的理由，并多次反复进京提交《报告书》《可行性研究报告》等，终于争取到 1969 年 12 月经国务院批准、国家计委下达，水城钢铁厂建设规模为年产 50 万吨生铁、40 万吨钢、30 万吨钢材和 40 万吨冶金焦炭的钢铁联合企业。

与陶惕成一样，刘剑萍为了"大三线"上的水钢建设呕心沥血；也与陶惕成一样，在那个动乱的年代未能幸免于磨难。1968 年 5 月，他赴京到冶金工业部和国家计委力争水钢建设投资回来，从火车上被造反派揪下来，后被投入"牛棚"，没完没了地挨批斗，没完没了地干重活。那时，他学会了杀猪。由于身大力不亏，斩杀几百斤大肥猪干脆利落。我也与他一同在那里，曾经帮他摁住猪。他被审查了 3 年多，才恢复自由，重新返回领导岗位。"文化大革命"刚结束，冶金工业部和贵州省即刻任命刘剑萍为贵州水钢建设指挥部总指挥长、水钢厂长，代表部和省全权指挥水钢的大干快上，迅速实现"一百万吨铁、六十万吨钢"的奋斗目标，名副其实地位居全国 26 家重点钢铁企业之列，以确保大西南和贵州省国民经济大发展的需要。

1971 年 5 月，贵州省委书记李葆华深情地对刘剑萍说："老刘，听说你还是一个人在水钢过日子，你把炼钢搞好了，我就放你回鞍山。"后来，冶金工业部领导曾经找他谈话，拟调他出任冶金工业部计划司司长，他放不下"半拉子"的水钢，婉言谢绝。再后来，中央组织部召他赴京述职，出任本溪钢铁公司经理，他躬身致谢，洒泪力辞，不忘陶总遗愿，建好水钢为最大心愿。粉碎"四人帮"后，中央组织部再次调他到中央国家机关任职，他斩钉截铁地从心底发出"不把水城建成'八五三'规模死不瞑目"的誓言。1977 年，贵州省省长苏钢赞扬刘剑萍说："在水钢建设上，要向刘剑萍学习，要做坚定分子，不能有丝毫动摇。"然而，长期因劳生疾、生活清苦而又未得到休养调理，导致患有肝炎的刘剑萍出现严重肝腹水并恶化。但他在卧榻上坚持起草文件，召开病房会议，排兵布阵。

记得那是 1978 年的 2 月 12 日，我正在高炉工地指挥队伍，忽接殷恕（时任水钢副厂长）电话，说："剑萍病入膏肓，已不治，你最崇拜的人已不在了。"我急奔水钢医院，亲睹刘剑萍已双目紧闭，千呼万唤已不应，胸口已无脉动，手脚冰凉，大腿内侧尚有余温，顿时五雷轰顶，撕心裂肺。据陪伴他的一位同志说，刘剑萍早晨还去工地转了一圈，9点到医院输液，只喊"心里难受"。

水钢的又一个"擎天柱"突然倒塌，引起极大震动。数万职工及家属手持白花，臂戴黑纱，夹道十余里，为他们崇敬的刘剑萍厂长送行，灵车过处，哀痛嚎啕一片……省、市为刘剑萍举行隆重追悼大会，时任贵州省革委会副主任、六盘水市委书记贾林放亲自致悼词。

当时，就在医院病房剑萍厂长的遗体旁，殷恕决定："刘剑萍追悼大会的悼词，由你起草。"调来了刘剑萍的档案，我如牛负重提起笔，如泣如诉颂恩师。刘剑萍享年只有56岁啊，事业如日中天，却撒手人寰，此恨绵绵无尽期。

悼词中写道："刘剑萍同志是山东昌邑县人，生于1922年5月，1948年秋从北京燕京大学毕业后，投奔东北解放区，在辽东财经委驻辽阳办事处任陶惕成副主任秘书、科长等职。全国解放后，于1950年赴苏联留学，在乌克兰扎伯罗日钢铁学院研修，获博士学位，精通俄语、英语，是我国少有的冶金专家型领导干部。三年后回国，历任鞍钢计划处副处长、处长，炼铁厂厂长……"

刘剑萍一世清风，不沾香烟，亦少酒，些许清茶，清心寡欲，一卷衣被，别无长物；别人家属同迁同住，惟公独居，三米陋室办公兼卧室，身上生蚤，无人洗衣；长期吃公共食堂，吞咽粗杂，星点油水何曾常见？时不时饼干充饥，无津无热汤。

水城是一个大学校，培养教育造就了一批有作为的钢铁行业专家和骨干，并走向全国，走向世界，他们不会忘记水城的沧桑岁月，更不会忘记陶公、刘公的功德。

（作者曾任鞍钢副经理陶惕成秘书。）

我参加的钒钛磁铁矿冶炼攻关

刘宝信

空前重大的炼铁新技术试验

1965年新年伊始，冶金工业部（以下简称冶金部）副部长徐驰组织召开了高炉冶炼钒钛磁铁矿试验工作组成立大会。工作组组长周传典（原鞍钢炼铁厂厂长、后任冶金部副部长、总工程师）说："我国四川攀西地区蕴藏着丰富的钒钛磁铁矿，工业储量达80亿吨以上，与铁共生的钒钛资源储量，在世界上有举足轻重的地位。用高炉方法冶炼，渣中TiO_2质量分数高达27%～30%，是近百年来从未解决的难题。我们就是要通过工业试验，创造出一整套高炉冶炼钒钛矿的新工艺、新技术，为大三线建设做出贡献。"如果不突破这一难题，在渡口（后来的攀枝花）建钢铁厂几乎没有可能。毛泽东主席说："攀枝花钢铁厂还

金沙江畔"弄弄坪"

是要搞，不搞，我总是不放心。打起仗来怎么办？攀枝花搞不好，我睡不好觉。"足见这个项目的极端重要性。

1964年12月18日，我与西南钢铁研究院炼铁室同组的三大工长：徐洪飞（东北工学院1957年大学毕业）、殷沛然（东北工学院1957年大学毕业）、胡庆昌（东北工学院1960年大学毕业），奉命赶赴承德钢铁厂，参加冶金部高炉冶炼钒钛磁铁矿试验工作组。我们从《国内外钒钛矿文集》中得知：国内外炼铁界学者一致认为渣中TiO_2 16%是高炉冶炼不可逾越的鸿沟。我们工作组（实际是科研攻关组）一共108人（即后来被人们津津乐道的"一百单八将"）深感使命光荣，责任重大。

1965年2月初，承德钢铁厂100m^3废弃已久的高炉，经过我们竭尽全力的抢修，已"旧貌换新颜"，顺利开炉了。中旬，正式转入钒钛矿模拟试验阶段。当时，我担任高炉副工长，清楚地记得，炉渣含有TiO_2 20%的炉料下达到炉缸时的情景，风口慢慢挂渣，风压缓缓上升，入炉风量渐渐减少。打开渣口，放不出渣。打开铁口，铁水断流。周传典同志指挥大家全力烧开铁口。炉前技师一人接一人往上冲，只见一瓶瓶氧气被用光，一根根钢管被烧完，淌出来的只有少量渣铁混合物，而积存在炉内的渣铁就是不出来。两个多小时过去了，劳而无功。大家心情十分沉重，都在想难道试验真的要被扼杀在摇篮里吗，该怎么办？工作组领导召开了紧急会议，周传典同志说："铁口就是突破口，坚持就是胜利，再继续烧铁口。"大家又重新投入了战斗。又过了一个多小时，突然，铁口被烧开了，渣铁从铁口喷射而出，如洪水一般瞬间溢满整个炉前平台。此后，风口挂的渣子不见了，风压直线下降，入炉风量猛升，炉况开始顺行了。正是"山重水复疑无路，柳暗花明又一村"，一块压在人们心头的大石头落地了。然而，事情还没过去，难题仍未解决。长达半个月，高炉炉况仍旧时好时坏。渣铁一炉畅流，一炉又黏稠，反复不定。炉前工时不时要与黏渣打交道，累得筋疲力尽，高炉工长们精心操作，炉况仍有波动。教授、专家们找资料，看数据，就是百思不得其解。

全组成员白天在现场试验，晚间汇聚在一起开学术研讨会。摆现象，查原因，人人都在为攻关献计献策。研讨中，高炉工长们反映了一个异常现象：黏渣都出现在风口干净，没有涌渣挂渣时。稀渣都出现在风口严重挂渣之后。并提出一种见解：炉渣由黏变稀，肯定与风口吹风有关。此时，东北工学院做的渣铁样化验和岩相分析报告，一份接一份的送到了工作组。一组组检测数据摆到了大家面前。教授、专家们从中又发现了另一个怪现象：黏渣中含有大量的 TiC、TiN 和钛的低价氧化物。而在稀渣中，它们的含量甚微。

两个怪现象引起了工作组领导、教授、专家们的高度关注，多次研究，透过现象看本质，终于得出了重要结论：一是炉渣中的 TiN、TiC 和低价钛氧化物，熔点高达3000℃以上，它们以几微米的固体颗粒悬浮的形态弥散在炉渣之中，使炉渣黏度显著增大，不易流动。二是炉渣堆积到风口区附近，渣中的 TiN、TiC 被风中的氧氧化为高价 TiO_2，而 TiO_2 在炉渣里是以易流动的液体形态存在的。这充分说明，渣中的 TiN、TiC 是使炉渣变稠的"罪魁祸首"。而减少或者尽可能消除 TiN、TiC 就是冶炼钒钛磁铁矿的关键。

主要矛盾抓住了，一切次要矛盾就迎刃而解了。周传典同志果断决定采取两项重大举措：一是要求工长必须严格把炉温控制在较低水平，减少炉内生成 TiN、TiC 的可能性；二是要求喷吹组人员立即行动起来，向高炉内试吹精矿粉、石灰石粉和氧气，使渣中已生成的 TiN、TiC 尽可能的再氧化成高价的 TiO_2。正是这两项措施，改变了高炉冶炼钒钛矿的被动局面，攻下了一道道技术难关，使高炉冶炼高钛渣步上了坦途。

不久，李富春副总理、贺龙元帅、冶金部领导到承钢视察时，充分肯定了模拟试验取得的重大突破和丰硕成果。周传典组长向国务院、冶金部党组递交的报告中写道："承德高炉冶炼钒钛矿模拟试验取得了阶段性成果，渣中 TiO_2 含量30%时，炉况顺行，渣铁畅流，生铁合格。攀枝花钢铁基地的建设可以起步了。"

六个月的承钢试验期间，在高炉修复、加工喷吹原料、清理"黏渣""大泄渣"的奋战中表现优异，我先后荣立三次二等功。

三次"真枪实弹"的攻坚战

1966年年初，冶金部试验工作组在西昌410厂进行了第二次钒钛磁铁矿工业试验。该试验使用的是太和矿、白马矿产的攀枝花磁铁矿的"原矿"（大家称之为"实弹"矿）。用原矿进行选矿、烧结、高炉冶炼一整套系统试验，为攀钢建设选矿厂、烧结厂、炼铁厂提供设计、生产的新工艺、新技术。这次高炉冶炼试验是在 $28m^3$ 高炉上进行的。我正式担任了高炉值班工长，独当一面地负责当班高炉冶炼操作。我每天早来晚走，不时地从老工长身上吸取操作经验。当班时，勤看风口，细观仪表，查看渣流渣色、铁花状况，头脑中不断地在分析判断着炉况。运用上下部调剂手段，及时、准确、适量地调控着炉内冶炼的行程。5个月的试验中，未出现过任何操作失误和冶炼事故，确保了炉况稳定顺行，渣铁畅流，生铁合格，名副其实地成了有突出贡献的"四大工长"之一。西昌试验取得了空前的成功，为攀钢的建设和生产积累了宝贵的冶炼经验和特殊的技术诀窍。

一天，正当我值白班时，有一位身着便服，脚穿布鞋的老人，来到炉前平台，观看出渣出铁。他走到我们这帮年轻的小伙子们身边说："年轻人，好好干啊。"事后，我才知道他就是身经百战的彭德怀元帅（当时任西南三线建设委员会副主任）。短短一句话，深深刻在我心里，暗下决心，我这一生绝不会辜负老一辈革命家的厚望。

1967 年年初，冶金部科技司组织我们相关人员，在首都钢铁公司 624m³ 高炉上进行了高炉冶炼钒钛磁铁矿新的工业试验。试验的成功，再次验证了高炉冶炼钒钛磁铁矿的特殊技术，不仅在小高炉生产中有效，在大中型高炉也同样适用。

1969 年，冶金部科技司把最后一次试验交给了中国科学院化学冶金研究所承办。任务是：高炉使用高硫焦冶炼钒钛磁铁矿。试验是在化冶所 108 厂 17.5m³ 小试验炉上进行的，取得了预期效果，为攀钢合理的利用本地煤炭资源提供了有价值的参考意见。由于我是"一百单八将"中唯一参加该次试验的人，故让我起草了《高炉使用高硫焦冶炼钒钛磁铁矿的试验报告》，为五年高炉冶炼钒钛磁铁矿试验，画上了一个圆满的句号。

与攀钢共命运的十二年

1970 年 7 月 1 日，攀枝花钢铁公司一号高炉建成投产了，高炉工长都是从鞍钢抽调出来并具有丰富经验的技术人员。他们按照普通矿的办法冶炼钒钛磁铁矿，出现了渣铁出不来，炉况失常。很多人认为是高炉炉缸"冻结"了，相应采取了不少措施。而适得其反，炉况恶化到了无法生产的程度，攀钢向西南钢铁研究院请求援助。

我所在的西南钢铁研究院由吴溪淳同志（时任院科研办主任，后任冶金部副部长，并曾兼任鞍钢党委书记）牵头，组建了我们炼铁室全员参加的"支援攀钢攻关队"。攻关队向攀钢炼铁厂领导、技术人员详细地介绍了钒钛矿冶炼的特殊性和操作方针，明确指出：现在，高炉炉缸不是"冻结"而是"热结"。炼铁厂领导决定：西南院"四大工长"担任一号高炉主管工长，攀钢工长当助手。我们采取低炉温、大风量、增加出铁次数等措施，仅三天高炉就达到了正常冶炼状态，圆满完成了攻关任务。

1972 年 6 月，我被调到了攀钢炼铁厂，分配到三号高炉，担任甲班值班工长，又干起了"老本行"。由于厂里管理工作不到位，三高炉总处于"小风"操作状态。加之各班工长操作思想不统一，炉况经常出现大幅度波动。面对诸多困难和问题，我认为只能从自身做起，向炉长建议并自荐制定了"钒钛磁铁矿冶炼技术操作规程"。各班工长有规可循，按规办事，尽量采取"全风"操作，逐渐把握了高炉生产的主动权，高炉炉况稳定顺行，各项经济技术指标均超过了一号、二号高炉。1972 年 8 月一天上午 10 时，炼铁厂发生了一起火灾。一个席棚先着了火，火借风势，不到半个小时就形成了一片火海。把棚户区职工的财物烧得一干二净。在岗职工扔下工作，纷纷跑到火场寻亲找物。炉长打电话告诉我："高炉上只剩下两名炉前工了，你赶快上岗替班吧！"编制 14 个人的活全得我们 3 个人干。我主动担起了工长，瓦斯工，渣、铁口负责人四个岗位工作，屋里屋外忙个不停。每当换班时，生产厂长电话里说的总是那句话："现在没有人，你再坚持一个班吧。"就这样，我一连干了 56 个小时。下岗后，休息一夜，又正常上班了。全厂上下都认为我是铁骨铮铮的硬汉子，本地炉前工私下互相传话："谁也别招惹他，他叫干啥就干啥。"我想不应该让四川籍的炉前工怕我，而应该让他们真心地佩服我。我利用出渣铁的间歇时间，经常给本班炉前工讲炼铁基本常识和安全操作规程。对他们大事小情都主动帮办，彼此间建立起了亲密的师徒关系和深厚的战友情谊。这就是我在"文化大革命"期间从未受到冲击的原因。

1977 年，攀钢破格晋升我为工程师。炼铁厂任命我为冶炼工程师、生产科副科长，统管全厂冶炼操作工作和处理与生产有关的重大事情。针对铸铜渣口烧损多的问题，我推广使用了铜板焊接渣口和吹风式机械堵渣机；我与生产科副科长苏志忠同志（后担任攀钢副总工程师）

设计安装了沟下烧结矿筛分除尘设备；我主持并亲自操作处理了一号、二号高炉两起炉缸冻结事故，三高炉风口烧穿事故及一、三高炉渣口爆炸事故，指挥了三次高炉大修的停开炉操作。我每周一次为全厂工长、瓦斯工讲高炉操作技能和钒钛矿冶炼特殊技术。很多人后来都成了炼铁厂技术骨干，有两人先后担任了炼铁厂厂长。每逢节假日，厂长、党委书记都指令我在厂里坐镇值班。1978 年 7 月一个周日下午 4 点，公司总调召开了一个电话紧急会议。攀钢副经理黎明同志（后任冶金部副部长、宝钢总指挥）说："金沙江上游正在下大暴雨，江边堆放有一万立方米圆木，如果圆木被水冲进江中，沿江而下，将冲毁攀钢'浮船取水'设备。高炉冷却设备将因断水而被烧坏。"并告诫我说："刘宝信，你要抓紧采取防范措施。如果出了事，我就拿你是问。"我回答说："没问题。要是出了事，你就把我送进'弯腰树'（渡口市监狱）。"我深知此事的重要性在于：高炉断水必须紧急休风。处理不当，不仅要烧毁大量冷却器，还可能发生炉顶煤气爆炸的特大事故。因此，我立即召集煤气技师和配管工们，安装了临时送蒸汽到炉顶的管线；从运输部调了两辆火车头，让其烧足蒸汽待命；让各高炉做好紧急休风的必要准备。我亲自到场进行了一次演练，人人严阵以待。第二天早上 6 点，公司传来了警报已经解除的电话，我才松了一口气。事后，公司总调度长跟我说："你胆子可真不小，竟敢跟经理叫板。"这件事，让我的这种胆大心细的办事风格名扬厂内外。

1978 年，我们在高炉料中配加了适当的不含钛的普通矿，优化了炉料结构，解决了困扰生产发展的一系列技术难题。高炉利用系数首次突破了 1.41t/（m³·d）设计水平，改变了攀钢连续 8 年亏损的局面。我多年被评为攀钢先进工作者，并被推荐为渡口市人大代表。攀钢高炉冶炼钒钛磁铁矿科学试验获国家发明一等奖（集体），我得到了00365 号荣誉证书。

　　我撰写了《高钛渣冶炼的合理上下部调剂制度》一文，参加了1980年炼铁研讨会的学术交流；撰写的《攀钢高炉长期休风操作技术的新突破》和《富矿粉钒钛磁铁矿的高炉冶炼》等文章，被收入《高炉冶炼钒钛矿理论与实践》文集中。1999年，攀钢高炉冶炼钒钛矿技术获"国家科技进步一等奖"，作为当年的"栽树人"，我感到十分欣慰。1980年后，我专门负责攀钢四号、五号高炉筹建工作，审查验收了天津电子研究所生产的炉顶装料无触点电气设备；到富拉尔基重型机械厂审查了高炉主体一些重型装备的制作和加工情况。1981年12月末，收到了鞍钢的调令，我才离开了从事半生的钒钛矿高炉冶炼事业，离开了我奉献过大量心血的第二故乡——差不多工作了12年的攀枝花钢铁公司。

　　从1964年开始搞钒钛矿高炉冶炼试验，到1981年12月回到鞍钢，从25岁到42岁，这17年，是人生最宝贵的青春时光，我一直战斗在高炉冶炼钒钛磁铁矿科研攻关和高炉生产的第一线；这17年，我为攀登炼铁技术高峰，倾注了全部的精力、心血和才智；这17年，我为了党的事业，为了国家昌盛，无怨无悔，努力拼搏，奋勇前行。

　　回忆17个春秋难忘的岁月，我可以自豪地说，我把青春献给了祖国的钢铁钒钛事业。

（作者曾任鞍钢技术中心工会主席。）

我亲历的鞍钢工艺技术变革之路

刘鸿勋

在 20 世纪末 21 世纪初，伴随着一系列科技创新之举，鞍钢走过了一段使人振奋的企业振兴之路。作为鞍钢科技战线的一名员工，能为鞍钢振兴做出点滴贡献感到自豪，也留下了美好的回忆！

"旧貌换新颜"的鞍钢冷轧生产线

20 世纪 90 年代，随着国内外经济形势变化，鞍钢的生产经营又一次陷入低谷。当时，我们鞍钢的状况是低品位的矿石、高炉不大、平炉冶炼、模铸初轧开坯；仅有的一套卷板轧机，还是解放初期苏联援建时的半连轧；一套冷轧机组也只能生产普碳钢冷轧板，没有一个高端产品，而就连一直引以为自豪的军工产品，也随着军工产品的进步，我们的设备也走上了不适之路（冶炼水平低，轧钢设备能力小）。那时，由于工艺设备老旧，劳动生产率低下，产品质量不好，全公司几乎走上绝路。过去，我们的产品叫"皇帝女儿不愁嫁、萝卜快了不洗泥"，不但不用加强管理提高质量，就连残次品也有人排队等着要。那时的产品形象，现在论起来真是叫人汗颜。随着经济形势的变化，产品卖不出去，质量异议，也随之产生。当时，我们产品的形象是钢坯结疤、裂纹、不定尺、脱方、规格不合等；我们的热轧卷板开天窗、甩尾巴、塔形、起黄绣等。走进用户的物资储备库，方圆几里一眼就能看出哪是鞍钢产品。就连我们钢铁工业的原料——钢坯，也一反常态，花钱运往储备库，我们的钢坯一部分仅卖 1600 元/吨；我们的钢锭开成大方坯，只好卖出去做海港防波堤的配重。由于销售不畅，资金不能回笼，公司不得不跟职工借钱买煤维持高炉生产，否则有停炉的危险。鞍钢这一国字号的钢铁大企业到了最危急的时刻。

实际上何止是鞍钢一家企业面临危机，而是当时整个国际国内经济形势都不好，国际上叫危机，我们叫困难，而钢铁行业面临的困难更大。因整个市场上出现了钢铁饱和的现象，那时国内流行着钢铁行业"不改造等死，改造是找死"的说法。但鞍钢人从来就不信邪、不服输，我们多年弘扬"鞍钢宪法"精神，有比较丰富的人力物力资源，大家决心大兴科技创新，改革改造老工艺，使鞍钢再一次走向辉煌。

好钢用在刀刃上。首先，工艺改造的第一步就是平炉改转炉，模铸改连铸。这是解放生产力，降低消耗，提高产品质量的必经之路。在钢铁行业，这已是较成型的先进工艺流程，而且我们三炼钢已有转炉的管理及生产经验。但整个钢厂都改连铸也存在很大问题，如要求大压缩比的产品——铁路用车轴坯及一些军工产品，如何保证质量，满足需求，需要妥善解决。于是保留了原一初轧厂均热炉。20 世纪 30

年代建成的一初轧厂"英雄轧机"和20世纪50年代建成的二初轧厂"功勋轧机",现在依然生机盎然服役在股份大型生产线上,起着独特的不可替代的作用,使军工产品生产不但没有削弱还有所加强,受到了军队的表扬。20世纪90年代中期国防建设需要,国防科工委及总后装备部两次到鞍钢来召开会议研究落实国防用钢,如没有上述办法解决,一些目标是不可能实现的。

模铸改连铸的另一大难点,就是管坯及小方坯的出处。我们将一架950开坯机和二初轧厂的3架立卧交替连轧机组组成新的生产线,开发了圆坯(ϕ210—ϕ90毫米)及小方坯(105平方毫米、185平方毫米、150平方毫米)的工艺和孔型。这是旧设备新用的典范,不仅解决了线材及无缝的用料问题,同时也解放了大型800轧机的生产能力,为上新线开发100米钢轨打下了良好基础。这一创举仅用三架轧机就生产出合格的圆管坯,圆了我们用六架轧机都没能解决的管坯梦,而且这一工艺生产的管坯和方坯一改过去定尺率低、弯曲、结疤裂纹等诸多缺陷,为线材和无缝管的生产打下良好基础,同时也解决了高速线材盘重小,达不到国标优质产品的问题。

板材系统的改造,是从新建1780热连轧机组开始的。之后,又进行了1700热轧半连轧机组的改造。当时,国外现代化的连轧机组已产生,但引进一套需上百亿元,需强大的财力,而我们没有。那时,国家吹响了科技创新的号角,叫做我们的产品及技术不仅是中国制造而是中国创造。公司组织生产厂、设计院、自动化及有关单位和部门对1700热轧机组实行全面创新改造,一举创造现代化热连轧机组,费用仅需几十亿元。这套机组的创造,后来被评为国家科技进步一等奖,并实现了技术输出(为济钢等企业建造),为缓解资金不足打下了良好基础。1700机组的创新,实现了"滚雪球"式的发展。1780热连轧机组和1700热连轧机组各司其职,为鞍钢盈利做出了巨大贡献,并为下道工序——冷轧提供了优质原料。

在创新意识、技术储备、管理技术各种条件都已具备的情况下，公司又组织了对 1780 冷轧机组的创新改造。这套机组的改造，瞄准国际一流，又一次在中国首创具有自主知识产权的冷连轧机组。这套机组的研制仅发明专利就有二十几项，企业秘密几十项，它生产的产品可达到汽车板的要求，即人们所说的汽车板是钢铁产品极品、是皇冠顶上的明珠，当之无愧地被评为国家科技进步一等奖。1780 冷连轧机组的诞生，不仅为中国钢铁争了一口气，也实现了技术输出，为国内钢铁企业节省了改造资金。此后，改造和引进并举，我们的冷轧实现了四线生产，除了能生产汽车用 O5 板，还有专门的冷轧硅钢生产线，公司还进一步分别合资和自建了两套最先进的冷轧板镀锌生产线，使我们的产品武装到了极致。1700 热连轧机组及 1780 冷连轧机组的研制，使我们鞍钢既有了好产品，又有了技术输出，给企业走出困境打下了良好基础。

至此，鞍山钢铁老厂区的轧钢生产工艺线日臻完善，虽然是老设备和最现代化设备组合交织一起的工艺线，也不失为珠联璧合完美结合，形成世界独一无二的现代化先进钢铁生产企业，它在 20 世纪末 21 世纪初为鞍钢又一次走向辉煌做出了巨大贡献。

有好的生产工艺设备，要生产出好产品，必须有好的工艺制度及钢种研发相配合。在工艺改造改进那些年代里，我们的专业科研队伍也在积极攻关、创新，研发出世界顶级的好产品，举两个小例子：

其一，就在国家决定兴修三峡水电站的时候，遇到被卡脖子的事。当时只有日本 JFE 能生产出这种产品，即水电站的"蜗壳用钢"，但他们不肯卖给我们。我们的公司领导领回了开发研制任务并立下了军令状，又一次在关键时刻冲了上去。技术中心科研人员日夜兼程反复试验、仅用 2 个月时间即按时发出了合格的"三峡蜗壳用钢"，被国务院领导誉为争气钢。鞍钢在中国金属学会成立三十周年纪念会上，送上

"三峡蜗壳用钢"模型，受到冶金系统全行业同行及领导的赞誉。

其二，高品质管线钢的研制也是异曲同工。国家需要建设西气东输工程之时，我们还没有高级别管线钢，仅日本、韩国等国的企业能少量生产且价格昂贵，最主要的是不能批量供应，满足不了施工工期要求。鞍钢技术中心研制组在鞍钢技术专家的带领下，反复筛选方案，反复到现场试验优化工艺，在很短的时间内研制出 X70 管线钢，且物美价廉，支援了西气东输工程，为后续的西气东输二线、西气东输三线、川气东送、中缅输气工程和中亚输气等重大工程做出了突出贡献。现在鞍钢已是管线钢的优秀供应企业，牌号全、质量好。研究人员也得到快速成长，我们的技术专家已成为全国管线钢生产及制造专家。这些钢种的研制成功都与炼钢工艺和轧钢工艺的改进密切相关。

除了上述工艺创新的逐步实现，鞍钢的工艺流程得到全面优化，包括炼铁、焦化等工艺都得到全面提升，尤其是鞍钢矿山的工艺改进更是使人振奋。鞍钢拥有全国最大的铁矿石资源，但矿石品位低，并且有些矿山（如东鞍山）到了闭坑的边缘。鞍钢矿山人硬是在这种情况下生产出成本低、品位高的铁矿粉，为鞍钢再创辉煌做出突出贡献。他们主要采取的工艺创新是反浮选工艺，不同环境下的不同爆破工艺，以及边坡开采等工艺，使资源充分利用。同时边开采边复垦绿化，使矿山成为生态矿山、绿色矿山。他们的创新被评为矿山行业科技进步一等奖。

鞍钢之所以创新氛围这样浓厚，与各级领导的重视是分不开的。15 年前，鞍钢就对各级一把手实行专利件数考核，这也是推动持续创新的一种动力。

作为老鞍钢人，我坚信有鞍钢这个英雄群体不断努力，鞍钢一定会永远屹立在世界五百强企业之林！

（作者曾任鞍钢科协副主席、科技部科技处处长。）

英模风采

老英雄孟泰

摘自《老英雄孟泰》

在新中国第一代劳动模范的英雄谱里，记载着一个熠熠闪光的名字——孟泰。老英雄孟泰爱党爱国，爱厂如家，艰苦奋斗，无私奉献，成为中国工人阶级的杰出代表。孟泰精神成为鞍钢精神的源头，鼓舞和教育着一代又一代鞍钢人。

20世纪50年代初孟泰在工作中

献交器材

1948 年冬。

罕见的大雪，厚厚地覆盖着辽南的大地。凛冽的西北风卷起一阵阵白浪，肆虐地袭击着东倒西歪的高炉，似乎要把它们连根掀翻。一群群黑云朵儿似的乌鸦，环绕在高炉旁，不时地相互追逐撕打着。这，就是刚刚回到人民手中的鞍钢。

这天，西北风夹杂着雪花拍打在窗棂上，发出"叭、叭"的响声。这声音就像从孟泰心中发出，震得他心疼。他直起身来到外面，望着还没有开工的鞍钢厂区心情很不平静。他想：鞍钢要恢复生产，厂里需要做的事情太多了。在这个时候，我怎能待在家里呢？想到这，他转身进了屋，拿起扔在炕角的老羊皮袄，披在身上就往外走。老伴一看急了，"老头子，你干啥去？"老孟泰瓮声瓮气地说："上厂里。"老伴生气地说："厂子还没开工，你干啥去？你看看这个破家，四面露风，你也不想法收拾收拾，这样子可怎么过冬啊？你还管不管这个家？"孟泰听了老伴的唠叨，停住了脚。是呀，应该想法收拾一下这个破屋，颠簸了大半辈子也应该好好管一管这个家。可一提到家，他的心就是一紧：家？解放前咱工人哪有家？日本鬼子和国民党啥时把咱当人？解放了，翻身了，共产党、毛主席把咱看作主人，咱有了家。现在天是咱们的了，地是咱们的了，高炉也是咱们的了，不早日生产钢铁，就对不住共产党、毛主席。想到这儿，他对老伴说："解放了，咱不能光想着小家忘了国家。工厂这个家不安排好，咱放心不下呀！"听孟泰这么一说，老伴会心地笑了，"老头子，谁挡着你啦？你说的全在理，咱明白，你去吧！"孟泰深情地看了老伴一眼，冒着风雪迈着坚定的步子朝厂里走去。

孟泰来到厂里，站在高炉群中，抬头望着九座破烂不堪的高炉。高炉的框架上，蹲满了黑压压一片乌鸦，它们上下乱飞，还筑了巢垒了窝，打算在这里长期安家落户。给本来就很破旧的高炉群又增添了几分凄凉，此时此景，孟泰的心都要碎了。孟泰站在风雪中，耳畔又响起在通化帮助恢复生产时，那位兵工厂厂长的话："解放全中国需要钢铁，新中国建设需要钢铁，人民过好日子也需要钢铁呀！"

现在工厂回到了人民手中，回到了工人的手中，而高炉却像死了一般地沉默着。解放全中国需要钢铁，建设新中国需要钢铁，党和人民眼睁睁地看着我们。咱们钢铁工人生产不出钢铁，这还算工人阶级吗？然而，恢复钢铁生产谈何容易。孟泰围着高炉转了一圈又一圈。忽然，不知踩到什么东西上，脚下一滑，险些摔倒。他弯下腰捡起来一看，是一个三通水门，他用衣襟擦了擦上面的雪和泥土，他惊奇地看到，三通水门显出了乌黑的光泽。他眼睛一亮，似乎想起了什么事情，马上，连踢带扒，不一会儿，找到了好几件备品。以后接连好几天，他天天到厂里收集器材。他想：现在修复高炉缺的正是这些宝贝。

厂领导们正在开会。从会场上的气氛和领导们脸上流露出的焦虑神态中可以看出，他们正在为什么事情着急。忽然，会议室的门被拉开，孟泰带着一股疾风冲进屋里。他开门见山地说："高炉要出铁，得想法子呀！咱们不能应了日本人只能种高粱那句话，咱偏要出铁给他们看看！"

领导们也正为此事着急。高炉要出铁，可没有设备，没有器材，拿什么恢复生产？！

孟泰看了看领导，似乎懂得了领导们的心意。他说："厂里不是有许多废旧器材吗？工友们的手里也有器材呀！把这些器材收集到一起，不就成了吗？"

一句话提醒了厂领导。

厂领导决定：发动群众，献交器材。

号召一下，老孟泰便忙活开了。这天，他和工友们刚听完领导的动员，屁股就坐不住了，他拔腿就往家跑。他想起家里垫东西的下面有两根铁管子。

孟泰推门进屋，老伴跟他说话也没顾上听，就直奔两根铁管子。

两根铁管子分别插在墙壁的两个小洞里，另两头绑着铁丝，平吊在墙壁上。上面搭块木板，木板上放着杂七杂八的东西。孟泰三下五除二，把上面的东西拿下来，伸手就拔铁管子。

孟泰老伴见老头子说话都不搭理她，还拔铁管子，就把孟泰的手拽住了："老头子，几天也不回个家，回家来也不坐会儿说句话，这是干啥？"

孟泰还是不吱声，抽出两根铁管子就走。老伴见状，心想准是这管子有什么特殊的用场了，但老头子也不说个明白，就这么糊里糊涂地拿走。她急了，"你倒是说句话呀，怎么突然想起来拿这两根管子呢？"

"修高炉用呗！"孟泰认认真真地说。

"修高炉就指定用咱这两根管子吗？"

"可不是吗？"孟泰憨笑着。

"缺了这两根管子高炉就出不了铁啦？"

孟泰听了这话，收起了笑容，脸绷得紧紧的，眼光直盯着老伴。盯得老伴都有些发毛。半晌，他才说了一句话："你这叫啥话。可咱不带个头，让谁带头？都像你这样想，工友们家里的东西能交出来吗？众人拾柴火焰高，你交一件，他交两件，不就多了吗？咱盼星星，盼月亮，就盼高炉开工这一天。别说是两根管子，就是把咱的命搭上，也舍得呀！"听了孟泰的这番话，老伴不好意思地"嘿嘿"乐了，"这死老头子，就有个倔脾气。你倒是早说呀！"

在孟泰的带动下，一场轰轰烈烈的献交器材运动在厂里开展起来了。

当时，鞍钢成立了15个献交器材分会，5835人参加，广大工人群众积极响应党的号召，肩扛、担挑、车推，把各种器材送进厂里。不到两个月的时间里，就有4255名职工献了器材，占职工总数的73%，共献出各种器材 52462 件。鞍山市各区献交器材活动也随之高涨起来，立山区广大职工在党组织领导下，3 天就献交马达 300 多台。新华区一次献交的电器材，当即就可缩短鞍钢电气修复计划 1 个月。电修厂一名技工将自己过去开电料行剩下的 148 件电器材全部献给鞍钢。

新年前后那几天，各种装满器材的大小车辆，络绎不绝地从鞍山的四面八方涌向厂里，条条路上红旗招展，人声鼎沸，鞭炮齐鸣，锣鼓喧天，好一派动人的景象。这些器材摆放在鞍钢公司大白楼附近的路旁，足有一里多地。

在献交器材运动中，涌现出功臣 204 名，其中以孟泰、王文库等为首的特等功臣 9 名，一等功臣 54 名。献交器材运动有力地推动了鞍钢修复高炉、恢复生产的进度。

第一炉铁水

鞍钢 2 号高炉。

这座日伪时期留下来的高炉已经是遍体鳞伤，满目疮痍了，高炉的骨架已经倾斜，管道破裂；有的地方炉体栏杆悠荡荡地悬吊着。要在几个月的时间里恢复这座高炉生产，让鞍钢流出第一炉铁水，谈何容易！

孟泰已经在炉上摸爬滚打了十几个昼夜了。他在炉台跑上跑下，一会儿敲敲这个管件，一会儿紧紧那个阀门，看哪个能用，哪个需要更换。他看着在献交器材运动中工友们献交的小山似的各种器材，心里甭提有多高兴。同时，他又感到肩上担子分量的沉重。献交器材运动，虽然加快了鞍钢恢复生产的步伐，但"万事开头难"，若修好高炉，还要有一番艰苦创业的苦干！在鞍钢恢复生产的伟大壮举中，首先，恢复生产的第一座高炉就是 2 号高炉。在当时，2 号高炉成了所有鞍钢人乃至全省、全国人民瞩目的一座高炉。也就是说，2 号高炉能否顺利地尽快恢复生产，直接关系到整个鞍钢的全面投产。

"人是要有一点精神的。"在恢复2号高炉生产的伟大斗争中，老英雄孟泰正是以艰苦创业和自我牺牲的精神鼓舞激励了整整一代鞍钢人，他们勇敢无畏，公而忘私，艰苦勤劳，为恢复2号高炉生产做出了卓越的贡献。

孟泰呢？这位经受了旧社会百般折磨的老工人，饱尝了亡国奴的滋味，如今翻身作了主人，还光荣地加入了中国共产党，他总觉得浑身有使不完的劲。他逢人就讲："解放啦，咱中国工人站起来了，再不是被洋人踩在脚下的奴隶了！有党，有毛主席，咱们什么都能干！咱工人就是要把高炉修复起来。"当时，所有的鞍钢人都像孟泰的心情一样，既兴奋又激动。他们怀着对党的深厚感情，只要是共产党说一句话，发一声号令，哪怕赴汤蹈火，也毫不畏惧。的确，过去是被人称作身穿"二尺半"的黑爪子，"窑葫芦"里的臭苦力，如今被共产党、解放军称之为"老大哥"；过去鱼肉百姓、横行霸道的国民党兵被打跑了，开进来的是见人不笑不说话，口口声声称大爷大娘，争着帮助群众干活的人民子弟兵……一切都变了，又来得那么突然，这些昔日的"臭工人""臭苦力"怎能不感谢共产党、感谢解放军呢？因此，想让他们在家待着，他们也待不住啊！他们在等待，在寻找机会报答共产党、解放军的大恩大德，哪怕是洗件衣服跑个道儿，也算是尽了他们的一点心意。他们那种淳朴的思想感情所迸发出的力量可以移山填海！

修复2号高炉的紧张战斗正在进行。一天，厂领导来到炉台，见炉台水管总门旁，有一名老工人正在猫腰干活。厂领导走近一看，原来是孟泰，便惊讶地问道："这不是孟师傅吗？昨天不是告诉你先回家休息两天吗？"

"孟师傅压根就没回家！"有人在一旁说道，"怎么让他回去也不回去！"

孟泰在炉上已经连续干了十几天，这是大家有目共睹的。不知谁把这件事反映到厂里，想让孟泰回家休息休息，别累坏了身体。可孟泰在家里哪能休息踏实呀！他的心里装的是高炉，就是强捺他躺下，他也睡不着呀！厂领导看着孟泰憨厚的面容，慈祥的笑脸，心就软了，就再没有让他回家休息。厂领导想出了一个办法，把厂里的休息室收拾得好一些，让他休息得舒适点。

在守炉餐、伴炉眠的日子里，孟泰偶尔也回一次家。

夜晚，他躺在炕上，借着月亮透进屋内的银光，看着小女儿嘴角露出淡淡的笑意，心里翻腾着。他想：咱工人拼命地干，为的是早出铁，尽快恢复生产。工人不出铁，就像农民不收粮食，拿啥生活呀！咱们今天吃点苦不打紧，可别让下一代人再挨饿、当奴隶呀！他翻了个身，不小心把小女儿压醒了，小女儿"哇"地一声哭了起来。孟泰老伴知道这老头子准睡不着，有意不吱声让他眯一会儿，哪怕闭目养养神也好，可这个老头子偏偏睡不着，翻身打滚地折腾。"老头子，你到这边躺着吧，别压坏了小女儿。"

孟泰似乎突然想起了什么，骨碌一下爬起来，披上衣服就往外走。孟泰老伴急了："老头子，怎么着了魔啦？你倒是等天亮再走呀！"孟泰却说："高炉早一天点火，就是早一天为国家增添力量，不盯在那里不行啊！"说着，边穿衣服，边走出家门。

2号高炉点火的前10天，后10天，孟泰一刻也没离开炉台。他手里拎着管钳子，在高炉炉台的上上下下、前后左右跑着，仔细察看，生怕出一点毛病。人们说：孟泰对高炉的爱护劲，简直胜过爱护自己的孩子，这话一点也不假，孟泰对高炉就像对他的孩子一样爱护，一样熟悉，一样有着特殊的情感。

在孟泰的带动下，许多工人们都干脆搬到工厂，吃住在厂里。他们有的撇下新婚的妻子，有的把老婆孩子打发到乡下亲戚家，还有的给瘫痪在床的老娘贴了满满一锅大饼子，自己进了厂……在最后那十几天里，工人们更是做出了超出寻常几倍十几倍的努力。他们把高粱米和土豆拎到厂里，每顿饭，高粱米和土豆一起蒸出来，随便撒几粒盐，就坐在炉前吃起来。工人们把炉台下面的洞子围起来，放上几块木板，铺上几把干草，再垫上半块砖头，就是临时的宿舍。工人们一连工作16个小时的不计其数，十天半个月不回家的不足为奇。从前给日本人、国民党干活，大家也没觉得高炉怎样，如今高炉是我们自己的了，猛然觉得这黑黑的大个子亲近了许多，真是爱不够，干不够，就像是把自己和整个高炉融为一体也不够劲似的。

1949年6月26日，是老孟泰和工人们终生难忘的一天。这天，整修一新的2号高炉正式点火开炉了。

炉台上，红旗招展，鞭炮齐鸣，锣鼓喧天。市里、公司以及外厂的代表和炼铁厂的工人，把这个宽敞的炉台挤得满满登登。孟泰和奋战几个月的工人们心情一样，既兴奋又担心。兴奋的是2号高炉就要出铁了，这是中国工人阶级在鞍钢这块废墟上修复的第一座高炉啊！又担心怕在开炉点火时哪个部位漏水或跑气。这时，公司领导送来了一块大铜牌，上面刻着金灿灿的"鞍山钢铁公司第2号高炉"几个大字，庄重地悬挂在炉身的大铁柱子上。万事俱备，只待开炉。老孟泰和工人们等着这壮观的一刻，把心都提到嗓子眼。出铁的钟声响起，只见几名炉前工人操着长长的钢钎，朝着出铁口猛力地捅去。瞬间，一条金色的铁流奔腾而出。人们望着这滚滚的"金龙"，空气凝结了！感情凝结了！一时静得出奇。突然爆发出一片欢呼："出铁啦！""出铁啦！"这呼喊声此起彼伏，震天动地！老孟泰站在炉前，举了举手，想喊却没有喊出来。他实在太激动了！他实在太累了！他和许多工人一道流出了兴奋的泪水。看到这激动人心的场面，连在场的日本人也一拍大腿，连声赞叹："了不起！了不起！"

2号高炉开炉投产，充分证明了共产党的力量和中国工人阶级的力量的强大。它也大长了中国工人阶级的志气，为整个鞍钢的恢复生产起到了"龙头"作用，使整个鞍钢都活了起来；为全国冶金工业的发展树起了里程碑。

踏遍厂区寻器材

献交器材运动，使孟泰看到了回收器材在恢复生产中所起到的巨大作用。在修复2号高炉的日子里，孟泰每天休息的方式就是到处收集备品。

2号高炉出铁后，他的劲头更足了。不论是刮风下雨，还是白天黑夜，孟泰跑遍鞍钢几十里厂区，抠备件，扒铁堆，小到一个螺丝钉，大到几十斤重、甚至上百斤重的管件、水门他都不放过。手擦伤了，他不叫痛；脚冻破了，他不喊苦。每天他都手提肩扛回收一堆旧材料。他白天捡，晚上修，饭顾不上吃，觉顾不上睡；眼睛熬红了，身体累瘦了，他满不在乎，仍然泥一把、油一身、汗一脸地干。

仲秋的一天，孟泰来到铁厂西面的厂房附近。他看了看小山包和蒿草丛，心想：没准这里藏着"宝贝"呢！于是，他猫腰钻进草丛里，开始了"寻宝"行动。

秋季的蒿草丛中，蚊蝇起舞，小咬成群。他顾不了这些，在草丛里用脚蹚着，用手拨拉着。突然，他的脚被什么东西绊了一下，他拨开密草，看见竟是一个三通水门。孟泰真是喜出望外，一下子把三通水门捧在手里，像是捧着珍贵的宝物一样，乐得合不拢嘴。接着他又继续寻找，又找到一个大阀门，还有一个小螺丝……

孟泰把这些"宝贝"用衣服兜着、用手拎着送到一块空地处，又钻进蒿草丛中，不知不觉西半天已被夕阳染得通红。

孟泰钻出草丛，浑身上下沾满了草刺，简直像个"刺猬猬"。脸上、手上也被蚊虫叮咬得起了一个个小包，一片通红。他用粗糙的大手抹了抹脸，看着这些"战利品"，咧开嘴笑了。

孟泰转身刚想往回走，突然发现水泡中有一个小铁角露出水面。"这是什么东西？"孟泰心想，"我得下去看看！"他把鞋一甩，衣服一脱，跳进水中。刚走几步，水就已经没到大腿根了。孟泰不会水，他不敢往前走。心想，我这把年纪的人了，不能冒冒失失的。于是，抓了一块石头和树枝试探了一下水深，约莫水泡中间的水位只能没腰，就试探着向铁角靠近。走到跟前用手一摸，是一个大阀门。这下可把孟泰乐坏了，这个大阀门再修高炉时准能派上用场。

他开始用双手去搬，可是一猫腰，头就进到水里。他就憋足了一口气，把头探进水里，双手猛劲搬阀门。搬了几次都没有搬动。正巧有几名工人走到这里，看见老孟泰在水里的狼狈相，便逗趣地说："孟师傅，你在摸鱼呀？""你咋跑到这里来洗澡呢？小心凉着。"孟泰可没有心思开玩笑，他认真地说："快来帮一把，这里有'宝贝'呀！"

听到有"宝贝"，大家不再开玩笑了。两名青年工人急忙跳进水里，连拉带拽把"宝贝"拖了上来。嗬！好一个大水门！"我当是什么宝贝呢？原来是个大水门呀！"一位小青年嘀咕着。

"这不是宝贝吗？修复高炉它可是宝中之宝呢！"

当孟泰和工友们把这些宝贝运回来时，夜幕已经降临了。他们相互看着滚得都像"泥猴"一样，禁不住笑得前仰后合。

渐渐，工友们被孟泰的精神感动了，也纷纷寻找起器材来。有的下班后也不回家，和孟泰一起在厂区里到处转。

时间长了，收集起来的各种器材越来越多，简直能堆成一座小山了。在那些个日日夜夜里，孟泰无论在什么地方干完活，无论走到厂区的哪个角落，他总像是丢了什么东西似的，眼睛不离开地面。

工友们望着他那高大而弯曲着的身躯，不禁发出一片赞叹！

孟泰仓库

巍峨挺拔的高炉脚下。

一座十分简陋，过去存放工具的小铁房。

一座那么不显眼，那么矮小的小铁房。

恰恰是这座小房里的器材，在修复高炉中发挥了巨大的作用。

它，就是闻名全国的"孟泰仓库"。

当初，孟泰踏遍厂区寻器材，把成百上千件大大小小的旧器材收拾到一起，堆起一座小山。这些器材往什么地方放呢？孟泰犯愁了。想来想去，他想出一个办法，把高炉脚下原来临时装工具的小铁房收拾了一下，又找来几块旧铁皮，把破了洞的地方堵了堵，又求修理厂的工友们焊了一个大架子，铺上木板，一个小备品仓库就这样诞生了。他把修好的器材分门别类地摆放在架上。一层层铁架上摆满了各种锃明瓦亮的备品；地上，整齐地摆放着一件件器材。只见孟泰一会儿敲打几下管件，一会儿拧几下阀门上的螺丝。那股认真的劲，像雕塑家在雕塑，像鉴赏家在鉴赏。一会儿，修好了这个管件。一会儿那个管件又在他手中闪烁出乌黑锃亮的光泽。孟泰把它们端端正正地放在架上。看着架上摆得满满的各种管件，孟泰擦了擦额头上的汗珠，欣慰地笑了。从此，孟泰就成了那间铁房子的主人。每天早晨，孟泰早早来到厂里，一头扎进铁房子里，不是修理管件就是用洗油浸泡锈住了的螺丝。晚上下班后，又一头扎进铁房子里，直到太阳落山，月亮升起。有时干得着了迷，索性吃住在厂里。时间一天天地过去，地面上的旧管件越来越少，架上修好的管件越来越多。

一次，有位青年工人干完活把旧水门用脚一踢，拿起工具就走。孟泰见了，立即把他叫回来，批评他说："你这一脚，就像踢咱的心那样疼。你扔得不是旧水门，是丢了咱工人的好传统啊！"孟泰耐心地教育那名青年工人："去，把它捡回来，送到仓库修一修，还能用嘛。"

几句话，说得那位青年工人心服口服。他被孟泰的这种精神深深地打动了，立即将扔掉的水门捡了起来，拿到孟泰的那间铁房子里。这名小青年来到孟泰的小铁房，不禁一愣，只见这座铁房子里满满登登地装了一屋子器材。小青年不好意思地咧嘴笑了笑说："孟师傅，没想到你这么有心劲，以后我也跟你一起干！"

孟泰拍了拍小青年的肩头，笑着点了点头。

一天，孟泰来到厂部，听厂里办公室的人说，公司决定在近期修复1号、4号高炉。可要在短期内恢复生产，不但资金成问题，就是有钱也一时难买到这么多的设备器材呀！

孟泰听说此事，心里既高兴又着急。高兴的是自己和工友们回收修复的那么多废旧器材终于派上了用场；而着急的是，他又怕那些器材能不能够用。心里想着，双脚已向厂长办公室走去。

厂长正在与干部和工程技术人员研究如何尽快修复高炉的事。见孟泰来了，刚想问他有什么事，还没等厂长开口，孟泰拉着厂长的衣襟就走。

厂领导们见了，觉得好生奇怪。孟泰这是咋啦？怎么把厂长拉走了呢？几名同志和厂长走出办公室跟在后面，孟泰拉着厂长来到高炉脚下的铁房子前。

"厂长，你把门推开看看！"孟泰神秘地说。

厂长推门一看，不禁又惊又喜，只见满屋子都是器材，足有几千种上万件。这对正处在为缺少器材难以修复高炉而焦急万分的厂领导来说，真是喜从天降！当孟泰简单地向厂领导讲述了这些器材的来源和储藏经过后，把厂里的领导们感动得紧紧握住孟泰的手，久久不放……

这下这个小仓库可出了大名啦！

自打"孟泰仓库"被领导"发现"后，领导和工人群众都看到了它的作用。哪边修炉子，缺这少那，就到"孟泰仓库"去领，一不花钱，二不登记，凡是高炉上用的各种管件，无论规格大小，保证供应。简直是一座应有尽有的"宝库"。当时就有人说，孟泰和这座仓库可立了大功了。

果然，孟泰仓库创造的奇迹诞生了，修复两座高炉上的管线，没花国家一分钱。

不久，老作家肖殷特意从北京来到鞍钢，采访后以《孟泰仓库》为题，写了一篇轰动全国的通讯。

从此，孟泰和"孟泰仓库"在全国亿万名职工中广为传颂。它成了勤俭节约、艰苦创业的象征！

时光荏苒。孟泰创建的"孟泰仓库"虽已过去多年，但孟泰仓库却像一朵鲜艳的红花，引来了无数朵红花在鞍钢这片土地上竞相开放，争奇斗艳！鞍钢从班组到车间，从车间到厂矿，"孟泰仓库"纷纷建立，其中有节约箱、节约柜、节约仓库，它们像千万颗闪亮的珍珠，闪烁在鞍钢这块土地上，在鞍钢的生产和建设中不断发挥积极的作用。

爱厂如家，以厂为家

在1948年冬至1949年秋修复高炉的那些日子里，孟泰经常不回家。他把工厂当成了自己的家。在1号、2号、4号高炉点火生产的前前后后，他干脆住进了炼铁厂。整天围着炉子转，为了管道正常运转，他拎着管钳子炉前炉后，一天转了几十里的路。手上的老茧把大管钳磨的精光锃亮；夜里因为惦记着高炉，所以他很少休息，眼睛里布满了血丝。

孟泰一心在为高炉早日出铁忙碌时，组织上为孟泰安排了新居。而此时的孟泰心思都用在高炉上，生怕高炉出现问题，一刻都不愿离开。

就在搬入新居不久，孟大嫂生了孩子。

孟大嫂生孩子那天，孟泰根本不知道。虽然几天前老伴曾托人带过口信，孟泰也很惦记着她的身体，但他还是舍不得离开高炉半步。直到三天以后，孟泰又接到了邻居捎来的口信。他心里很是着急，一是他生来就喜爱孩子，五女儿已经出生好几天，他还没看上一眼呢；二是老伴年纪大了，生完孩子后身体怎么样，他放心不下。

下班了，孟泰匆匆收拾下工具，大步流星往回赶。

他看了看新搬的家，又看了看消瘦疲倦的老伴，心里百感交集，赶紧地忙活为老伴煮了几个鸡蛋，他边看着老伴吃，边亲着孩子。第二天一大早又急急地来到了厂里。

有时，孟泰抽空回一次家，人回家了，心却在高炉上。

一天夜里，突然外边刮起大风。听听外边，风呼呼作响，孟泰再也躺不住了，一骨碌翻身下地，披上棉袄到外面看，凛冽的寒风卷着雪花漫天飞扬。孟泰急忙转回身子去看看水缸，水缸里的水冻实了，不好，他大吃一惊，急匆匆地穿上衣服就往厂里跑。

半路上，孟泰正碰上迎面气喘吁吁跑来的小李，只见他上气不接下气地说："班长，高炉冷却设备断水啦！"

"咋搞的？炉子怎么样？毛病找到了没有？"孟泰一听冷却设备出了毛病，周身的血一下子涌了上来，只喊了一句"快跑"，就带着小李朝高炉方向跑去。

来到炉前，看到快要出铁的高炉里，上千摄氏度的炉温已经把风口和扁水箱烧化了七八个，如果不能及时地找出毛病，排除故障，送上冷却水，就会发生炉毁铁废的大事故。

孟泰立即仔仔细细地把冷却水管检查了一遍，没有发现毛病。

"水道检查了没有？"孟泰问大家。

"没有。"

孟泰一听，夺过一把管钳子，就跳进水道里去。

水道里的水已经上了冻。孟泰全然不顾。他跳进冰水里，"咔嚓、咔嚓、哗啦、哗啦"一步紧似一步地向前蹚去。刺骨的冰水冻得他浑身哆嗦。他咬紧牙关，蹲在冰水里摸来摸去，终于发现是总水门被一些杂物堵住了。

风停了，雪住了。一轮红日冉冉从东方升起，把朝晖撒向大地。险情排除了，冷却水正常运转了，高炉顺畅地流淌出赤红耀眼的铁水。

当工友们把全身冻僵的老孟泰从冰水中拖出时，他的脸色铁青浑身颤抖，他却没有顾及自己的身体，看着铁水，脸上露出了甜美的微笑。

爱炉如命，以身护炉

1950 年，美帝国主义发动了侵朝战争。他们把战火燃烧到鸭绿江边，不断派出飞机狂轰滥炸。

鞍钢这个全国第一个钢铁基地，早已成为美帝国主义侵华的"肉中钉""眼中刺"，一旦时机成熟，他们必然把它作为轰炸的目标，拔掉它。

然而，久经战火考验的中国共产党、中国人民解放军、中国工人阶级，岂能被气势汹汹的美帝国主义所吓倒！

一场保卫鞍钢，加速钢铁生产，支援抗美援朝的战斗就这样紧张地开始了。

鞍钢召开了动员大会，成立了护厂队。孟泰臂戴红袖标，手拿大管钳子，威风凛凛地巡逻在高炉上下。

动员大会后，按照组织上的安排，工人们先后把家属送到附近的农村。

孟泰回到家里，对老伴说："厂长叫我把你们送到乡下去，叫去就去吧，听党的话，没错。你们走了，我更放心，干脆搬到厂里。我死活跟党在一起，死活也不能离开高炉。"

到了全家动身那天，孟泰老伴本想他一定会回来送送她们，没想到出了鞍山市，也没看见他的影子。

当孟泰晚上回家时，发现门上挂了把锁，这才知道老婆孩子已经下了乡。他赶忙到隔壁扛起老伴给他留下的小被卷儿，上街买了 8 斤米，两条小咸鱼，提着回到厂里。他谁也没告诉，在修理厂旁边一个小房里安顿下来。他想：飞机白天来，我白天在；晚上来，我晚上在。因为我是党的人，我要和高炉共存亡。

那时，刚刚解放不久，人心不够稳定。敌人四处散布，说美国一颗原子弹就能将鞍山炸成平地；还说美军很快跨过鸭绿江，占领中国。一些人在谣言的蛊惑下，有的携家眷跑到乡下，有的打起铺盖卷跑到火车站。

孟泰的举动，影响和带动了许多工人。他们有的也把行李卷扛到厂里；有的老工人见徒弟跑了，便追到火车站，用老孟泰的行动教育他们；有的干脆连拉带扯地把徒弟送到孟泰跟前，让他们亲眼看看孟泰的行动。就这样，在孟泰的影响下，不少走的回来了，想走的不走了，没走的心情稳定，照常进行生产。

过了几天，果然响起了空袭警报。孟泰一听警报，戴上袖标抓起他那把心爱的大管钳子，就往高炉上跑。这时高炉上只有他一个人，他早核计好了，这地方厂长、党委书记和工会主席可以上来，除了这三人，就是亲爹来了也别想靠前。谁硬要上，我就用大管钳子把他揍趴下。他担心阶级敌人趁乱进行破坏。后来每次拉紧急警报，别人都下了防空洞，只有他拎着大管钳子，站在自己选定的位置上，守护着高炉。

后来厂长知道他搬到厂里来住，就去看看他住的小屋。原来这是间放破烂的铁皮顶小屋子，孟泰腾出一小块地方，放几块破木板，便成了他的睡铺。

"不行，这地方潮乎乎的，怎么能睡人呢？快换个地方。"厂长既心疼又严肃地说。

"这比睡日本人的工棚强多了，再说这里离高炉近，有个大事小情的来去方便。"孟泰找出一大堆理由，就是不肯搬走。高炉就像他的性命一样，他一刻也不想离开。当他听到厂领导讲，美帝国主义亡我之心不死，国民党反动派决不甘心他们的失败，潜伏下特务妄图暗中破坏鞍钢，孟泰更是打心眼里警惕起来，生怕有坏人捣鬼。高炉里边1000多摄氏度高温，炉皮全靠循环水冷却。要是有人把总水门拧死，整个高炉都得烧坏。孟泰心想，有我孟泰在，就有高炉在！打那以后的日日夜夜，孟泰不断地围着高炉上上下下、前前后后地走动、查看。一会摸摸炉皮，一会摸摸水管，又不断地用手掂各处的水门。直到感觉炉子的循环水管道一切运行正常他才放心地喘口气。

生死关头　豁出命干

1950年8月中旬的一天，孟泰早早把护炉的工具、备品收拾停当，正准备操起大管钳子上高炉。还没等出门，突然"轰！"的一声巨响，简直就是平地打响的闷雷，直震得大地颤抖。孟泰的两只耳朵只觉得嗡嗡乱叫，脑袋好像大了许多。一种职业的直觉使他立刻意识到"不好，高炉出事了。"他立即攥紧手中的大管钳子，拔腿就往高炉上跑。一边疾跑，心里一边闪现出一个可怕的念头——高炉爆炸了，炉子完了。一定是高炉瓦斯爆炸。伪满时期，3高炉就响过一次，全厂的玻璃都震碎了。眼前，又浮现出过去的情形。心中想到的只有赶紧抢救高炉要紧。脑子里就只有炉子崩成什么样，人伤着没有。人命，工人兄弟的命；炉子就是工人的命，他越想越急，拼了命地跑。

离炉子爆炸地点已经很近了，突然，又听轰隆一声，只见 4 号高炉那边一片烟气。老孟泰的心都提到了嗓子眼，没命地奔过去，迎面正碰见厂长和几个老工人一起跑来，脸上都变了颜色。孟泰也没顾上和大家打招呼，赶紧抓住扶梯就往炉台上跑。这时又响一声，因为离得近，简直心都要被震出来。只见几个工人避在铁柱子后边，有的被惊呆了。炉台上满是水蒸气，一种刺鼻的硫磺味呛得人喘不过气来。

在这紧急关头，危难时刻，最能考验人。如果是冲上前，那就可能会有生命危险。你要退下去，生命保住了，但国家的财产就要受到无法估量的损失。

水蒸气弥漫了整个炉台，好像大地震后的尘埃，又似一场浓雾，伸手不见五指。孟泰早把生死置之度外，勇敢地钻进烟尘和浓雾中，凭着昔日的经验摸着爬着往前走。他现在是一个非凡的勇士，要干一件非凡的事情。祖国的建设需要这个炉子，这座炉子是他和他的工友们一个个螺丝、一根根管子、一块块砖修复起来的，是多少个不眠之夜、多少辛勤的汗水筑成的，炉子就是命根子。必须尽快探明事故的原因和真相，才能保全这座用心血筑成的高炉啊！

孟泰正往前摸，忽觉身后似乎有人跟上，也不知是谁。此时，又发出一声巨响，犹如天崩地裂，好像要把人从地面上掀起来、抛出去。一阵大水点突如其来像子弹一样射在孟泰的脸上和身上。他刚好摸到炉子跟前，一手抓住铁栏杆，蹲在大铁柱子后边，挡住上边喷落下来的水柱。不一会儿，高炉那种呼呼的声音听不见了，周围出现了一种可怕的寂静。他定了定神，想了想，爆炸的声音在西南角，一定是出铁口那里出了事儿。他转过身，又急忙顺着炉皮钢板向回摸，浓雾里只见厂长和几名工人也都是一身的水。

"怎么样，老孟，事故大小？"厂长焦急地问。

"快向铁口那边去！"孟泰边喊边率先向前摸。原来在出铁口的近旁，有一处炉皮钢板烧穿了，铁水像小瀑布一样流出来，发出可怕的红光。高炉下面，有顺着炉皮流下来的冷却水，上千摄氏度炽热的铁水碰到了冷水上，自然要发生猛烈的爆炸。

看到这种情况，孟泰奋不顾身跑上前，跟上来的配管班工人一起急忙闭了冷却水的水门，又用铁板把水流迅速分开，使水离开炉皮，这样就不至于再发生爆炸。炉内停了风，压力减少了，铁水也就不向外冒了。炉前工人又用耐火泥堵住烧穿的口子，终于遏止了铁水越冲越多，设备全部烧坏和引起瓦斯大爆炸，炉毁人亡的重大恶性事故。

这天早晨，全厂都在为这个事故议论纷纷，很多人不约而同地聚集在4号高炉前，有的焦急地打听情况，有的在分析事故原因。

为什么会发生这起出铁口事故？原因很多，但是最直接的原因是产量比以前多了，产量增多但没有采取相应的措施来保护出铁口。铁水把出铁口旁边的耐火砖涮落了，铁水熔炼时温度高、风大，就容易烧穿炉皮的钢板，使铁水冲出来。

厂部为此开了几次会研究对策，采取措施，避免这样的事故再发生。可是孟泰总也不放心，冷却水顺炉皮淌下来，淌到炉缸下边，万一炉皮烧穿，不还是要爆炸吗？最后还是孟泰想出了办法，他提出把小管子套在大管子里，把水分开，这样一来，上了新的保护措施，有效地保证了高炉的安全运行。

临危不惧、化险为夷

老英雄孟泰第二次抢险是在1952年的10月国庆节晚上。国庆节那天，炼铁厂正是要紧时候。工人们比平日里干得更起劲。这天晚上游行队伍刚解散，孟泰就急速赶回了厂里。厂党委刘书记劝他回家去休息，看看戏，他不肯，解释说："越是放假的日子，越是要提高警惕。"

接着孟泰便各处巡视一番，然后坐在设备助理室里，当起值班班长来了。

时针指向 19 点 40 分，电话铃急促地响了起来，孟泰拿起了话筒，听到一种带着恐慌的声音："3 号高炉二段炉皮钢板烧穿了，请设备室快来……"

"我先走一步老刘，你把工人召集起来快到 3 号高炉。"孟泰边说边跑，直奔 3 号高炉。

老远望去，3 号高炉炉腰上喷出一股长长的瓦斯火，高炉值班工长眼望着火焰越烧越旺，心急得要从喉咙里跳出来。猛一回头，发现老孟泰来到面前，这才松了一口气。

"孟师傅，你看怎么办？要马上休风吗？"眼巴巴地看着孟泰，等待他说出"休风"的命令。

休风，就是停止向高炉送风，炉内温度会迅速下降，瓦斯火会自然减弱。然而，铁水随着温度的降低，会出现凝结。这无疑会给高炉生产造成很大的损失。

怎么办？

"沉住气，小伙子，摸清了情况再决定。"在险境面前，老英雄镇定自若，他炉前炉后转了一圈，果断地决定："不休风，快多运些耐火泥球堵。"这样做，人虽然有被烧伤的危险，但却能保住铁水，保住高炉。孟泰向赶来抢险的设备工人喊道："同志们，事故没什么可怕的，要沉着冷静快运泥球，抓紧堵漏。"

这时的炉子气压很大，火焰像锋利的长矛伸出老远。孟泰指挥喊："一、二！"炉旁的工人们甩开膀子，泥球像冰雹般击落到火焰上。这时，只见老孟泰一个箭步冲上前去，将一条浸了水的麻袋迅速蒙在了被烧穿的孔里。炉外的火焰随之熄灭了。接着又是一阵耐火泥泥炮，烧穿的炉皮钢板被筑上了一层结结实实的保护层。高炉安然无恙，生产顺利进行。

事后，设备工段党总支刘书记深有感触地说："老英雄住在厂里，对咱们设备工人增添了很大的力量，有他在场，咱们心中就有了主心骨，再大的困难，再严重的事故，我们都能克服，都能妥善果断处理好。"

孟泰同志爱厂如家，为祖国的钢铁事业发展无私地奉献，被评为全国著名劳动模范，被赞誉为老英雄。

从 1950 年开始，孟泰曾三次出席全国人民代表大会，多次出席全国群英会，受到党和国家领导人毛泽东、周恩来、刘少奇、朱德等多次接见。孟泰的光荣，是鞍钢的光荣，是全国工人阶级的光荣！

孟泰的"两件宝贝"与"三个不忘"

杨兴业

2018 年 9 月 30 日，是全国著名劳动模范、老英雄孟泰逝世 51 周年。回忆跟随孟泰一起工作如火如荼的难忘岁月，尤其是老英雄孟泰的"两件宝贝"和他心中的"三个不忘"，平静的心田就会立刻掀起激动的波澜，倍感无比荣幸与自豪。

什么是老英雄孟泰的"两件宝贝"？他心中的"三个不忘"又是什么？现在，由我这个曾经有幸能在老英雄孟泰身边工作了 6 年多的"老炼铁"，来一一回顾。

"两件宝贝"：一件是"高炉配管工工作服"，包括头上戴的鸭舌帽、身上穿的帆布服和脚上穿的"大头鞋"；另一件是高炉配管工随身携带、处理冷却设备时使用的"管钳子"。"两件宝贝"，看似平平常常、普普通通。然而，在老孟泰眼里，却是陪伴他多年的无价之宝。即使是在 1957 年老孟泰被提拔为炼铁厂副厂长以后，只要跨进鞍钢大门，走进高炉群现场，就一定会看到他穿着那套工作服，手拎着那把管钳子，和普通工人一样忙碌着。千万别小看了这两件东西，它不仅是老孟泰一生身不离劳动的象征，还是老孟泰心不离群众、扎根到群众之中的写照。所以，这"两件宝贝"，陪伴老孟泰一生永葆工人阶级本色功不可没。

记得在 1960 年，我国遭遇了特大自然灾害，加之蒋介石趁机蠢蠢欲动，叫嚣反攻祖国大陆，苏联又撕毁了援助中国的合同，使得我国异常艰难，鞍钢炼铁生产也面临重重困难。粮食不足，鱼肉短缺，蔬菜供不应求，严重影响了高炉正常生产。当时经济建设和国防建设迫切需要大量优质钢铁。于是，老孟泰根据党委安排，带领部分干部工人来到鞍山郊区笔管堡办农场。他依然穿着那身工作服，和农场的干部工人同吃、同住、同劳动，自己动手，种植粮食和蔬菜，饲养牛、猪、鸡等，补充食堂粮菜的短缺，努力改善职工生活。尤其是重点向高炉生产一线岗位职工倾斜。冬天到了，老孟泰组织后勤人员磨豆浆，并把豆浆按炉、按班、按定员，送到高炉炉台，让炉前工人每天都能喝上新鲜的豆浆，不仅极大地调动了高炉工人"多炼铁，炼好铁"的积极性，还在全厂进一步掀起重视高炉生产，尊重炉前工人劳动的好风气。炼铁厂职工士气高涨，为战胜自然灾害、闯过三年困难时期，做出了重大贡献。

三年困难时期以后，老英雄积极响应党的号召，和工友们一道，花大气力，下苦功夫，向钢铁生产大国目标奋进。那些年，孟泰天天登上高炉，还像当年当配管工那样，在炉台上下巡视，不断补充完善他创造的眼看、耳听、手摸、掌掂的"四到工作法"，兢兢业业地呵护高炉冷却设备，确保高炉安全生产。特别是每逢设备维护人员检修，配管工处理冷却设备，孟泰总是二话不说，立刻投入战斗。因此，他身上工作服积满汗水和油污，总是湿漉漉的，有时，甚至比高炉配管工身上的工作服还湿、还脏。1966年年初的一天，孟泰正在家里接受记者采访，听说配管工段今夜架设4号、9号高炉喷吹煤粉重油管道。这项目是当年鞍钢实现"三个第一流"和"四朵大红花"宏伟目标的关键。于是，孟泰送走了采访记者，立刻披上大衣，冒着刺骨的寒风，踏着白皑皑的积雪，徒步来到炼铁厂，换上他的那套工作服，拎起他那把管钳子，大步流星地向架设管道工地奔去。他登上9号高炉，跟配管工一起架管线、把螺丝、紧法兰。当工人们看到年已66岁高龄，身患严重高血压，又是鞍钢工会副主席的老孟泰，再次跟昔日工友们一起参战，仿佛给工地又加了一把火，夜战工地更加热火朝天，欢声笑语接连不断。终于，喷吹煤粉重油管道架设工程任务提前胜利完成。这一年，由于加大煤粉重油喷吹量，9 号高炉入炉焦比降到 399 公斤，综合焦比 540 公斤，高炉利用系数达到 2.097。全厂高炉利用系数达到 1.869，入炉焦比 482 公斤，综合焦比 564 公斤，创造了鞍钢开工以来最高水平。

"三个不忘"：一是一辈子不忘阶级苦、民族恨。当年，老孟泰常常对刚入厂的青年职工进行入厂教育，向青工讲述自己的家史，自己在旧社会所遭的罪，所受的苦，告诫青年职工现在生活好了，但不要忘记阶级苦、民族恨。孟泰说：他 1898 年 8 月 17 日生于河北省丰润县山王寨村三代贫农的家里。6 岁时就帮助家里压苇子、编席子，维持生活。16 岁时，给邻村财主刘举人家扛活，起早贪黑，既帮厨又下地，受尽压榨与剥削，简直苦不堪言。18 岁时，家乡遭灾，无法生活，只身闯关东，来到辽宁抚顺栗子沟煤矿修理厂。名义上是给日本铆工头毛利当学徒，实际上是给毛利当小厮、使唤人，天天挨打受骂。有一天中午，毛利吃完午饭照例趴在大案之上呼呼睡大觉。他照例轻轻给毛利捶背。突然，一只大耗子钻了出来，窜到大案子底下吃饭粒。他腾出一只手，抄起一把锉刀就向那只大耗子打去。不料，大耗子"吱"的一声跑了，锉刀一摔两截。这时，惊醒了熟睡的毛利，起来伸手就给孟泰一记耳光，说："心坏了的!"他被打得满脸通红，眼泪唰唰地流了出来。见状，毛利又大声吼着："孟，生气了的? 不然，为啥哭啊!"说罢，又腾地站立起来，拽住衿领，狠狠地踹了他一脚。孟泰说："当时我强忍怒火，记下了这笔仇恨。有一天深夜，路上漆黑不见人影，报仇的机会来了。在工友们的帮助下，用袋子蒙住毛利的头，我狠狠地教训了他。"从此，便永远地离开了抚顺栗子沟。28 岁时，辗转来到当年日本人开的鞍山制铁所，到炼铁厂当一名配管工人。然而，天下乌鸦一般黑。到了炼铁厂之后，仍然饱受日本人的剥削和奴役。

二是一辈子不忘党的恩情。1948 年鞍山解放后，孟泰带领全家人跟着共产党领导的解放军乘坐大汽车，途经瓦房店、丹东，最后来到后方通化。一下车，全家人就受到办事处领导的热情接待。接待站主任抱起孟泰家小四，又是摸头顶，又是亲脸蛋，就像久别重逢的亲人一样，问寒问暖，感动得孟泰直掉眼泪。此时此刻，孟泰想起了前不久解放军进驻鞍钢时，寇主任专程在大白楼找他亲切谈话，请他参加后方生产、支援前线的情景；解放军一班人住到他家时，扫院子、挑水、给他家扛去高粱米和大白菜，煮饭邀请他全家一起吃的情景。每逢回忆这些往事，老孟泰常常会说："在通化的情景，我一辈子都不能忘。办事处主任又是抱我家小四，又给我家炒菜下面片。当时，把我感动得哭了。我不是在乎主任抱我家孩子，也不是在乎那顿饭，而是通过这些事看到了共产党对我们穷苦工人的一片心！"记得当年孟泰回忆党的恩情那些事时，常常激动地哽咽着半晌说不出话来，于是，老孟泰就举起右手，振臂高呼："共产党万岁！"以此表达他不忘党恩的深情。

三是一辈子不忘实现共产主义大目标。从通化回到鞍钢，经过快速恢复 2 号高炉的考验和洗礼，孟泰光荣地加入了中国共产党。从此，在他心中牢牢记住："全心全意为人民服务"是党的根本宗旨，"为全中国各族人民谋利益"是党的具体目标，"实现共产主义"是党的最终、最大的目标。从此，他更加深深地懂得：一个共产党员，必须一步一个脚印地履行好自己的职责，完成好党交办的一切任务；把高炉维护好，把鞍钢的事情办好，多生产钢铁，是实现党的最终、最大目标的实际行动。从 1949 年 8 月 13 日宣誓入党那天起，直到 1967 年 9 月 30 日逝世，老英雄孟泰认认真真、踏踏实实做好每一天的工作，同时，心中始终装着实现共产主义这个大目标。

（作者曾任鞍钢炼铁厂原料工区总支书记。）

中国工业战线技术革新的旗手——王崇伦

汪 蛟

　　今年是伟大领袖毛主席批示的"鞍钢宪法"50周年。在这样的日子里，我们不能不回忆起王崇伦。不能不回忆这位永远"走在时间前面的人"为鞍钢的建设和发展乃至为新中国社会主义建设做出的特殊贡献；不能不回忆他作为一代杰出的工人代表对于技术的追求和激昂的发明热情与创新精神；不能不回忆他从童工到全国总工会副主席，从普通车工到工程师、研究员直至中国发明协会副会长这种"从奴隶

王崇伦操作万能工具胎

到将军"的传奇人生。他是"鞍钢宪法"的践行者和领跑者，是共和国技术革新、技术协作活动当之无愧的旗手。

我第一次看到王崇伦的名字是 1953 年上学时在《人民日报》上，是从著名作家魏巍写给王崇伦的信中了解到这位"走在时间前面的人"的感人事迹的。随后，《人民日报》《工人日报》《中国青年报》相继发表社论和通讯，号召全国工人和青年学习王崇伦的先进事迹和革命精神。这在社会上和学校师生中引起很大轰动。当时，魏巍的《谁是最可爱的人》已编入中学语文课本中，很多同学都能背那篇脍炙人口的文章。校领导在开展学习王崇伦活动大会上动情地说："王崇伦和志愿军战士一样都是最可爱的人。"从此，王崇伦的名字深深地刻在我的心上。

1962 年，酒钢下马，我被调回鞍钢，在基本建设处工作。当时王崇伦已任北部机修厂副厂长。因为工作关系我终于见到了这位心目中的英雄。从此，不但工作有联系，而且在一些会议和活动中交流也多了。1966 年，在公司团委组织的学习"红专道路上的标兵张炳林"座谈会上，我发言后，王崇伦语重心长地希望青年技术人员要坚持又红又专，要敢于学技术，搞革新，不要怕扣白专道路的帽子。1965 年，在公司召开的"技术攻关队"和"巡回服务组"座谈会上，我又一次同王崇伦面对面交流。这时他担任公司"双革办"副主任，年富力强，精力充沛。他强调，机关的工程技术人员一定要深入基层，深入群众，为鞍钢的生产和改造服务，只有这样，业务水平才能更快提高，工作才能有实效。但是，每当我试图请他谈谈自己坚持技术革新，组织技术协作的事迹时，他却不愿多说，总是讲都是过去的事了，都是大伙干的。他在两次会议上的讲话和谦虚作风给我留下了深刻印象。1976 年 9 月 9 日，伟大领袖毛主席病逝。《红旗》杂志要求鞍钢党委从"鞍钢宪法"这个角度写一篇纪念文章。公司党委邀闫福君、张家瑜和我等四名同志组成写作小组，星夜赴京，去完成这个有特殊意义的任务。一天下午，我们和从唐山抗震抢修现场赶来的王崇伦意外相遇。当时王崇伦双眼红肿，一身灰尘，悲痛欲绝，开车的司机说他一路上就不停地哭，王崇伦声音嘶哑，讲述着毛主席比天高比海深的恩情，讲述他曾 14 次见到毛主席的幸福情景……他神情激动，边哭边讲，甚至有点语无伦次，他对领袖这种发自肺腑的热爱和真情，深深震撼和感染了我们几个人，我们拥在一起失声痛哭。

但是，我真正深入地认识和了解王崇伦是在这一年后的中央党校。1977 年 9 月，中央决定召开全国冶金工业学大庆会议，中央领导始终关注着王崇伦，国务院领导和冶金工业部主要领导同志点名要鞍钢总结王崇伦在十年浩劫中顶着压力坚持技术革新和技术协作的典型经验在会上交流。公司党委领导把这一任务又交给我，我既高兴又有点紧张地接受了任务，带着科里一名同志星夜赴京。当时，王崇伦正在中央党校高级班学习。见到我们，王崇伦十分高兴。当我说明来意后，他却沉吟起来。然后说："我感谢中央领导和公司党委一直想着我，但我现在没什么新东西可总结，你知道，若不是'文化大革命'的干扰破坏，这些年我一定和大家一起搞出新成果来，老汪，请你转告公司领导还是去写别人吧。"我反复向他讲这次会议是粉碎"四人帮"后召开的第一个学大庆会议，意义重大，总结什么样典型都是冶金工业部领导定的，甚至告诉他是余秋里副总理点的将，他才答应配合我们工作。从第二天开始，我们先后 16 次长谈，有时甚至谈到午夜。也许是上级领导的关心感动了他，也许是十年动乱中压抑了太多的话需要释放，这一回王崇伦向我们敞开了心扉，他从苦难的童年讲起，讲了大量鲜为人知的故事。展示了这位革新旗手的人生经历和心路历程。我记下了几万字的访谈手记，精心写了《永远发扬和时间赛跑精神，为建设社会主义现代化强国作贡献》的典型材料，在年底召开的全国冶金工业学大庆会议上交流，并收入《认真学大庆，一年大变样》一书中。这次访谈，我认识了一个真实的王崇伦，了解了他在人生旅途上经历的成功与坎坷，辉煌与奉献，喜悦与悲伤，困惑与思考，还有汗水、泪水和血水。

一

王崇伦经历过一个苦难的童年。他 1927 年 7 月 2 日出生于辽宁省辽阳县沙河乡一个贫困的农民家庭，全家六口人仅靠一亩薄田过着饥寒的日子。王崇伦从小就跟着母亲到铁路边捡煤渣，到村外挖野菜。由于生活的煎熬，他父亲患上了肋膜炎，因无钱医治，在他十岁时就病逝了，全家人悲痛万分。然而祸不单行，第二年，在日本人开的印刷厂当童工的哥哥不幸患上肺结核，因被日本工头逼着抬重物时不堪重负，口吐鲜血，倒地身亡。这个本已极为贫苦的家庭一下子跌入更为苦难的深渊，所有这些都深深留在王崇伦童年的记忆中。

穷人的孩子早当家。王崇伦与两个妹妹相依为命，苦苦支撑起这个家。14 岁那年，王崇伦进伪昭和制钢所当童工，学刨工手艺。日本老板和工头对中国工人特别是学徒工不当人待，轻则罚工扣饷，重则肆意打骂。日本工头不让徒工学技术，只让他们做苦役。王崇伦为了学手艺，每天先把杂活干完，就悄悄躲在工具箱后面，透过缝隙看日本工匠操作的规程和要领。几个月后，硬是凭"偷艺"学会了一些刨工手艺。一次日本工头发现了这一"秘密"，像疯狗一样狂叫起来，叫人把王崇伦右手按在机台上，他抄起一把锋利的锉刀狠狠地锉下去，一下子把王崇伦右手锉了个皮开肉绽，鲜血淋漓。王崇伦又疼又恨，挣脱出右手，抄起一把大号螺丝刀扑向工头。几名日本工匠见势不好护着工头跑了，现场的中国工人怕他吃亏，劝阻了王崇伦。从此，王崇伦心里和手上留下了这仇恨和伤疤。

1948年2月19日，鞍山解放，历尽苦难的王崇伦一家和全村人一道迎来第一个春天。解放军为穷苦百姓送粮送菜，土改工作队组织群众分地分财。王崇伦感受到共产党和解放军是老百姓的救星，他积极参加农会，参加土改并被选为民兵队长。他带领民兵抄了对抗土改的大地主的家，打击了地主、汉奸的嚣张气焰。1948年10月，国民党52军经辽阳、鞍山向营口逃窜，大地主王振方的儿子、国民党军谍报队长王锡武带人冲进沙河村，威逼王母交出儿子。此时王崇伦已随土改工作队撤往山区，王锡武找不到人，竟误将王崇伦兄王崇顺抓去顶账。1948年11月2日，辽沈战役胜利告捷，东北全境解放，王崇伦返回鞍山，开始了崭新的生活。

二

1949年8月，王崇伦经人介绍进入鞍钢轧辊厂当刨工。1951年6月，调到鞍钢机修总厂工具车间，成为解放后鞍钢职工队伍中为数不多的一名年轻技工。机修总厂各种设备比较先进，也比较齐全，王崇伦走进了施展才华、实现梦想的新天地。时年23岁又苦大仇深的他，从旧社会的奴隶成了新社会的主人，他对党对新社会充满了无限的爱，对未来充满美好的憧憬。在与我多次交谈中，他都眼含热泪地说："刚入厂时，我虽然还不懂得更多的革命道理，但却懂得了一条真理，那就是共产党、毛主席是我们穷苦百姓的大救星，是我们国家和人民的希望，我要一辈子听党的话，永远跟党走。"正是这种朴实而强烈的报恩思想，使王崇伦一入厂就忘我地工作。每天他第一个到厂，把机床擦洗得干干净净，做好生产准备工作。下班后，他一边打扫现场，一边琢磨干活的新窍门。由于工作突出，入厂三个月，王崇伦就被批准成为一名光荣的共青团员。

但王崇伦不满足，感觉浑身有使不完的劲，总想做出更大成绩报效祖国。

机会终于来了，1952年春天，王崇伦所在工具车间承担了为中国人民志愿军空军加工飞机副油箱拉杆十万火急的任务。车间决定由铣床操作工负责加工，但每次只能铣一根，并要耗时半个多小时，这样下去，肯定不能按时交货。全车间上下焦急万分，王崇伦看在眼里，急在心上，暗地里琢磨起破解这个难题的办法。白天在厂里动脑筋，查资料，晚上他把自家院墙上的砖头拆下来，堆成想象的卡具形状，反复构思和修改。经过几天的苦苦试验，终于制造出一套用刨床加工拉杆的卡具。在车间领导支持下，王崇伦试用刨床加工拉杆成功，不仅一次可加工4根拉杆，而且时间仅用15分钟。特急的军工任务胜利告捷，领导和工人们称王崇伦是革新创新。这年秋天，王崇伦光荣地加入中国共产党。

1953年，我国开始实施第一个五年计划，鞍钢的生产建设进入了新的阶段。一天，公司生产指挥中心接到矿山建设一线告急：大批凿岩机因缺关键备件——卡动器，而被迫停止作业，矿山乃至钢铁生产都受到严重影响。

试制卡动器的任务又一次落在王崇伦所在的工具车间。卡动器是凿岩机最易磨损的零件，虽然体积不大，但制作工艺复杂，要经过车、插、铣等12道工序，而且精度要求非常高，当时国内尚无厂家能够生产这种备件。

试制卡动器一开始，就遇到困难。第一道工序车床加工45分钟可加工一个，而第二道工序，插床加工却成了"拦路虎"，因为插床加工一件要两个半小时。当时全车间只有一台插床，插床工使出浑身解数，拼命抢着干也无济于事，机床前积压的待加工件越堆越高，而负责后部加工的铣床、磨床只能干干停停。结果全车间一天只能制造四五个卡动器，这对于"等米下锅"的各个矿山简直是杯水车薪。偏偏在这个时候，工具车间又接到为凿岩机试制第二种常备件——反螺母的任务。这又是必经插床加工的活，这对车间和全厂无疑是雪上加霜。

厂长、车间主任急得团团转，王崇伦更是心急火燎。他一边翻阅《金属切削》等书刊资料，一边研究一年前加工飞机油箱拉杆的现场照片资料，悄悄搞起了攻关。一天晚上突发灵感，产生了一个大胆的构想：用刨床代替插床，制一个圆筒型工具胎，把插床垂直切削变成刨床的水平切削。

这是一个充满睿智与创造精神的构想，是一个突破一点改变全局的构想，从某种意义上说，也是改变王崇伦一生命运的构想。根据这个构想，王崇伦经过 15 个昼夜奋战，把一个特殊工具胎的设计图纸送到车间领导面前。这个工具胎外壳就像一台小电动机，由 40 多个零件组成，卡动器和反螺母都可以固定在它的套子中，可以旋转 360 度，根据需要选择加工角度，这样只能水平切削的刨床就可以代替插床进行加工。同时，原来插床一次只能加工一个工件，而用这个胎具，刨床可以成摞切削，将大大地提高工效。车间主任、工程技术人员和工人看了图纸后都对王崇伦的奇思妙想赞不绝口。

在车间领导的全力支持和班里胡万林、郝国富、包成林等同志的帮助下，几天之后，一个长达 50 厘米、直径 20 厘米的工具胎安置在王崇伦的刨床上。试车那天，机总厂有几百人前来观看，厂领导派专人计时。当第一批工件加工完毕，计时人宣布：加工一个卡动器耗时 45 分钟，比插床加工提高了 3 倍。更令人欣喜的是，矿山凿岩机有 40 多个零件，每加工一种都要制作一套专用卡具，而这一工具胎竟能全部取而代之。经过全厂上下集思广益，王崇伦创造的这一独特工具胎被命名为"万能工具胎"。

王崇伦乘胜前进，加工卡动器原纪录不断被突破，由 45 分钟提高到 30 分钟，最后提高到 19 分钟，相当于最初效率的 6 倍。他操作的

"牛头刨"，被工友们称为"千里马"。此后，王崇伦相继革新成功 7 种工具、卡具，1953 年内一年完成了 4 年零一个月又 17 天的工作时，提前跨进 1956 年，成为全国最先完成第一个五年计划的一线工人。为此，鞍山市政府命名王崇伦为鞍山市特等劳动模范。共青团中央向王崇伦发来贺电。1954 年 1 月 1 日，中央人民政府发出《关于学习王崇伦的工作精神的通报》，随后《人民日报》《工人日报》《中国青年报》在 1954 年初的两个月内相继发表社论，号召全国工人学习王崇伦先进事迹和创新精神，这在新中国新闻史上是绝无仅有的；从 1954 年至 1973 年，王崇伦先后 14 次受到毛主席等党和国家领导人的接见，被接见次数之多，在中国劳模之中也是绝无仅有的；他的事迹被编入小学语文课本，"万能工具胎"的图片被制成邮票。所有这一切，在中国所有劳模中，都是绝无仅有的。《人民日报》发表的题为《发扬王崇伦的工作精神，提前完成国家计划》社论中指出："在我们祖国进行伟大的有计划的经济建设时期，王崇伦的创举是有极其重大意义的。如果王崇伦这种不断地改进技术，提前全面完成国家计划的工作精神能在全国职工推广起来，是直接关系到加快社会主义工业化的速度，使我国早日过渡到社会主义的重大问题。"著名作家魏巍致信王崇伦，信中称赞王崇伦"你就像一颗宣布大进攻战役开始的信号一样，带着迷人的色彩冲上天空……你摆脱了时常捉弄我们的恼人的时间，勇敢地出色地走到了时间的前面。"由此，王崇伦被誉为"走在时间前面的人"。这年，他只有 26 岁。

不久，王崇伦作为中国工人阶级的优秀代表赴苏联参加了五一国际劳动节观礼，回国后又应全国总工会的邀请赴京参加全国劳动模范和技术革新能手座谈会，王崇伦在会上作了充满激情的发言。回到驻地，王崇伦浮想联翩，久久不能入睡，许多往事涌上心头。此时的他，经过党组织的培养教育和工作的锻炼，思想觉悟有了很大提高，思想境界有了更新升华。领导同志的讲话和兄弟单位代表的发言使他受到激励和启发。他一直把《人民日报》为他提前 4 年完成计划发表社论的报纸带在身边，经常看，经常学，懂得了"开展技术革新是关系到加快我国社会主义工业化的速度，使我国早日过渡到社会主义的重大问题"这个道理。王崇伦决定，要在"推广"上下功夫，把全国成千上万的职工群众吸引到技术革新的行列中来。会议期间，他提出联名向全国总工会建议，在全国开展群众性技术革新运动。他的想法得到了张明山、唐立言、黄荣昌、刘福威、朱顺余、傅景文等在全国有影响技术革新能手的一致赞同。于是，由王崇伦执笔的 7 人联名倡议书送到全国总工会领导手中。全总领导对建议信十分重视，很快下发了《关于在全国范围内开展技术革新运动的决定》。从而，一个群众性的技术革新活动在全国蓬勃兴起。在工业装备普遍落后的建国初期，王崇伦的倡议有着非凡的意义，不仅鼓舞了职工的创造热情，更为国家创造了难以计数的巨大财富。王崇伦为此做出了特殊的贡献。

面对成功和荣誉，王崇伦没有满足，他乘胜前进，继续攀登。1954 年 10 月，根据他的建议，鞍钢开办了"先进生产者学校"，对公司 500 多名先进人物进行培训。王崇伦为学员作专题报告。经过培训，涌现了一大批技术革新能手。1955 年，工具车间被共青团中央命名为"青年工具车间"，王崇伦被提任为车间副主任。不久，中国科学院辽宁分院聘任王崇伦为特邀研究员。1956 年，车间生产的铸管模具供不应求，王崇伦组织技术攻关队，苦战 20 多天，经 157 次试验，提高工效 20 倍，模具质量大幅度提高。当年王崇伦被授予全国先进生产者称号。据不完全统计，在几年时间里，王崇伦先后实现技术革新 100 多项。王崇伦从一位革新创新者成长为鞍钢技术革新的旗手。

三

王崇伦和老英雄孟泰是中国技术协作活动的创始人。经过几年技术革新的实践，王崇伦发现各单位的革新能手虽然各有所长，甚至身怀绝技，但因为工种不同，专业不同，在各自的革新攻关中由于客观上的局限性，使一些本可以很快解决的技术难题久拖未果。这时，王崇伦产生了开展技术协作的念头，就是把各单位的能工巧匠组织在一起，形成革新攻关的合力。1959年年初，王崇伦找到老英雄孟泰谈了自己的设想，老孟泰拍手叫好，说咱们想到一块去了。在公司领导的支持下，经过两个人精心策划，技协队伍从无到有，迅速发展。到年底，鞍钢拥有了一支以劳动模范、技术能手为骨干的1500多人参加的技术协作队伍。

搞技术协作是个创举，但开展起来困难重重。搞革新搞攻关设计、画图、试验总得有个场所吧，王崇伦和老孟泰把他们的家作为交流聚会的"据点"。王崇伦把一家人都动员起来了，一只眼睛失明的老母亲和小女儿负责看自行车；妻子烧水沏茶；儿子跑道接人送信……孟泰家是"预备"会场。每到星期天或晚饭后，他家门前都停满了一排排自行车，来自各单位的"刀具大王""焊接大王""吊装大王"等都前来切磋交流，热闹非凡，王崇伦的家成了钢城那个年代一道独特的靓丽风景线。

为了发展壮大技术协作队伍，王崇伦提出"一连十"的滚雪球方法。要求公司级的能工巧匠年内都串联出10名本单位技术尖子加入公司技术协作队伍。王崇伦从自身做起，一人发展了30人。其中"六访许朝清"被传为佳话。许朝清是工具车间的技术高手，有一手修磨床的绝活，但酷爱钓鱼，星期天不论刮风下雨，照钓不误，人们称他"钓鱼大王"。王崇伦六次前去家访，许朝清终于被打动，成了王崇伦组织技术协作的骨干和助手。

20世纪60年代初，我国连续三年遭受自然灾害，苏联政府又毁合同，撤专家，并且停止对我国供应大型轧钢机轧辊。鞍钢各轧钢厂面临停产的威胁,在这严峻时刻,王崇伦与孟泰挺身而出,组织了由 500 多名干部、工程技术人员、劳动模范、技协骨干组成的技术协作攻关队伍,历时 18 个月,经过上百次试验,破解了 17 项重大技术难题,终于试制成功大型轧辊。这一重大成果,轰动了全国冶金战线,被誉为鞍钢谱写的"一曲自力更生的凯歌"。

随着技术协作活动的蓬勃发展,到 1962 年年底,鞍钢技协队伍已发展 1.5 万之众。这支由领导干部、工人和工程技术人员"三结合"的队伍,工种齐全,专业配套,凭着这种特有的优势和高度的主人翁责任感,先后为鞍钢解决了 200 多项生产和改造中的难题,推广先进经验 180 多项。还为省内外一大批企业解决了大量技术难题,为鞍钢赢得了殊荣。

16 年后,当我在中央党校与王崇伦谈这一段经历时,他动情地说:当时苏联停供大轧辊,不仅是卡鞍钢的脖子,更是卡中国的脖子,我们能不挺身而出吗?当然,干起来确实太难了,苦、累对我们这些人不算事,就是饿得受不了。当时吃不饱,一般人晚饭后就睡觉,可搞攻关就必须夜战。有一次干到后半夜,大伙饿得挺不住,我母亲拿出两个吃饭时藏起来的野菜干和苞米面混合的窝头让大家吃,大伙谁也不肯吃,反而流泪了。后来,孟泰出主意说,烧点水放点盐把窝头掰碎了放进去做汤喝。我老伴照他的办法做了一大锅"汤",大伙一口气把一锅"汤"喝光了,一直干到早晨三点钟才各自回家。现在条件好了,但这种精神不能丢啊!

回到党校招待所,我一夜未眠。

四

1966 年,鞍钢发展史上的第一个"黄金时代"结束了。"文化大革命"开始了,王崇伦与鞍钢十几万职工一起走进"暴风雨"。王崇伦作为著名劳模和技术革新的领军人物，更成为重点打击的对象。造反派一下子给王崇伦戴上"走资派""假劳模""反动技术权威"等五顶大帽子。他们对王崇伦严刑拷打，逼他承认"反对毛主席""反对'文化大革命'"；要他承认搞技术革新、技术协作是要拉队伍"复辟资本主义""颠覆无产阶级专政"……王崇伦坚决不承认并据理力争，结果遭来一次次毒打。在那段日子里，王崇伦坐在被关押的小黑房子里，心情既沉痛、悲愤又感到困惑，一次又一次地想，这一切到底是为什么？怎么也想不通。搞技术革新和技术协作完全是为了发展生产，加速建设社会主义，怎么成了复辟资本主义呢？工作中有缺点错误，可以批判，怎么能用旧社会日本鬼子、国民党的刑罚来对待广大干部群众呢？想着想着，他的心飞出了小黑屋子，飞向北京，飞进了中南海，第一次见到伟大领袖毛主席的幸福情景浮现在眼前。那是 1954 年全国第一届人大的预备会上，毛主席手里拿着主席团名单，介绍主席团成员，当念到王崇伦的名字时，他忙站起来，一遍又一遍地敬礼，毛主席微笑着点头让他坐下。休会时，毛主席过来同他握手，并向其他中央领导同志介绍：他是鞍钢劳动模范王崇伦，他红着脸回答："我做得很不够，很不够。"他做梦也没想到自己这样一个普通工人做了一点应该做的事情，毛主席都知道了，毛主席真是和我们心连心啊。由于激动，他忘记了来京前群众的嘱托。休息时，他跑到毛主席面前报告说："鞍钢工人向您老人家问好。"毛主席十分高兴地委托他向鞍钢工人阶级问好，并鼓励他回去后要带动大家学技术，搞革新，为国家的工业化建设做更大贡献。想到这里，王崇伦禁不住热泪盈眶。毛主席的话给了他信心和力量，也认清了形势和方向。从此造反派再批斗时，王崇伦"硬"起来了。他们说他是假劳模，他坚决反驳；说他要复辟资本主义，他坚决顶回去；逼他杀老干部的"回马枪"，他坚持实事求是……由于王崇伦"根正苗红"，又是全国著名劳模，名气大，造反派对他只好软硬兼施又打又拉，但他不吃那一套。

　　1971年，王崇伦被放出小黑屋子，让他戴上白袖标下车间打扫铁沫。他发现很多备件和工具被当成废物扔掉，就一件一件地捡起来。有一次，他看见一个徒工操作方法不对，效率很低，急得直打转，他就画个胎具草图，让徒工加工安上，结果工效提高一倍多。这件事被造反派头头发现了，说他"收买人心"，又是一顿批斗。又一次，他在清扫中发现了车间里大的175镗床因为没有A型皮带停了，旁边堆了不少待加工件，工人们很着急，王崇伦更着急，他找组长问有没有别的型号皮带，组长说有B型的，王崇伦帮组长测量B型轮换上，大镗床很快转动起来。工人们非常高兴，可是造反派不高兴了，他们认为扫铁沫活动面大，叫王崇伦回到小刨床干活，以为这样可捆住他的手脚。王崇伦高兴了，对他来说，回到车床就像鱼儿回到河里一样。他就拿出他和时间赛跑的劲头，积极改进工具，开展快速切削，在月月超额完成计划的同时，又"偷"着搞了10多项技术革新。直到1971年年底，王崇伦才获得解放，又被安排到一加工车间任副主任。

　　不久，车间派王崇伦带队参加二初轧厂大修会战。晚上，他把这件事对家里人一讲，遭到一致反对。他母亲说："过去你在家里搞技术协作，一来几十号人，一干就是大半夜，我给你们看自行车，总想让你多干点事，报答共产党和毛主席的大恩情，现在倒成了罪。这回你干活行，别当头了，让我多活几年吧。"他老伴说："这几年，你挨斗，全家遭殃，我成了'工贼'的老婆，我是个印刷工人，他们造谣说我是国民党的'机要员'，会说八国话，我连中国话都说不好，怎么能说八国话，上哪说理去？这回你饶了我吧，说啥也别当头！"全家人的心情王崇伦理解，但任务一定要完成。他又一次拿出珍藏多年的受毛主席、周总理亲切接见的照片，讲中央关于结束钢铁十年徘徊的号召，终于打通了全家人的思想，但是第二天他带队到现场一看，才感到问题严重。由于"四人帮"的破坏，鞍钢设备失修，管理混乱。这个厂更是个"重灾区"，市里在这里搞所谓"政治建厂"试点，把十几年的规章制度一把火烧了。这台全国最大的初轧机150吨重的大机架磨损得不成样子，必须更换。可是这几年既不修理也没订备件，现在订货至少要7个月。王崇伦又气又急，主动找该厂和修建部领导研究，他们提出只有把大机架拆下来运到机修总厂去修，可当时没有这么大的吊车，也没有这么大的平板车，既不能吊也没法运。第二天，王崇伦赶回车间找十几位能工巧匠研究，他提出对磨损的部位就地补焊，把车间的机床拆下来运到现场就地加工的方案，多数人赞成，并补充了一些意见。但厂里一位刚"解放"的老领导说："大机架要求高，拆修难度大，别弄不好把厂里床子弄坏了，那还不说你是破坏呀!"这一讲提醒了王崇伦，他决定不拆生产机床，自己动手做了5套胎具，并把厂里各车间未安装的7台车床运到工地，立即投入抢修。由于现场狭小，他们分上中下三层作业，王崇伦带头登上最高处进行补焊加工。生产吊车紧张，他们就见缝插针;时间紧，他们吃住在现场……经过八昼夜苦战，提前四天完成任务，一次试车成功，为公司多轧了几万吨钢坯。工程完工后，他们把这种检修方案称作"蚂蚁啃骨头""猴子骑大象"，为后来的大型设备检修闯出一条新路。

1975年2月，海城发生了7.3级强烈地震，鞍钢生产受到严重影响。当时一个突出问题是炼铁厂高炉出低温铁（也叫浆糊铁），全厂70多个铁水罐一下子焊住了20多个，造成高炉无法出铁，直接威胁鞍钢生产。这时，王崇伦已经任市总工会副主任。一天夜里，市委一位领导找王崇伦说，市委要研究铁水罐问题，请他参加。他二话没说跑到大白楼，有关同志介绍情况后，市委主要领导问王崇伦有什么好办法，他说："现成的办法没有，但我有决心搞技术协作攻克这个难关。"这时，鞍钢一位造反起家提任了公司领导职务的人说，你这是走老路。

王崇伦说，能解决问题就是好路。市委主要领导当即拍板决定由王崇伦组织技术攻关队，尽快攻克这个难关。王崇伦顶着当时频发的余震，连夜从太平村跑到长甸铺，从地震棚子里把陈树庆、赵玉林、王广发、许朝清等技协老将找到炼铁厂研究办法。在公司领导支持下，他们从各厂矿集中了100多名技术革新能手和技协骨干，人人献计献策，"各显神通"，提出了几十条建议，然后大家按有关资料就地画图，就地下料，就地组装，许多难题迎刃而解。经过四天四夜的苦战，制成了氧气顶吹化铁机，每10分钟就可处理一台铁水罐，很快就把20多台铁水罐全部处理完，攻克了鞍钢生产一大难关，市委领导起名叫"氧气化铁机"。

1976年7月，唐山发生大地震，鞍钢党委派王崇伦带领500名精兵强将冒雨赶赴灾区。在王崇伦的精心指挥下，小分队克服了余震频发，设备不足，生活环境恶劣等种种难以想象的困难，苦战80天，胜利完成了唐钢机电厂等主体工程的抢修任务。时任唐钢党委书记的邓春兰赞誉鞍钢抢修队是一支"打得响，过得硬"的队伍，赞誉王崇伦是"有胆、有识、有招"的高明指挥。

五

1977年9月至1978年5月，王崇伦到中央党校学习。他第一次受到了党的基本理论和马克思主义理论的系统教育。经过基层领导岗位的长期磨炼和"文化大革命"的洗礼，王崇伦思想上政治上更加成熟，为党的事业献身为人民服务的信念更加坚定，他在读书笔记中写道："居庙堂之高则忧其民，处江湖之远则忧其君"，这是封建士大夫的古仁人之心。比我们今天所提倡的"报效祖国，振兴中华"当然逊色得多。然而，更重要的，并不在于怎么说，归根到底要看事怎么做。一个共产党员，一个党的干部有没有一颗对党对人民的赤子之心，这要用他的实际行动来证明，要看他是不是做出了有益于党和人民的事情。

这既是王崇伦在学习和实践中的人生感悟，也是他毕生的追求。

1978 年，百战成将的王崇伦被提任为全国总工会副主席，以后又任常务副主席、党组副书记。地位高了，王崇伦报效祖国，为民造福的理想和情怀却始终如一。

王崇伦继续发扬"走在时间前面"的精神，大力组织和支持各地区、各企业的技术革新和技术协作活动。1984 年，全国职工技术协作委员会成立，王崇伦兼任主任。为了使职工技术协作工作更好地为经济建设服务，他一方面组织有关部门进行研讨，一方面积极深入基层调查研究，提出改革开放新形势下改进和推进技协工作的措施。他曾多次深入沈阳、成都、福州、武汉等城市调查研究。即使在后来身患重病的情况下，仍以超常的毅力深入基层。他在鞍钢住院期间，病情稍有好转，便和鞍钢的领导及有关部门前往福建三明市，推进两地企业的经济技术协作。他还以病弱之躯，历时 41 天，到沈阳、本溪、抚顺、丹东等城市，对工会工作、技协工作调查研究，在省总工会召开的座谈会上他坚持了 8 个多小时，直到病情发作，回到住处后，一头栽倒在地上。在认真调查研究的基础上，王崇伦组织有关部门提出了新形势下改进加强技协工作的新举措，包括大中型企业的技协活动有偿服务，技协活动与学校科研院所联手等措施，为职工技协活动注入了新的活力。

1986 年王崇伦当选为中国发明协会副会长，成了中国技术革新技术协作的领军人物。

王崇伦提任全总副主席后，始终心系群众，关注民生。1980 年 8 月，王崇伦挂职任哈尔滨市委副书记期间，深入到 7 个区、22 个公社，走访了 240 多名干部、工人、劳模的家庭，采取了多种措施，解决了全市豆腐供应难和冬季鱼菜、鸡蛋供不应求的难题。一时间，"豆腐书记"王崇伦在全国传为美谈。邓小平得知此事后，称赞"王崇伦抓豆腐抓得好，我们应该有更多的这样解决市民生计的好干部。"胡耀邦称赞王崇伦："既能抓生产，又能抓生活；既能抓黑的，又能抓白的；既能抓硬的，又能抓软的。"

王崇伦虽然官至全国总工会副主席，但他始终保持着工人阶级的本色和共产党员的高风亮节。他举家迁到北京后，机关事务部门按规定给他家配备了一套沙发，他坚决给退了回去。他爱人关伟荣原是鞍钢报社工人，在鞍钢工作时公司领导考虑到他家上有年迈老母，下有五个孩子，要给关伟荣调动一下工作，王崇伦坚决不同意。到京后，他拒绝为妻子变动工作。在哈尔滨挂职一年中，他不住宾馆住办公室；不用专车骑自行车走访调查；不吃小灶在职工食堂排队买饭……他有着太多太多令人感慨的往事。

由于长期超负荷工作，尤其是"文化大革命"中身心受到摧残，王崇伦早已多病缠身。1985 年 5 月，他患脑血栓住进了医院，但他病情刚一好转，又一头扎到工作中去。他以顽强的毅力和疾病做斗争，一次次从病魔缠绕中挣脱出来，又一次次因病情加重倒下。

2002 年 2 月 1 日，这位"走在时间前面"的旗手终于停下了脚步。

党和国家领导人对祖国母亲的骄子，人民的功臣给予了高度评价。中央政治局全体常委和政治局委员及老一辈领导人以各种形式对王崇伦同志逝世表示哀悼。时任政治局常委的胡锦涛在探望病重的王崇伦时，对医护人员讲："崇伦同志是劳动模范的杰出代表，崇伦同志的革命精神和崇高品德永远值得我们学习。"

啊！王崇伦，你是鞍钢的骄傲，是祖国的骄傲，是工人阶级的骄傲。

（作者曾任鞍钢工会副主席。本文系 2010 年为纪念"鞍钢宪法"诞生 50 周年所作。）

在王崇伦身边工作

陈树安

王崇伦于 1949 年 3 月到鞍钢机修总厂工作，在工具车间当刨床工人。由于他爱党、爱国、爱鞍钢，在工作中认真钻研技术，埋头苦干，在 1953 年成功创造"万能工具胎"，一年完成四年多的工作量，被誉为"走在时间前面的人"。1954 年 11 月 1 日，中央人民政府重工业部发出了《关于学习王崇伦首创精神的通报》。1955 年 2 月 8 日，人民日报发表了《发扬王崇伦工作精神，提前完成国家计划》的社论。王崇伦的精神在鞍钢、在机总受到广大职工的赞扬并普遍开展学习，特别是他钻研技术、追求效率、勇于创新、甘于奉献的精神对广大职工有深远的影响。

在"文化大革命"中王崇伦受到了冲击，但他爱党、爱国、爱鞍钢的思想没有丝毫改变。在结束对他批判不久，安排他到当时的鞍钢机修总厂锻压车间搞排烟除尘措施。这时我有幸和王崇伦一起工作。我当时是一名技术员，给王崇伦当助手，协助他搞环保措施。在工作中我亲眼看到王崇伦踏实的工作作风，实在令人钦佩。为了节约材料，他亲自指挥吊车在废铁堆中翻找可用的材料，不怕脏、不怕累，到了下班时间他仍然继续工作。锻压车间位置在灵山地区，他的家住在市里。职工乘通勤车上下班，等他干完活通勤车早已开走了，他就步行往家走。这种废寝忘食的革命精神深深地感动了我，发自内心对他佩服。

　　王崇伦于 1978 年离开鞍钢，退休前担任全国总工会副主席。他虽然离开鞍钢，但仍然关心着他曾经工作过的鞍钢机修总厂。1984 年，当时的冶金工业部决定，原鞍钢机修总厂和原冶金工业部鞍山市设备制造公司合并组建鞍钢机械制造公司。1994 年 9 月，鞍钢机械制造公司成立 10 周年之际，王崇伦同志抱病专程从北京来到鞍山，坐着轮椅参加纪念活动。当他进入会场时，同志们报以热烈的掌声，对他的光临表示欢迎并致以崇高的敬意。他这样热爱鞍钢，热爱他原工作单位，使在场的同志深受感动。

　　在鞍钢成立 70 周年之际，我们怀念王崇伦同志，永远不会忘记他爱岗敬业、勇于创新、无私奉献的精神。实现中国梦，更需要这种精神。

　　王崇伦同志永远是我们学习的榜样！

　　　　　　　　　　　　　　（作者曾任鞍钢机械制造公司经理。）

我记忆中的雷锋

闫志升

奔赴鞍钢，建设祖国

1958 年 8 月，鞍山钢铁公司派人到湖南招收工人。当时，很多人听说北方天气冷，南方人待不了，"北大荒"，没人烟，生活苦，都不愿报名，而当时在人民公社当通讯员的雷锋却主动报了名。

在鞍钢工作时的雷锋

雷锋为什么会主动报名呢？因为雷锋从小就有当工人的理想和愿望。他曾说在高小毕业典礼上的愿望，就是将来要做个工人，建设祖国。

我记得雷锋曾说："鞍钢到湖南招工不久，我就提出了申请，要到鞍钢参加祖国工业建设。"我问道："东北天气冷，生活不习惯，工厂里的活儿还重，你不怕吗？"他说："不怕！东北不是也有工人在劳动吗？别人能干，我就能干！"

据说当时雷锋向公社领导提出要报名去鞍钢当工人，公社领导舍不得放他走，没同意。他又去找望城县委领导，最后得到县领导的批准。他立刻把填好的工人登记表交给了招工组。

雷锋填完登记表，对招工的同志说："我没有家，以前都住在县委，现在你们也收我啦，我是不是可以搬到这里来和你们一起住，好帮助你们做点工作。"

雷锋路熟，语言通，工作热情又高，协助招工的同志说服了很多人到鞍钢来。

当革命的螺丝钉

1958 年，雷锋到鞍钢分配到化工总厂工作，领导考虑到他在家乡开过拖拉机，就分配他到洗煤车间学开推土机，让我带着他。当时的雷锋有点想不通。他报到时，找到车间主任于明谦坦率地说："我是一心一意为祖国炼钢来的，为啥偏偏让我开推土机。"于主任拍着他的肩膀说："小伙子，你刚来，还不了解炼钢生产的复杂过程，炼钢光靠几座平炉不行，还需要矿石、铁水、焦炭、煤气……缺少哪一样都不行。开推土机本身就是为了炼钢，如果没有推土机，每天就不可能把大量的煤送到炼焦车间炼成焦炭，没有焦炭炼铁厂的高炉就炼不出铁。鞍钢这么大的企业，就像一台大机器，每个工厂、每个车间、每个工种，就是这台机器上大大小小的零件和螺丝钉，它们谁也离不开谁，缺少了谁机器也开动不起来啊！"

于主任的一席话，使雷锋茅塞顿开，他想，是啊！无论什么岗位都需要有人干哪，挑三拣四怎么能干好社会主义？

雷锋在日记中写道："我就甘当螺丝钉了，党把我拧在哪里，我就坚守在哪里！"甘当革命的螺丝钉——这是雷锋精神的重要组成部分。

能吃苦，肯奉献，爱动脑

雷锋在车间里工作时，正赶上吊车机械室减速机漏油，油漏到底部，既污染环境又是安全隐患，工人要经常清理，费时、费力。雷锋看到这种情况，说："能不能想一个办法，解决这个问题。"雷锋和工友一起做了一个铁盘，里面放上煤，油流到铁盘中，再定期把煤回配到煤堆里，这种方法一直用了十多年，直到更换了新型减速机。

工作之余雷锋喜欢写日记，"对待同志要像春天般的温暖，对待工作要像夏天一样的火热，对待个人主义要像秋风扫落叶一样，对待敌人要像严冬一样残酷无情。"这四句话就是雷锋在北配煤煤场大吊车下西侧轨道旁边，中午休息时写下的。

雷锋在家乡农场开拖拉机，每月的工资是 32 元。而鞍钢学徒开推土机，每月只有 22 元。有的工友说他吃亏了。可他却说："我到鞍钢来不是为钱来的，是为了鞍钢能出更多的钢铁。

当时，配煤车间有两种型号推土机，"斯大林 80 号"是重型推土机，震动大，操作难；"德特 54 号"推土机比较小，开起来也省力，可是雷锋非要开大车，说开大车能多干活。

雷锋个子矮，坐着开看不着铲子，站着开又直不起腰，他就猫着腰开，一天到晚，工作非常辛苦，可是他从来不误班，干活比谁都多。

干一行，爱一行，钻一行

雷锋每天都早早上班，先把我要用的各种工具准备齐全。接过班，我一伸手，工具马上递到手里。师傅开推土机作业时，他坐在我旁边，聚精会神地注意师傅的一举一动。如何发动机器，如何调整机械，如何排除故障，如何连接主动机，他看在眼里，记在心上。只几天工夫，就会自己开动机器了。实际操作的时候，雷锋边干边问，边做边学，先问我该怎么做，干完了再问我哪些地方做得不对。一次，他正操作时，发现推土机的速度降低了。我告诉他需要把离合器调整一下，他按照我的指导做了，可是不一会儿速度又变得快起来。我当面调整了一次给他看，他牢记我所指出的操作要点，以后速度一直调整得很好。雷锋就像是不知道什么叫疲劳，站了一天本来就够累了，可是一歇下来，他就请我或者别的师傅把离合器打开给他看，并把道理讲给他听。有时，他又掏出说明书，逐字逐句地研读。只用一个月的时间，雷锋就能单独驾驶作业了。

雷锋深知，当一名推土机手，光会开车不行，不但要有过硬的操作技术，还要清楚推土机的构造原理，学会维修和保养。

我们每天下班比包修组早一个小时。一下班，雷锋就跑到包修组去，看卸下来的零件，默记它们的形状、位置、作用。

每当检修推土机时，他都不放过这个难得的机会。即便是夜班或休息日，他也必定到场，帮检修师傅传递工具，有时还帮助拆卸、安装和修理。在此期间，他不断地向师傅提出这样那样的问题。除经常向师傅请教外，他还在夜里打着手电筒学习推土机的构造原理。

凭着这样一种钉子精神，一股钻劲儿，雷锋很快熟悉了推土机的构造及各种部件的性能，并基本掌握了推土机的拆卸和安装技术。每逢机器出故障时，他总是主动请求："让我试试看吧"。

1959 年 3 月 28 日，雷锋入厂不到四个半月，就提前完成了原来签订一年的"师徒合同"，获得了"冶金工业部鞍山钢铁公司安全操作允证"。

勤俭节约，艰苦奋斗

雷锋在工作中发现，每天用于保养推土机的破布，消耗量很大。而这么多的破布仅用一两次就被扔掉了，很是可惜的。他把用过的破布收起来，还经常回收别人用过后扔掉的破布，然后用柴油洗干净，继续使用。随着时间一天天过去，他回收的破布也越来越多了。他想，这么多的破布用柴油洗，虽然节约了破布，却又造成了柴油的浪费。因此，他就利用休息时间从东山坡挖来黄土，在废铁桶内和成泥水，把满是油渍的破布放在桶里，浸泡两天，然后再用清水洗干净。雷锋把洗净的破布发给师傅们使用，自己从来不领新的。

1958 年，全国开展轰轰烈烈的增产节约运动。洗煤车间建立了一个节约仓库，并设有节约登记簿，要求每个人都要把节约和回收的物品记在登记簿上，并根据每个人登记的物品数量来评选先进。雷锋回收的螺丝钉、垫圈、机器上的各种零件、有色金属等物品的数量是最多的，但是在登记簿上却找不到雷锋的名字。有时人们问他：你回收的东西最多，送到节约仓库为什么不登记？他说："节约是党的要求，勤俭节约是我们每个人应尽的责任。我不是为了当先进才这样做的。"

雷锋是一个闲不住的人。每当空闲时，他就在 5000 多平方米的大煤场里捡混在煤中的各种杂物。还帮助其他岗位上的员工放煤、撮煤、打冻块煤。

雷锋在开推土机时，全国各地很多青年到鞍钢学习技术。车间要他带 3 名外地学员。4 个月后，3 名学员学会了开推土机，毕业了。工厂按规定发给他 36 元"师傅钱"。他诚恳地对领导说："我今天的技术是党培养的，没花钱。我教给其他同志不也是应该的吗！这个钱我不能要。"

1959 年 8 月，鞍钢决定在弓长岭山区新建一座焦化厂，要调一些人去那里参加基本建设。动员时领导讲了，那里是大山沟，白手起家条件差，去了是要吃苦的。雷锋又是第一个报了名。他说："苦点怕什么，不经历风雨长不成大树，不经百炼难以成钢，革命需要我炸碉堡，我就去做董存瑞；革命需要我堵枪眼，我就去做黄继光！"就这样，雷锋离开了化工总厂，他在这里工作的时间只有 10 个月，我们师徒也就这样分开了。

（作者为鞍钢化工总厂离休干部。）

雷锋在弓长岭焦化厂

孟祥玉

1959 年年初鞍钢决定在弓长岭建立一座钢厂，同时决定先期在弓长岭建立一座年产 30 万吨焦炭的焦化厂。1959 年 8 月 20 日，从鞍钢化工总厂抽调来 50 多名技术骨干和优秀青年工人，支援弓长岭焦化厂建设。雷锋随队来到了弓长岭。1960 年 1 月 8 日雷锋应征入伍离开了弓长岭。虽然他在弓长岭工作、学习、生活只有短短的 142 天，但是他的事迹却一直在弓长岭广为传颂，产生了广泛而又深刻的影响。

雷锋在他的日记中曾经写道："对待同志要像春天般的温暖，对待工作要像夏天一样火热。"雷锋在弓长岭短短 142 天的全部表现，就是这两句话完美而又真实的体现。本文仅选录几个片段来诠释雷锋"于细微中展现出高尚情操，于平凡中凸显出崇高境界"。

一、用饱满的热情影响带动周围同志

雷锋他们 50 多名青年工人来到弓长岭焦化厂后，住的是当地村民动迁后遗留下来的土坯房，破烂不堪，四面透风，连女同志睡的都是大土炕，食堂是临时搭的大席棚，吃水要到二里多远的姑嫂城去挑。在这种极为艰苦的环境下，不少人顿时情绪低落下来，工作起来也没有了劲头，有人开始打退堂鼓了，并且向厂领导提出调回鞍山的申请。

而雷锋一下车就跑到前来欢迎的秧歌队里扭起了大秧歌，还踩起

了高跷。当天晚上他就找到厂领导，介绍了自己的身世和苦难的童年，并且表示："听毛主席的话，听党的话，党叫干啥就干啥。"工地食堂离厂办公室很近，雷锋到食堂吃饭的时候常常到办公室向厂领导汇报这些青年工人的思想状况，并且请求领导多给他安排任务。他主动承担起协助厂领导做好那些情绪低落青工思想工作的任务。

由于焦化厂地处偏僻，条件差，没有任何娱乐场所可去，职工业余生活十分枯燥。雷锋就组织鞍山来的这些青工上山游玩、采山果、抓野兔、捉迷藏、做游戏，以丰富大家的业余生活。有一位湖南来的老乡总想家，雷锋就给她唱湖南花鼓，陪她跳舞，逗她开心，还借给她《钢铁是怎样炼成的》一书，与她交换心得体会，鼓励她鼓起勇气战胜困难。雷锋还充分发挥自己能歌善舞的特长，走到哪里就把歌声和欢笑带到哪里，用革命歌曲振奋大家的精神。

为什么一些鞍山来的青工会发生悲观消沉、萎靡不振的思想情绪，而雷锋却与之相反积极乐观、奋发向上呢？厂领导经过分析得出结论：就是因为雷锋在旧社会吃了不少苦，是共产党救了他，所以他才会热爱党，热爱新社会，从而对工作充满激情。于是厂领导决定在全厂召开忆苦思甜大会，请雷锋作忆苦思甜报告。雷锋欣然地接受了这个任务，并且做了认真准备。雷锋在报告中对旧社会的血泪控诉和对新中国的无比热爱深深地感染了每一个人。厂总支李书记在雷锋讲述完毕之后说："雷锋同志在旧社会所受的苦，实际上是我们整个阶级、整个民族的苦，我们不能忘记过去，忘记过去就意味着背叛！"紧接着李书记又说道："今天我们面临着许多困难，这就要求我们全体职工下定决心，不怕牺牲，排除万难，去争取胜利。"最后，李书记高声问道："工友同志们，我们工人阶级怕不怕困难？""不怕！""我们有没有信心把焦化厂早日建设投产？""有！"

从这次忆苦思甜大会之后，再也没有人叫苦叫累闹情绪了，要求调回鞍山的同志主动向领导要回了申请，全厂职工群情振奋，团结一致，共同投入热火朝天的建厂劳动之中。

二、街头救助男孩

据吴文厚老人回忆：1959年初冬的一个星期天，他到安平供销社给母亲买针线，离老远就看到供销社门口围了一大群人，他赶紧跑过去挤到里面，看到一个10岁左右的小男孩光着屁股趴在地上哭。再一看小男孩的屁股他不由得倒吸一口凉气，只见在小男孩的肛门周围沾满了粪便，从肛门里翻出一段一寸多长紫红色的直肠。他不由得惊叫道："这是脱肛呀！如果不及时救治，大肠头淤血坏死就危险了。"

正当围观的人们一筹莫展的时候，一个小伙子从吴文厚的身后挤到前面，几步跨到小男孩的跟前，蹲了下来，摘下帽子垫在小男孩的头部，又脱下外衣盖在小男孩的身上。小男孩见有人过来哭得更凶了。

吴文厚仔细一看认出来了，这个小伙子就是前些日子到他们学校作报告的雷锋同志。雷锋和蔼地对小男孩说："小弟弟，不要哭，哥哥帮你揉进去，一会就不疼了。"只见雷锋把小男孩肛门周围的粪便用手纸擦干净之后，把两手搓热，然后用双手轻轻握住脱出来的那一段直肠慢慢地向肛门里面揉。

过了一会儿，听不到小男孩的哭声了。这时候吴文厚看到从小男孩的直肠里溢出一股黄绿色的粪水，粪水顺着雷锋的手指缝流到手背上，散发出令人恶心的臭味，把不少离小男孩好几米远围观的群众给熏跑了。而雷锋却不为所动，一边揉送直肠，一边对小男孩说："小弟弟，你这叫作脱肛，如果不及时揉回去，就会发炎溃烂。"

雷锋终于一点点地把小男孩的直肠揉了回去，吴文厚把准备好的手纸递给雷锋，雷锋把沾在手背上的和小男孩屁股上的粪水擦干净之后，帮小男孩提上裤子，笑着对小男孩说："小弟弟，你现在还不能走路。来，哥哥背你回家！"吴文厚望着雷锋渐去渐远的背影感到越来越高大。

三、雨夜抢救水泥

1959年11月5日的晚上，虽然已经是深夜11点多钟了，雷锋还在车间的工人休息室里孜孜不倦地读书学习。这时，外面乌云翻滚，电闪雷鸣，突然下起雨来了。值班的陈调度惊叫："哎呀！不好！今天白天刚刚进来的7200袋水泥还散放在建筑焦炉的工地上呢，这让大雨一浇不就全完了吗，这深更半夜的上哪去找人啊！再说，我也不能离岗呀！"就在陈调度手足无措，一筹莫展的时候，雷锋跑了过来说："陈调度，你不要着急，我马上去喊人，抢救水泥！"说完，雷锋就冲进雨中，跑回宿舍又找盖水泥的东西，又喊人。他见盖水泥的东西不多，就把自己的被子也抱来了，盖在水泥上。雷锋与发动来的20多个小伙子，找来了雨布、芦席，抬的抬，盖的盖。经过一番紧张地奋战，终于把7200袋水泥全部盖好，避免了国家财产受到重大损失。不久后，矿山的《弓长岭报》和辽宁省的《共青团员报》分别报道了雷锋雨夜抢救水泥的事迹，赞扬雷锋以厂为家、舍己为公的精神。

雷锋在焦化厂配煤工段工作期间，焦化厂开展了劳动竞赛活动。劳动竞赛规定：工段每周评一次生产标兵、红旗手、节约能手。雷锋在这里经历了18个完整的工作周。他18次被评为生产标兵，5次被评为红旗手，也就是说，雷锋周周被评为生产标兵，另外还有5周同时获得生产标兵和红旗手两个荣誉称号！

劳动竞赛还规定："每月有4次被评为生产标兵，则被工厂评为本月的先进生产者。"雷锋在9月至12月四个月中，三次被评为先进生产者，一次被评为党的优秀宣传员；并于12月7日，作为矿山"先进生产者"，出席了弓长岭矿召开的先进生产者、红旗手及工段长以上干部大会，还被选为大会主席团成员。同年，雷锋还荣获了辽阳市"除四害讲卫生先进工作者"奖章，并出席了鞍山市青年社会主义建设积极分子大会。

（作者曾任鞍钢弓长岭露天矿党委副书记。）

郭明义故事

吴　峥

把幸福给你

每个人对幸福的定义都不同，郭明义对幸福的理解就是奉献，他说，每做一件好事，都有一股幸福感涌上心头。

郭明义是鞍钢集团矿业公司齐大山铁矿的一名职工，一个有着 38年党龄的老党员，是大家公认的"当代雷锋"。说起来，郭明义和雷锋还真有很多相似之处。

工作中的郭明义

他和雷锋一样是鞍钢职工，都是汽车兵，都是在部队就做好事，而且一直做了 40 年。更为神奇的是，他和雷锋都是被同一个人送到了部队，这个人就是极富传奇色彩的老红军——余新元。

这么多年，大家终于知道了，郭明义做好事第一不是作秀，第二不挑对象，只要知道有人遇到困难，他都毫不犹豫地伸手相帮。在单位，他帮助工友，有时早上穿着新的劳动服、劳保鞋上班，回来就成了破的、旧的，因为他把自己的换给了工友。在社会上，他帮助那些素不相识的人，而且有什么捐什么。自行车送出过 3 辆，都是因为贫困孩子上学急需；电视机送出过 3 台，1 台是给了厂里需要看新闻的班组，1 台给了一个齐矿的老工友，还有 1 台是给了一个想看电视的农村孩子，连着电视柜一起拉走。职工反映食堂午餐质量有问题，他拿起饭盒就去找矿领导沟通，直到职工满意为止；职工上班途中通勤车常出险情，他马上向领导汇报，最终改善了工友的乘车条件。

有一年冬天的一天，郭明义搭辆皮卡车，正走在路上，朦胧中发现一个人拄着拐，在别人搀扶下艰难地行走。他立即叫司机停下车，经过了解，知道这是一位来自河南的农民工，打工负伤后矿老板一推了之。郭明义让他上车，直接带他到矿老板的办公室。"你是干啥的，你管得着吗？"矿老板对他不屑一顾。郭明义也不含糊："你别问我是干啥的，他给你干活，负伤了，你就得负责任。"矿老板一次次推，他就不厌其烦地找。后来，矿老板通过其他途径了解到：他是郭明义，曾把偷矿山柴油的贼拦在路上，两个坏人驾车要跑，他往路中间一站，"来，你从我身上轧过去。"偷油贼连油带车扔下就跑了。矿老板知道拧不过他，乖乖地支付给民工 6000 多元医疗、误工、护理费。

一年正月初五，郭明义的家响起了敲门声，他打开门一看，是个陌生人。见门开了，这个人惴惴不安地问：这是郭明义的家吗？得到肯定的答复后，还没说一句话，就哭了起来。原来，他是个农民，靠收废品为生，妻子得了脑瘤，北京医院的大夫告诉他，如果不手术只能活 3 个月，手术费 30 万元，这对他来说是难以承受的天文数字。走投无路之中，别人指点他说，你找郭明义帮帮忙。听了他的话，郭明义当即把身上仅有的 300 元钱交给他，告诉他，你安心过年，我马上帮你想办法。

郭明义帮助他多方募集捐款，联系医院，很快把他的妻子送进了医院，顺利完成了手术，重获新生。

郭明义帮助人可不只是捐点钱物而已，而是献出了自己的全部。他 1990 年开始献血，从每年献两次全血，到几乎每个月一次捐献血小板，雷打不动，献了足有 6 万多毫升。2002 年，他第一批加入鞍山市捐献造血干细胞志愿者行列。在他看来，这是不伤自己，又能救人的好事，怎么能不坚持呢。20 多年下来，鞍山市中心血站的每一个医护人员都知道他的血型。

除了定期捐献全血和血小板，他还是无偿献血志愿者应急服务大队的成员。所谓应急，就是如遇危情，随叫随到。

一次，正在整修采场公路的郭明义忽然接到市中心血站的紧急电话，一位患了严重溶血症的孕妇生命垂危，急需 O 型血小板。那天，他从早晨五点一直工作到中午，接到电话后，他连饭也没有顾得上吃一口，就急匆匆地赶到血站。成人一次一般捐献一个单位的血小板，但他这次破了例，要求大夫抽两个单位的，他考虑还有孩子呢，宁可浪费了，也要保他们母子平安，最终让母子俩平安得救。

这次献血因为要救人，他很奢侈地打了一回车。因为他早已参加捐资助学，作为工薪阶层，收入有限，可是为了帮助上不起学的孩子，他只好委屈自己，有时午饭都舍不得吃，就为了多攒点钱，再帮一个孩子。

这不，最近他又攒了 200 元钱，正打算到小雯家里去看看。小雯是他资助了 6 年多的困难学生。孩子很不幸，出生刚 3 个月，父母就离异，并且各自离家出走，从此再也没有回来看过她，一直和爷爷奶奶生活。小雯三年级的时候，家里的顶梁柱爷爷病故了，奶奶只有几百元的退休金，生活一下子陷入绝境，连买书买本的钱都拿不出来了，奶奶绝望地起了轻声的念头。就在这时，郭明义从市希望办知道了祖孙二人的情况，他马上赶到她们家里，眼含热泪地说，你放心，这个孩子我一定帮到底。

他说到做到，寒暑假送去学费，年节时到家里送去吃的、用的。让小雯打消了初中毕业就去打工挣钱的念头，安心刻苦学习，终于考上了大学。

小雯的奶奶逢人就讲："我们可是遇到了贵人。当时，我猜想给我孙女捐钱这人，不得是个老板啊，至少也得挺富裕的。可第一次见到郭明义，一身劳动服，穿着个大头鞋，裤子后面还有个补丁，我这眼泪一下就下来了。省吃俭用地给我们捐钱，这得多大爱心啊。"

像小雯这样的孩子，郭明义捐助了300多个，个个让他牵肠挂肚。他从鞍山电视台的节目里知道了一个叫凡凡的小女孩。她的母亲瘫痪在床，11岁的凡凡担起了做饭、洗澡、伺候大小便的重任，独立撑起了一贫如洗的家。这是一个无法自我照顾的家庭，脱困只能依靠外力，他自己经常去帮助照顾，还发动志愿者去帮忙，给了这个不幸的家庭生活的希望。重庆有一个6岁的小男孩，爸爸瘫痪在床，母亲离家出走，他帮助孩子就读的学校建起了寄宿楼，让他可以带着爸爸一起上学。甘肃舟曲遭遇泥石流，一名大学生父母双亡，生活没有着落，他马上给她捐了学费，让她能安心读书。

为了帮助这些孩子，他捐出了自己工作以来几乎一半的收入，有人不理解，问他为什么这么做，他回答说："其实，我真没做啥，我就是尽了自己的本分。就像父母抚养子女、儿女孝敬老人一样，没有那么多复杂的动机，就是天经地义的事。"

工友老张就是一个不理解他的人。老张技术没的说，就是有时候干活不够细心。因为在一次修路作业时，老张怕麻烦，不想返工，而郭明义坚持按标准要求重干，两人曾发生过争执。后来，老张家里遭了火灾，郭明义给他捐款捐物，还帮着他修缮房屋，把老张感动得够呛。一天两人在老张家里收拾，他问郭明义，你为啥帮这些孩子？郭明义没有说话，而是从兜里掏出一封信来，交给他。

老张疑惑地打开一看，只见信中写着：郭大伯您就像一颗闪亮的星星，是您一直鼓励我知难而进，我要好好学习，将来当个工程师，做雷锋那样的好人。结尾处还写着一句，我可以叫你一声爸爸吗？老张的眼睛一下子模糊了，他哽咽着说："明义，明天你帮忙联系一下，我也捐几个孩子。"

"老张，我代替这些孩子谢谢你。说实话，面对这么多需要帮助的人，我一个人还真是有些力不从心。现在好多工友都追着我，要和我一起做好事，我准备发起成立爱心团队，组织大家都来做好事，已经和领导说了，他们很支持。"说到这，郭明义眼里现出了坚毅的目光。

2009年7月9日，下设希望工程爱心联队、无偿献血应急志愿者服务大队、造血干细胞捐献志愿者大队、慈善义工大队、遗体（器官）捐献志愿者俱乐部、红十字志愿者急救队、红十字志愿者服务队和应急捐款志愿者大队的郭明义爱心团队在鞍钢正式成立，5800多名鞍钢职工首批加入。

这一天，他写下了这样一首诗：我常常问自己，我究竟能给你什么？我的朋友，虽不知道答案，但我深深的知道，我确实能给你，那属于我的生命，我的爱。

"大傻"和"大侠"

晨光初露，镇上一片安宁，几名清洁工正在不紧不慢地扫着地，街上几乎没什么人，西北角的一栋楼房里走出了一个戴着安全帽，穿着工作服的人，只见他将手里拎着的几个颜色不同的垃圾袋，一一投进了楼门前的垃圾箱里，便径直向2公里以外的采场走去。

三楼阳台上，今天上白班的修路作业区老李目睹了这一切，他喃喃地道，这傻子，又帮人倒垃圾，语气里含着赞许的味道。自打10年前搬到这，老李经常看到他这样做。

这儿是鞍钢矿山职工的一片家属区，住着几百名矿工，许多人的家里几代人都在矿上工作，那个帮邻居倒垃圾的人就是其中的一个，他叫郭明义，是个从部队汽车兵专业的退伍军人，工龄20多年的"老矿山"。

"傻子大哥，今天要几个馅饼？"一阵略带调侃的女声让郭明义停下了急匆匆的脚步。抬头一看，只见艳丽馅饼铺的女老板笑着和他打招呼。因为每天走得早，这家馅饼铺他经常光顾，买两个馅饼就当早饭了，和老板很熟悉。听了她的话，他憨厚地回了一笑，说："来30个酸菜馅的，昨晚有抢修的活，大家伙儿肯定累坏了，得犒劳犒劳他们。"

他说的大家伙儿是修路作业区的工友。他是矿里的采场公路管理员，专门给采场里那种载重100多吨的生产汽车修路。这个活说好干也好干，只要在办公室里打几个电话，安排安排就行，一周到采场去个两三趟就行。可他却从到这个岗位起，就每天都到采场去，而且每天都提前两个小时就上班。有人不解地问，你不迟到就行呗，干嘛这么早去上班。他告诉人家，修路的活特殊，早到可以先组织夜班的工友先修点，我也能提前做好修路计划，等白班的职工来了，直接就能干活，省得耽误生产。这话不管谁听了，是不是都觉得透着"傻气"。没有人让他这么做，他却自己给自己加担子。有的工友背后叫他郭傻子，他听说了只是嘿嘿一笑，既不否认，也不生气。久而久之，整个家属区都知道他的这个外号了。

他以前学过点英语，是因为喜欢，学得断断续续。后来矿里搞改造，装配进口的大型生产设备，需要英语翻译，领导找到他说，明义啊，你懂英语，也熟悉汽车，来扩建办当个翻译吧。周围人说，他这个傻里傻气的土包子还能当上洋专家的翻译？他却不信邪，报名参加了英语强化班，还拉上女儿和他一起学，爷俩儿互相考单词，直接用英语对话，把家里变成了"英语角"。一年后，他在考试中脱颖而出，真的当上了英语翻译。

当时，为了照顾来工作的外方专家，扩建办给他们配了专车，可是司机都不会说英语，郭明义既会开车又懂英语，成了司机的不二人选。有时候，周末休息外方专家用个车，经常都会给小费，可每次他都婉拒，只说这是应该的。

按说当翻译就好好翻译得了，可他却总是帮帮这儿、忙忙那儿，在工作中发现 5 台车存在质量问题，他拍照取证，帮助矿里据理力争，最终赢得了外方公司 10 万美金的赔偿。

其实他并不是真的傻。别人之所以叫他傻子，是因为他做的事在常人看来实在是傻得很。

矿上的工人都骑车上下班，他却把自己的自行车捐给了山里的一个孩子，每天步行几公里上下班。妻子心疼他，又给他买了一台，可没过多久，他又捐了出去。

家里的电视，他也先后捐了 3 台给困难家庭，最后闹的自己的女儿都没有电视看，连街坊邻居都觉得他做得过分，哪有紧着别人不顾自己的人？可他却总说，你不知道，我到了那些困难户家里，实在是不落忍，不为他们做点什么，心里不安啊！

按照他的资历和条件，本来可以换一个大点的房子，上了高中的女儿也能不睡在门厅里。可他却说，女儿眼瞅着上大学就要走了，老张家的孩子多，分房名额得让给他家。老伴知道他的心思，她也知道矿里好多职工还没有分到房子，以前让过两回都没说什么，可这次让她有些生气，几天没和他说话。他又是给写诗，又是抢着干家务，最后老伴憋不住了说，瞅瞅你，那衣服咋洗成那样……话还没说完，呵呵笑了起来。

说起郭明义现在的家，和他双职工的家庭实在不相配。建筑面积40平方米，使用面积28平方米，屋里还是水泥地、木质门窗，除了一台不大的电冰箱，再没什么值钱的东西了。可就这，他还觉得自己很幸福。为什么呢？他说自己不愁吃、不愁穿，身体健康，家庭和睦，和那些困难家庭相比，自己有的实在很多。他可不只是说说而已，在他的眼里总能看到那些受苦落难的人，总会想方设法去帮助那些需要帮助的人。

帮助别人的"傻事"他做了一件又一件，可让工友们尤为感动的，是他热心帮助两名孩子患血液病的工友的事儿。

那是2006年，夜班电铲司机老张的女儿患了白血病，郭明义知道后，下了班就到医院去，他把身上仅有的一百元钱给了老张，告诉他："你一定要挺住，我给你想办法。"异常坚定的语气，让近乎绝望的老张心里透进了亮光。但他还不免疑惑：郭明义也是普通工人，他能有多大力量为我解决这么大的事呢？没想到几天后，郭明义给他送来了一个信封，里面装着三万元钱——这是他在采场募捐的成果。

让老张吃惊的事还在后面。郭明义起草了倡议书，开始一个班组一个班组、一个科室一个科室地跑，动员大家参加造血干细胞的捐献活动。一首《爱的奉献》，他用颤抖的声音唱遍了齐矿70多个班组。

参加干细胞配型的人越多，孩子得救的希望就越大，郭明义心里憋着一股劲。在鞍钢，一个车间200人，一间工人浴室就可以容纳近百人。郭明义下班后就到浴室给工友们义务搓澡，搓一个，就宣传一个。

人家不热情，他将心比心："要咱家孩子遇到这事儿，你说愁不愁，伤不伤心？"

人家有顾虑，他就拍拍自己："我献血20多年了，干细胞早就采集过了，身体不还是'刚刚地'？"

更让老张和工友们意想不到是，他联系了市红十字会和慈善总会，走进了电台直播间，呼吁更多的人参与进来。广播里难以抑制的数次哽咽，听者无不动容。

前后三次、规模六百多人的捐献活动终于促成。就像一个奇迹，孩子终于与一名志愿者配型成功。

"郭大哥干事就是有这股韧劲，他哪是什么大傻，分明是个大侠。"不知不觉间，大家对他的称呼，改变了。

除 雪

2007年正月十五，在这个阖家团聚的日子，地处东北的鞍山，中午刚过，鹅毛大雪忽然从天而降，伴着嚎叫的北风发了疯似地倾泻下来。

第二天凌晨2点，雪终于停了，风还在呼呼地刮着，路上都是趴了窝的各种车辆。这时，齐矿家属区里的郭明义家却突然亮起了灯，只见他悄悄地穿上衣服，望了眼熟睡的妻子，打开家门走了出去。

一出楼门口，他傻了眼，雪太大了，堆了有将近1米高。他心下暗自着急，从小到大也没见过这么大的雪，怎么往采场去啊！可采场公路的雪不除，生产怎么恢复，说什么也得尽早赶去组织除雪，争取明天抢一抢，损失兴许还能少点。想到这，他猛吸一口气，深一脚浅一脚，艰难地向采场方向走去。

郭明义作为采场公路管理员，负责采场公路的建设、维护。自打干了这个活，他就天天往采场跑。修路计划虽然下了，但施工过程中总有这样那样的情况，待在现场能迅速解决问题，还能给修路作业区的职工鼓鼓劲，在他看来是一举两得的好办法。可在别人看来，他这样就是傻，本来在办公室就能完成的工作，非得让自己挨苦受累，图什么呀。可他认准了的事，谁也劝不了。这不，看到天降大雪，他马上就往采场赶。

说是走其实和爬差不多，幸亏这条路他已经走了20多年，熟悉得很，但是路都被雪盖住了，他不得不小心翼翼地往前走，免得陷到坑里。以往只要20多分钟的路，他走了3个多小时，才进到采场。

这时的采场没了往日的喧嚣，静悄悄的被一片雪白严严实实地包裹着，几乎看不到其他颜色。他连滚带爬地来到采场边上的修路作业区休息室，一把就推开了房门，刚才还"嗡嗡嗡"的声音仿佛被施了魔法，一下子就停了下来。"正好都在，咱们马上去除雪。"没有人回答，他定睛一看，屋里的人正张大了嘴巴吃惊地望着他。他一笑说道"咋地，看见怪物了。"听他开口说话，大家这才回过神来。推土机司机单师傅开口说道："这么大的雪，大家都回屋子里了，正研究等天亮一点怎么去除雪呢，谁承想这个时候会有人来。路这么难走，你可咋来的？看这一身的又是雪、又是冰的。"说着走上前去帮他拍打。郭明义拉住他拍打的手说："先别忙着清理我，你赶紧去发动推土机，咱们一起去除雪。"说完就给大家派起活儿来。没有人不乐意，大家都领了任务走出门去。

说起郭明义，修路作业区的职工没有一个不佩服的。他对工作认真负责，能力还强，谁遇到困难还主动热心地帮忙，作业区的一个30多人的班组，就有23个人得到过他的直接帮助。不说他每天都在现场工作，和兄弟们整天摸爬滚打在一起，就说他学习借鉴国际矿山公路管理最新理念，对齐矿采场公路管理的技术工艺进行了大胆创新，制订了技术标准和工作制度这个事，大家没有一个不佩服的，那可是填补鞍钢采场公路建设多项技术空白的大业绩。而且，他主持修建的 10 多公里长的星级公路，每年节能降耗都能创效 3000 多万元。

这个成绩在办公室里"坐"不出来，事实上，他的办公室只用来保存文件和资料，而每天的工作都是一场长途跋涉，就连周六、周日的休息时间，他也一样到现场工作。

露天采场条件艰苦，冬天温度要比外面低 5℃ 左右，夏天要比外面高 10℃。驾驶"电动轮"、电铲的司机师傅都坐在驾驶室里，冬有暖风，夏有空调。只有走在采场公路上的郭明义却头顶烈日，毫无遮蔽。相比起一线工人，更容易冻伤和中暑的却是这位技术管理员。

盛夏时节，采场里的地面温度超过 50℃。推土机司机单师傅，就看过郭明义在现场三次中暑，最严重的一次，工友们紧急动用了采场洒水车，给晕倒在地的他持续洒水降温，才把他弄醒。

2005 年 2 月，号称"亚洲第一移"的齐矿破碎站下移工程遭遇了东北最寒冷的日子。破碎站是一座高 20 米、宽 15 米、重 900 吨的钢铁建筑物，需要通过采场公路整体下移到下一个平台，一旦出现侧翻，后果不堪设想，容不得半点疏忽大意。

实现平稳下移的关键是道路，需要修得又宽又平又缓。施工到了最关键的阶段，患了重感冒的郭明义从凌晨 5 点到夜里 2 点，一直在现场监督指挥。采场寒风透骨，同事们屡屡劝他回家休息，他坚决不肯。路修好时，他浑身颤抖，站都站不住，是两名同事搀扶着将他送回了家。这样不顾自己的事，他做了可不止这一件。

2006 年 7 月的一天晚上，突然天降暴雨，一条白天刚刚修好的坡路在暴雨的冲刷下出现了险情。下半夜 1 点多，正在值夜班的司机高师傅接到调度打来的电话，立即赶到现场，等待从家赶来的郭明义。望着边上的一处山坡他心想，以往遇到急活，郭明义就会翻山坡抄近路过来，今天雨这么大，这个山坡没法翻，老郭可别冒险啊！

正想着，忽然看见一个熟悉的身影从这条落差90多米、倾角近45度的近路手脚并用的向下冲了过来，一下子心像被某种东西狠狠地撞了一下似的，看着郭明义浑身是泥，雨顺着头发往嘴里淌，鞋都甩飞了的样子，他的眼泪一下子就涌了出来。

郭明义对企业的感情，可不只自己超常工作这么简单。有一年采场扩建道路，时间紧任务重，为了给大家鼓劲，他在现场跟着大伙一起干，还自己掏钱请加班的职工吃饭。当时他的妻子正在外地学习进修，兜里没钱，他就跟饭馆打了2000多元的欠条，等妻子回来后才结账。工友们知道后，纷纷去问他，他却像个没事人似地说："我带着你们干活，当然得我请客，你们放心，矿里给报销。"结果，这事他压根就没跟领导提。无论谁遇到困难，他都主动帮忙。这样的人咋能不让工人们信服。矿里组建"郭明义敬业奉献团队"时，采场一百多名一线员工，齐刷刷地报了名。今天也是一样，他说马上除雪，谁都没有二话。

从早上5点开始，郭明义一直站在现场指挥除雪，一直干到晚上6点，那些下夜班的工友也没有一个回家的，都和他一样干了一整天，直到采场主干线公路全部贯通后才下山。

回到办公室，疲累的郭明义才发现，鞋有些沉，他试着脱了一下子没有脱下来，脚和鞋的缝隙中填满了冰雪，被冻在了一起，双脚又凉又木。就在这时，门卫张师傅低着头端着一盆雪走了进来，说："明义啊，知道你干了一整天，我来帮你搓搓，省的冻伤了你的脚。"说完，帮他脱下了鞋袜，双手抓起一把雪，用力地搓了起来，眼里含着的泪花悄然落了下来。

（作者系鞍山钢铁集团公司郭明义爱心工作室主任。）

李 超 故 事

吴　峥

为"中国梦"奋力而行

一个人能够成为什么样的人，取决于他心中的信念。

28 年前，一名新入厂的小工人，在陌生的冷轧设备前，立志"做一名高水平技术工人"，开始了他的人生追求；28 年后，他走上国家科学技术进步奖的领奖台，成为拥有 5 项国家发明专利的"当代发明家"、全国"时代楷模"、全国劳动模范、全国优秀共产党员。

全国科技进步个人二等奖获得者李超

坚定信念　立志成为高水平技术工人

李超成长于普通工人家庭，是千千万万鞍钢子弟中的一员。

初中毕业，李超未能考上重点高中。在人生的第一次挫折面前，他没有自暴自弃，而是怀着对鞍钢的深厚感情，考取了鞍钢技校钳工专业，孜孜不倦追寻着自己的人生价值。当19岁的李超走进冷轧厂的厂房时，庞大而繁复的轧钢设备虽与外太空毫不搭界，却也勾起他探秘的欲望。

当时，厂里的二手洋设备，时常会闹"病"，有的慢慢解决了，有的成了疑难杂症。李超就想"什么时候我能把这些疑难杂症都解决就好了"。

有梦想，更要为实现梦想而奋斗。李超憋上一股劲儿，苦练技能。没有固定师傅，他就把班里的"活长"们都当作师傅，跟每个人学绝活。只有技校学历，他就利用工余时间补习高中课程，自学冶金机械专业成人大学本科。一次，在"新增翻钢机运输链"工程中，李超运用所学知识，把"活长"们都看不懂的十几张盖板图样画在一张总装配图上，获得了大家的肯定，班长当即授权他当现场"总指挥"，带领大家将十几块盖板全部严丝合缝地安装到了设备上。事后，李超更加坚信：一个人是不是被人尊重，能不能实现人生价值，关键在于自己能不能为企业、为社会作出贡献。

入厂两年，李超就成为8个钳工班中最年轻的副班长。之后，他向着"高水平技术工人"的目标执著前行，先后成为鞍钢青工技能大赛技术状元、厂级专家、鞍钢技术专家、鞍山钢铁特级技师。李超从工厂里不起眼的小工人，成长为善于解决现场难题的"技术专家"。其间，他经历无数坎坷、无数艰辛，却从未动摇。因为，在他的心中始终有一个信念，那就是成为高水平的技术工人，报效企业、报效国家。

勇于担当　敢向洋设备"动刀"

20 世纪 90 年代，鞍钢技术改造如火如荼，冷轧厂由原来的一线变十线，产品由普通的冷轧板变为高附加值的汽车板、家电板。李超的成长之路也伴随着冷轧厂的每一次跨越。

冷轧二号线建成投产第一年，设备故障频发。李超带着团队夜以继日地解决了一系列设备缺陷，最终使这条鞍钢的"希望之线"顺利过渡到稳定生产阶段。冷轧四号线建成后，李超又带领团队高效地解决了一系列制约生产和产品质量的问题，使四号线成为冷轧厂的"创效之线"。市场上需求酸洗板成品，李超和大家用了两个月的时间，将一台全新的涂油机安装到机组上，为企业开拓出一个新品种。

从"解放牌"汽车诞生就开始生产汽车用钢的鞍钢人一直有个"心结"，那就是不能生产轿车面板！这个"心结"也一直装在李超的心中。2004 年，鞍钢引进国外先进设备，自主集成冷轧二号生产线，成功生产出 O5 板，但成材率不高。最大的问题是钢板表面乳液残留。已经晋升为设备副作业长的李超，决心挑战这个难题。

当时用的乳液吹扫设备和技术都是国外的。有人替李超捏了一把汗："国外的技术已经很成熟了，我们现在改，要动设备、换思路，能改好吗？""无论多难，都要啃下这个硬骨头！"李超下定决心。冷轧工艺技术过去一直掌握在外国企业手中，国内的数十条冷轧生产线要么整线引自国外，要么关键单体设备引自国外。李超打工作起，面对的多是国外设备。抱着"总要有人站出来"的想法，李超屡屡对洋设备动刀，先后攻克技术难题 230 多次，共为企业创造经济效益 1.3 亿元以上。

经过两年的潜心攻关，李超成功破解乳液残留问题，使得钢板表面质量从 O3 级提高到 O5 级。这一技术成果被推广到鞍钢几条冷轧生产线上，累计为企业创效近 5000 万元。一位中国工程院院士感慨地说：

"这项技术是国内外首创，由工人发明，难能可贵！"

书写忠诚　企业和国家利益高于一切

在李超心中，企业利益高于一切。他用智慧和勇气一次次捍卫企业利益、国家荣誉。

2004年，新日铁设计的一套洋设备——雾滴分离器出了问题，不断有雪花状的碱雾从30多米的烟囱中飘出来。李超马上找日方交涉。日方调试了多次也不见任何效果，最后，只好同意赔偿鞍钢损失。日方"缴械"了，可李超不想放弃："这样放着它会影响环境，得治理。"他组建一个攻关小组，对分离器进行改进，烟囱再也不飘"雪花"了。

还是这一年，建设冷轧二号线清洗机组时，李超是工程组设备负责人。在安装工艺段电解槽时，李超无意中听一位点检员说，两槽连接处的密封垫是拼接的。这些垫片看着不起眼，但如果密封不好，会导致槽体中的碱液外漏，后果非常严重。当时，槽体上面的设备快安装完了，施工单位不愿为小小的垫片返工。李超急了："我们要对企业负责！"当工人分离了槽体，大家都倒吸了一口凉气，几段密封垫中间果然有几毫米的间隙。

2006年，鞍钢建设冷轧四号线时，李超作为谈判小组成员赴日本参与设计审查，主谈清洗机组部分。李超把二号线清洗机组暴露出的设计问题和修改方案详细列出来，有60多处，一条一条地谈。双方争执的焦点集中在清洗机组刷辊传动轴直径要不要加大上。李超坚持要增加2毫米，日方则拒不接受。双方激烈争论了两个多小时，僵持不下。李超"将"了对方一军，他站起身来，一字一句地说："如果不修改设计，就将此项写入纪要中，以后这个部位出了问题，你们要负全责！"最终，日方答应了修改设计，并敬佩地与李超握手言和。

勇攀职业生涯高峰

李超给人的第一印象没有什么特别之处，算得上是"不起眼"。然而，在职业生涯中，他从钳工岗位干起，一步步成长为点检员、点检长、设备副作业长、作业长，并在技术晋升的通道上，从技术能手成长为厂级首席技术专家、鞍山钢铁特级技师、"当代发明家"，享受副厂级待遇，达到一线工人职业生涯的高峰。

依靠学习　走向未来

初入厂时，李超是一名维修钳工。班长是全车间技术数一数二的大师傅，李超暗地里希望能给班长当徒弟。可让李超想不通的是，班长没给他派师傅，还说，你是技校毕业的，自己跟着老师傅学吧。后来，有一个到大连培训的机会。李超的同学都被派去了，唯独没有李超。李超找班长争取，可班长眉毛一竖：为什么就非得派你去？

极度失落的情绪裹挟着李超，他每天被分派给不同的活长去干活。活长就是那些入厂年头多、技术水平高、平时领几个人去干活的大师傅。李超所在的钳工二班有六七个活长。渐渐地，李超发现每个活长都有自己的绝活。他一下子想通了，班长这是让我跟所有活长学本事呀。打那以后，李超把活长们都当成师傅，向每个活长虚心学习技术。跟着活长们干活，李超深刻认识到，干工作光有真诚愿望不够，还要有做好工作的本领。"本领恐慌"点燃了李超学技术、练本领的热情，只有技校学历的他走进了业余高中。从此，20多个酷暑寒冬，李超没有停止过学习文化、钻研技术的脚步。从1989年开始，李超利用业余时间，完成了从高中到原鞍钢工学院本科的全部学业。业余时间，李超都用在了学习上，每天下班后就急急忙忙赶往学校，每天的生活轨迹就是工厂—学校—家，三点一线，周而复始，这一学就是8年。本科毕业后，李超仍然勤学不辍，干什么学习什么，缺什么补什么。

李超还善于抓住各种学习机遇。每次检修作业，他都把学到和看到的检修办法、处理手段记在本子上，每次处理完一个疑难问题，他都把心得记录下来。理论与实践的交相"淬火"，将李超锻造成一块"好钢"。入厂 10 年，他成为最年轻的厂级专家；入厂 12 年，成为鞍钢级技术专家；入厂 25 年，成为"当代发明家"。

把工作做到极致

当一个螺栓松了时，该怎么办？

放任它松着，当然不行。把它紧上，这是有责任心的普通职工都会干的。

李超怎么干？他会首先把它紧上，其次想它为什么松，最后找出办法让它不松或少松。

这才是优秀职工的工作标准。

多年来，李超一直保持着"不仅把松了的螺栓紧上，还要让它不松或少松"的职业精神，精益求精，追求卓越，把工作做到极致。1999 年，鞍钢引进德国技术改造冷轧一号线，由于改造是因地制宜在原有基础上实施的，酸洗区域与轧机区域的带钢不在一条线上运行。调试时，带钢经常在转向塔处发生故障，每天至少两次。这一问题在国内外从未有过，连德国专家也没办法解决。放任它？不！时任机组机械点检长的李超，才不能容忍问题搁置呢。他每天蹲在设备旁，研究带钢运行状态，拼了半个月，终于查出病根儿，彻底解决了这个难题。德国专家都伸出大拇指说："真了不起！"

把工作做到极致，意味着，无论是多年遗留的老大难问题，还是外国专家也头痛的难题，都要想法解决；也意味着，不只是简单地完成工作，更要高标准高质量地完成。2004 年，建设冷轧二号线清洗机组时，李超担任工程组设备负责人。该项工艺技术引自新日铁，按理说，李超的大部分工作只要配合外方就可以了。但是，李超觉得，清洗机组在鞍钢是新事物，没有人懂，要真正掌握这项工艺技术，生产后不再受制于人，必须从设计之初就"深度介入"。为此，他每天工作到很晚，做了大量细致的准备工作。与外方技术谈判时，李超常常就一个小问题与外方展开激烈讨论，在每一个设计细节，都力争让设计满足生产要求。设备制造时，他时常跑到设备制造厂家，一丝不苟检查实物质量。设备开始安装，日方派来两名技术专家。虽然有日方专家在场，李超却不辞辛苦地每天跟在现场。针对安装中遇到的诸多问题，他结合企业实际，及时提出变更设计、现场优化。有时他直接将优化方案写在纸上，画在图上，交给翻译去沟通。几次下来，日方发现他的方案总是"修改合理"，便完全按李超的方案施工。日方专家都说："真没想到，在这儿我们倒变得清闲了。"

在李超看来，无论做钳工，还是做工程负责人，都要尽自己最大努力，把工作做到最好、最优，这是职业操守，更是肩负着让中国企业、中国制造走向世界的中国技术工人必备的素质。

扎根一线　无怨无悔

李超的工作，常常没白天没黑夜。这一点，李超的妻子刘莉深有感触。当年，两人刚认识时，李超就经常玩"人间蒸发"。起初，刘莉以为是小伙子不中意自己，深入接触后，她才发现，是这个小伙子太有上进心了。

定终身时，李超说出的不是什么浪漫的誓言，却是这样一句话："咱们干设备的，工作忙起来没个点儿，你得有心理准备……"

婚后的生活，果然应验了李超的话。

1998年5月，李超刚休了一半婚假，就被车间主任叫了回去，抢修设备，一连干了好几天。当时，冷轧生产线是早年引自奥地利的二手生产线，"年老多病"，其中活套段差不多两天一起事故，每次要处理6—8小时，大家都苦不堪言。就在那次抢修后，李超下定决心，改造活套设备。这一想法得到车间技术专家和厂领导的支持。那段时间，白天，李超在现场测绘、记数据；晚上回家吃过饭，就伏在案头，查资料，画草图。制作一张图需要几十甚至上百个数据。那时候没有电脑，没有 CAD 软件，李超就一条线一条线地画，一个尺寸一个尺寸地标注。刘莉总是在一旁陪着，帮他校验数据，一直忙到后半夜。半个月后，李超完成了包括装配图、部件图、零件图共三十多张设计图。冷轧厂特意召开专家论证会，完善方案，厂领导当场拍板，决定年修期间进行改造。那次改造非常成功，次年，活套段全年设备事故只有半个小时，原来制约生产的大难题，成为带动生产的助推剂，全年冷轧厂不仅用一条线完成两条线的产量，还远远超产，干出了 100 万吨的产量！

从那以后，李超晚上把工作带回家，两口子一起忙，就成了夫妻间的惯例。儿子出生后，刘莉毅然放弃了自己的工作，成为李超的坚强后盾。

28 年来，李超在工作上倾注了大量心血。

每一次设备改造或是遇到难题，都是李超最忙碌的时候。人们常常一连多日，甚至几个月，看到李超爬进又热又脏的设备架间，检查设备，或是蹲在运行的设备旁，观察带钢。经常，吃饭的时间，大家找不到李超，到现场一看，他还在架间。从钳工到作业长，随着职位的变化，李超的工作越来越忙，留给自己和家人的时间越来越少。用妻子刘莉的话说，就是当点检员时 5 点半下班，当点检长 6 点半下班，当副作业长时 7 点半下班，当作业长就没有点儿了。

人生要有追求，职业要有规划。但很多人一谈到职业规划，就是当官，李超不然。他说，他的舞台在一线，就愿意在基层技术岗位踏踏实实走下去。多年的工作实践也印证了他的这句话：扎根一线，辛苦付出，无怨无悔。用忠诚的职业态度、精湛的职业技能书写辉煌的职业生涯，李超向世人展示了新时代产业工人爱岗敬业、甘于奉献的崭新形象。

驰骋在创新王国

攻克技术难题 230 多次；

获得各级技术创新奖 59 项；

拥有国家专利 5 项、专有技术 4 项；

获得国际发明展览会金奖 1 项；

……

写下这样骄人纪录的不是哪个科学家，而是一名产业工人。李超用 28 年的奋斗之路告诉人们："创新不只是科学家的事，一线工人也可以在创新的王国里纵情驰骋。"

生产一线是最好的创新舞台

翻开李超的创新档案，每项成果都紧紧围绕生产实际问题。可以说，生产一线是李超施展才能的最佳舞台。从小，李超就表现出较强的创新能力。进入鞍钢，各式各样的冶金设备，让李超的创新灵感有了更大的发挥空间。冷轧二号线刚投产时，设备故障较多，尤其是生产线的尾部。厂里把李超调到该线设备作业区担任尾部机组副作业长，降低设备故障率成为李超的攻关课题。

调去的第一天，李超就带着点检人员一头扎到现场，逐一了解设备存在的问题。"蹲"了一整天后，他把问题按轻重缓急列出来，领着攻关团队一项一项去解决。当时，最让人头疼的是圆盘剪，运行时状态极不稳定，频繁出现传动轴轴承研损、剪床和剪刃定尺不准等问题，每次都要停机 24 小时才能处理好。经过研究发现，原因在于圆盘剪加工精度不够。如果重新做个新的，制作周期长，影响生产，李超就琢磨着用其他方法来补救。他换了一个思路，将传动装置的刚性联轴器改为摩擦联轴器。改进后，圆盘剪再也没有出现长时间设备事故。随后，李超又开展了一系列的设备改进，使二号线的设备故障率明显降低，大大促进了生产。当年，他的这项"二号线设备完善性改造"获得鞍钢合理化建议和技术改进一等奖。

类似的创新攻关，填满了李超的职业生涯。那些经常出现故障的地方，产品没有达到用户要求，与国内外同行对标出来的差距等，都是李超创新攻关的对象。李超说："生产一线给了我最好的创新机会。"

"创新，人人可为"

在多年的创新实践中，李超有敢为天下先的闯劲，有百折不回的韧劲，有不达目的誓不罢休的牛劲，在他那里，对设备的创新改进"只有没改完的，没有改不成的。"

工友说，李超是"创新达人"；李超却说，创新人人可为、处处可为。

冷轧二号线清洗机组是鞍钢第一条、国内第二条高密度电流清洗线，由日本新日铁公司设计建造。热负荷试车时，输送碱液的循环泵频发故障，全线24台泵平均运转周期仅一个月，几乎一天就要修理一台。对此，所有点检员都快崩溃了，无论是白天还是黑夜，他们接到现场打来的电话第一个想到的就是进厂修泵。日方专家也一筹莫展。就这样将近一年，备件费用高达60万元，甚至超过机组循环泵的整备费用。李超决心结束这种跟在故障后面跑的状态。于是，他带领攻关组分析备件损坏的原因，到其他生产线对标。他还提醒大家，影响备件使用寿命的原因除了备件质量、维护保养等因素外，还有设备使用的工况条件。按照这个思路，攻关组找到了"罪魁祸首"——碱液中的铁粉，正是铁粉加速了部件磨损。于是，他们把循环泵自冷却改为外接冷却水冷却，改进后，循环泵的使用寿命达到了8个月，不可思议地超过设计寿命。李超觉得，任何工作都是继承和创新的过程，解决好每一个现实问题都是创新。多年来，李超把创新作为干好工作的前提和基础，坚持用创新的思维思考问题，用创新的成果解决问题。让创新成为一种习惯，成为工作的常态。

冷轧四号线连退机组是较为先进的一套设备，功能齐全、自动化程度高、性能稳定。但是，事物总有两面性。这套机组线长、设备多，查找故障困难，要求设备性能高。机组出入口的废料收集设备就常常"出状况"，造成皮带保护板损坏，严重时需要更换皮带，一次最快更换也要48小时。大家想出个办法，每周停机4小时紧固皮带上的螺栓，设备"出状况"的次数有所减少。但李超觉得还不够。经过研究，他提出方向性的改进方案，增加带尾转向装置，将剪下的带头带尾在下降过程中进行转向处理，使其不再对废料皮带产生大的损害。改进后，处理皮带时间大幅减少，减轻了点检人员的工作强度。这项技术获得了国家实用新型专利。

在李超看来，生产一线处处有可创新的地方。他经常鼓励身边的工友："大家天天跟设备打交道，如果多观察、勤思考、经常问，就会形成很多解决难题、改良设备的办法，一线工人完全可以在创新中唱主角。"

努力擦亮"中国制造"

创新是一个民族进步的灵魂，是国家兴旺发达的不竭动力。

技术工人的水平往往决定了企业的制造水平、国家的制造水平。李超用自己的创新实践，改进设备精度、完善设备功能，提升了产品质量和档次，为"中国制造"贡献着一名产业工人的智慧和力量。冷轧产品表面锈蚀，曾经极大地困扰着鞍钢人。经过多年努力，鞍钢生产的冷轧板在强度、韧性等方面已经做得很好，但在表面质量上照比国外先进企业的产品一直有差距，主要原因就是生产过程中各种润滑液在钢板表面的残留。在冷轧二号线时，李超针对轧制时的乳液残留，创造出乳液吹扫技术，并因此荣获国家科学技术进步二等奖。他不仅将这项技术推广到其他生产线，还将解题思路拓展到所有液体残留上。冷轧四号线存在平整液残留问题，对产品质量影响很大，攻关组想尽办法，甚至请来国内的乳液—空气吹扫专家，也没有从根本上解决这个难题。李超知道后，带领攻关组仔细观察设备、分析缺陷，提出解决方案。"大家一直用常规的处理方法治理残留，这次要结合机组特点，采取逆向思维，减少喷嘴，重新布局。"按照李超的方案，立竿见影地解决了这个老大难问题。如今，在鞍钢，冷轧板表面锈蚀的难题已经不再是个问题。

在创新实践中，李超不迷信书本，不盲从权威，不人云亦云，时刻保持着科学严谨的态度和个人的独立思考与判断。他根据设备实际情况，在冷轧四号线连退机组卷取机下方增加一套下压辊装置，有效解决了成品卷外圈擦伤问题，提高了产品质量；他改变冷轧四号线轧机卷取机助卷器结构，解决了设计单位也无法破解的皮带跑偏问题；他提出用胶套代替尼龙附加扇形板，巧妙地解决了冷轧四号线轧机卷取机卷筒扩径时钢卷打滑问题；无论走到哪里，李超总能从习以为常的事物中发现创新点，也总能以独特的思路和方法创造性地解决各种难题。

为者常成，行者常至。李超代表着中国新一代技术工人，他们扎根一线，勤于创新，为"中国制造"叫响全世界贡献着自己的力量。

（作者系鞍山钢铁集团公司郭明义爱心工作室主任。）

岁月留痕

我到鞍钢认识的第一个人

公 木

鞍山！那虽然才不过短短三年，

我呼吸在你那笼罩着红云的大气里，

我随同歌声的人群上班下班，

而在我底记忆里却熔上了永不褪色的印痕。

鞍山！鞍山底同志们，我底亲人！

我同你们相离越远，想念越深。

我底双手由于和你们紧紧相握过而感到有力，

我底心由于常常存念着你们而感到喜悦和温暖。

寄鞍山 1955 年 10 月

如今，我翻读谷正荣同志厚厚的一摞手稿《钢都颂》。我没有感觉到是在读诗，近年来已经习惯了，凡读新诗，便意味着破隐猜谜，越是佳作，越难破难猜，"解不下"才算好诗。而《钢都颂》却像一封久别老友的来信，长长的信，我兴奋地飞阅，明朗流畅，从中看到了那么多熟悉又陌生，新鲜而亲切的面孔、事物、生活、场景，以及欢乐和悲伤；悲伤和欢乐。今年是鞍钢开工生产四十周年，又是建国四十周年。往事历历，血汗斑斑，连同那"史无前例"时的黑云压顶，都一齐绘影绘声，虽曰点滴，于斯可见，而且都是切身感受，一位公司副经理、党委书记的切身感受啊！这怎么能用一般新诗的标准来加以衡量呢？诗固然应该研究比兴，但究竟还是以赋为主；诗固然无需再提为政治服务，但淡化生活淡化现实终无足取。这是我在翻读《钢都颂》时所偶尔想到的。而更主要的还不是这些，更主要的是它又把我引回到三十七八年以前去了。

谷正荣 2001 年摄于家中

我读着，又仿佛回到了 1951 年，那时我刚刚年逾不惑，"像一个第一次走进校门的刚满学龄的儿童，像一个驰赴婚宴的年轻的新郎"，怀揣着东北局组织部的介绍信到鞍钢去报到上班。第一个接待我的便是谷正荣同志，他当时任人事处处长，我的任务则是筹办教育处，这个教育处正好是以人事处的教育科做基础，加以充实扩大而成立。在起初几个月里，还是"合署办公"，人事、工资、教育，这三个处，招工调干，考工定级，培养训练，流水作业，业务上紧密联系。于是我便和人事处处长谷正荣，工资处处长国向冰，很快地建立起亲密友谊，被工作的纽带连结得紧紧的。谷正荣同志正当三十三四岁吧，先我三年到达鞍钢，解放战火硝烟未熄便踏着炮声进入鞍山。他身材高高的，却不粗壮，微驼，戴一副黑框深度近视眼镜，谈话声音洪亮，很有气势："我们鞍钢，一出钢材，二出人才!"这话虽然只是转述党中央毛主席的指示，却给我打下极深的烙印，特别是当我们说："我们的培训计划是面向全国的，整个钢铁战线，要向我们割韭菜。"据说"割韭菜"是刘少奇同志说的。而这些也便是我被调来鞍钢进行工作的指针。这些话从谷正荣同志口中讲出，对我说来，无异为一个鼓舞奋进的口号。在当年我就感到，正荣同志很富激情，有诗人气质。可是，在那年月，哪里有"闲暇"写诗呢? 不过，以诗为生命者未必有诗，以生命为诗者将自成。如今，这一摞厚厚的诗稿，不就是铁证吗? 它真使我惊喜，却又有几分恰在意中：老谷果然是诗家啊! 是的，诚如所云："时代充满诗，诗要写时代。"这些诗篇的特异和可贵之处，尤在于它们是在经理和书记的岗位上写的。在诗人眼里，自然是："铁山诗潮吼，钢厂诗涛涌；铁水汇诗海，钢花绣诗宫"。读着《钢都颂》，当年盈耳的歌声，不禁又在心头高奏；"鞍山钢材走四方，我们滴汗也清凉!"

我在鞍钢工作不满四年，便被调转离开了。谷正荣同志则一直留在钢都，如同一个战士坚守在岗位上。分别整整三十又五年之后，如今更使我真切地看到，我们的这位经理和书记，作为一个诗人又是多么豪情满怀啊! 听他在怎样歌唱：

> 对月举杯，
>
> 人生几回?
>
> 高举杯呀，

月游杯内；

杯高举呀，

星影齐飞。

但饮无妨，

战士不醉。

——饮酒辞

是啊！战士不醉。如今我们都已超越了"从心所欲不踰矩"的年限，时逢盛世，改革大潮迎面扑来，整个世界和整个时代，都有待重新再认识，我们又一齐来到一个起点上，哪里容得昏醉呢？让我们千里婵娟，同天共勉吧！

1989 年 3 月于长春

（本文作者公木，原名张松如，著名诗人、学者、教育家，《中国人民解放军进行曲》歌词作者。曾任鞍钢教育处第一任处长。本文系作者为谷正荣诗集《鞍钢颂》写的序言。）

逐梦者的足迹

钟翔飞

夜幕临近，月起黄昏，鞍山城郊的旷野上，一支足有 200 人的队伍，拉着长长的队形，在东北民主联军派出的小部队的护卫下，缓慢地行进在没膝深的雪地中。茫茫的雪野上，留下了一串串凌乱的脚印。

鞍山解放的第二天，即 1948 年 2 月 20 日早上约 8 点钟，为了躲避国民党军可能发动的空袭，东北民主联军的攻城部队，迅速将国民党资源委员会委派鞍钢的中高级技职人员及日本留用人员，从厂区内外归拢起来，集结到鞍钢的大白楼前，派出小部兵力护送出城。

鞍钢六大员在德国留影。李松堂（一排左一）、邵象华（一排左四），
杨树棠（二排左三）、王之玺（二排左四）、靳树梁（二排左八）、毛鹤年（后排左五）

在郊外，这支队伍昼伏夜行，已经转悠了 5 天，先后到过烟狼寨、黄家屯等村落。傍晚前，正在马家屯歇脚的这支队伍，由一路护送的部队组织清点人数，进行逐个登记。农舍门外，依次等候登记的人们，一个个身上裹着厚厚的棉大衣。农舍里面，炕桌子上的一盏马灯，映照着几位军人的脸庞。人们先后走进屋子，分别报上姓名、年龄和职务。

"靳树梁、邵象华、杨树棠、李松堂、王之玺、毛鹤年"，当这 6 个人的名字赫然出现在登记的名单上时，令负责点名的一位干部感到非常意外，惊喜地叫了一声："啊！6 个协理都在啊！"

靳树梁、邵象华、杨树棠、李松堂、王之玺和毛鹤年，都是原国民党南京政府资源委员会派入鞍钢的接收大员，为资源委员会历任掌门人翁文灏、钱昌照、孙越崎所器重的冶金专家。资源委员会的后任委员长孙越崎（建国后曾任全国政协常委）与靳树梁、杨树棠、王之玺又都毕业于天津北洋大学采矿冶金工程系，为同系不同届的校友。

河北徐水县西黑山村，是鞍山钢铁有限公司第一协理靳树梁的出生地。1899 年 4 月 1 日，他出生在一个收入微薄的乡村塾师家庭。9 岁时，靳树梁随在河南当县官的堂兄，前往开封读书。仅用 3 年半的时间，聪颖又勤奋的靳树梁就读完高小和中学，13 岁考入河北公立工业专科学校应用化学科，后考入天津北洋大学采矿冶金工程系。

1916 年，孙越崎从复旦公学毕业后，进入天津北洋大学，先在文科预备科学习，后在父亲的劝说下考进矿冶系。1919 年爆发"五四"运动时，孙越崎是北洋大学学生会的会长。比孙越崎高出两届的靳树梁，在 1919 年的夏天以优异成绩毕业，前往汉口湛家矶六河沟煤矿公司扬子铁厂任助理工程师，又一度被派往汉阳铁厂做实习技术员。3 个月后，六河沟铁厂的 100 立方米高炉竣工，他返回铁厂参加高炉开炉准备，并逐步成为炼铁操作与控制的能手，深得铁厂总工程师陈廷纪的信赖。然而，由于军阀混战，购买和运输焦炭困难，投产后的高炉时开时停，被迫于 1924 年易主，靳树梁自动辞职。1926 年 10 月，北伐军占领武汉三镇。为了谋生，他曾经在武汉革命政府武昌地方法院做了一年书记官。

靳树梁与杨树棠、王之玺，不仅是天津北洋大学的校友，还是河北的同乡。

杨树棠是河北宣化县大辛庄村人，1907 年 10 月 10 日生。他的祖上从山东济南迁移宣化，靠给总督衙门和商号等处挑水为生，后总督离职时将一部分土地卖给了杨家，从此靠种地，日子越来越好，盖起里外两处大院，还买了牲口。父亲是一位乡村医生，但父母很早就去世，他和两个妹妹都是由长兄、长嫂抚养长大。刚上学时，杨树棠就对一种红褐色的石头产生了兴趣。那个时候，村里许多人家都用从烟筒山和小溪里拣来的一种红褐色石头，经过蘸水研磨做成染料，涂抹在羊身上做记号。有的涂上红脑门，有的染出红尾巴，还有的在脊背画上红道道，免得羊多了分不清楚哪是自己家的，哪是别人家的。很久以来，当地人除了知道用这种石头做染料，再也不知道还有什么别的用途。原来这种石头就是铁矿石，是被一个叫安特生的瑞典人后来发现的。

"为什么家门口的铁矿，中国人找不到，却偏偏叫一个外国人找到了呢？"就是从那个时候起，他立下了人生的志向。杨树棠从宣化城里的直隶省第十六中学（今宣化一中）毕业后，继续求学，学费没着落；放弃学业，又极不情愿。就在左右为难的时候，听说县教育局对考入国立天津北洋大学的人，每年可提供一百元助学金的消息，让他绝路逢生，并以扎实的功底考入了该校的采矿冶金工程系。当时，天津北洋大学只有 200 余名学生，杨树棠所在的采矿冶金系一个班只有 11 名学生。尽管学生很少，功课却非常繁重，考核也十分严格。教员全部用外语讲课，外语不好，就有留级或淘汰的危险。在校期间，杨树棠一连几个寒假都没有回家，几乎整天泡在图书馆里看书。1934年，杨树棠大学毕业，获得学士学位。

王之玺是河北唐县人，1906年12月8日生。出身于书香门第的王之玺自幼聪颖，1920年以优异成绩毕业于县立第一小学；1924年从保定第六中学毕业后，随即考入天津北洋大学预科。结束预科学习，在选修专业时，他们中有10名同学一起选择了最冷门的采矿冶金工程系，全班加上3名留级生共13人。1929年暑假，王之玺和同学们随地质教授冯景兰到龙烟铁矿考察。在冯教授的熏陶下，王之玺对发展中国钢铁工业产生了更加浓厚的兴趣。

1931年，王之玺从北洋大学毕业，获学士学位。当年7月，他由学校介绍到东北矿务局的复州湾煤矿。两个月后，发生了"九一八"事变，日本关东军随后霸占了煤矿，王之玺借口回家探亲，于年底前回到河北故乡。1932年年初，经同班同学刘刚（时为铁厂工程师、解放初曾任华中钢铁公司总工程师）介绍，王之玺来到汉口谌家矶六河沟煤矿公司扬子铁厂，实现了从事钢铁工业的夙愿，半年多后被提升为工程师。当时，六河沟铁厂很不景气，国内生铁滞销，而急需的钢材又全靠进口。这种现状，深深地刺痛了王之玺和刘刚，因此萌发了赴国外学习先进炼钢技术以振兴国家之念。1934年5月，刘刚先行赴英国留学，入谢菲尔德大学冶金系进修。8月份，王之玺也前往英国，进入谢菲尔德大学钢铁冶金系学习，主修钢铁专业及有关课程，一年后开始从事"钢表面硬化"的研究。假期中，为提高自己的钢铁冶金理论基础和钢铁生产技术经验，他先后到维克斯特钢厂和匹赤头皂普钢厂实习炼钢和钢材加工技术。1936年秋，王之玺学成回国，随即应邀出任上海新和兴钢铁公司（上钢三厂前身）的副厂长。

李松堂与王之玺、杨树棠年龄相仿，出生于1908年7月30日，是江苏睢宁县高作镇官汪村人。8岁时，李松堂随父在家读私塾两年，后在睢宁县城国民小学、高作镇代用小学和江苏省省立徐州第七师范学校附属小学读书。小学毕业后，考入江苏省省立南京工业专门学校附设高中部，又转入广州国立中山大学工业专门部预科读书，后在南京国立中央大学预科补习。1928年考入上海国立同济大学工学院机电系学习，学习德语两年、大学课程五年，获特许工程师学位。后来，李松堂说："在我年轻的时候，不能安于国家落后民族危亡的处境，抱着工业救国的理想，考入了上海同济大学工科，希望施展报国之志。"

大学毕业后的李松堂，1935年夏在南京金陵兵工厂机关枪厂车工部任技术员，1936年8月在资委会筹建的中央钢铁厂（后称湘潭钢铁厂）任实习员，又先后在汉口湛家矶扬子铁厂实习炼铁生产，上海浦东周家渡新合兴钢厂（后称上钢三厂）实习炼钢、轧钢生产。从李松堂的这段经历来看，他与靳树梁和王之玺，先后在汉口湛家矶六河沟煤矿公司扬子铁厂留下过足迹；他在上海浦东周家渡新合兴钢厂实习炼钢、轧钢生产时，与正在这个厂任副厂长的王之玺相识。

国民党资源委员会派入鞍钢的6位接收大员中，年龄最大的是靳树梁，年长毛鹤年12岁，年长邵象华14岁。1911年9月23日出生于北平的毛鹤年，祖籍浙江余姚，1933年毕业于北平大学工学院电机系，后留校任电机实验课助教；1934年8月赴美国留学；1936年获普渡大学工程硕士学位。

少年才子邵象华是浙江杭州市人，1913年2月22日出生。家教甚严的父亲，是一位中学教师，曾经为商务印书馆编辑过英文词典。得益于家庭的熏陶与父亲的指导，邵象华的英文功底极好，小时候就能够背诵莎士比亚戏剧等英文名著。少年时代，正是国难频频的时期，帝国主义列强凭着坚船利炮打开了中国的大门，不仅给他留下了深深地烙印，也令他坚定了工业救国的志向。"中国要强大，必须有钢铁。"

怀着"钢铁救国"的强烈愿望，邵象华发奋读书，多次跳级。当时，江南地区没有正规的冶金院校，他只好报考了当地甲种工业学校预科（后改为浙江大学工学院）。1932 年，19 岁的邵象华大学毕业，在上海交通大学担任助教。1934 年，听说南京政府招考公费英国留学生，邵象华决意去南京应试。当时，规定的录取人数只有 20 名，而参加考试的就有 100 多人，他以为自己被录取的可能性很小，考试过后就相约两个朋友去北方旅游。从北方回来，他们又到南方旅游。旅途中，邵象华从报纸公布的赴英国留学的录取名单中发现，自己的名字就在其中。

抱着坚定的初衷，邵象华前往英国，进入伦敦帝国理工学院，主修冶金。在英国这所著名的大学，他获得了一级荣誉冶金学士和冶金硕士学位，并获马瑟科学奖金。1937 年，24 岁的邵象华学成后，正在准备回国之际，又迎来了一个深造的机会，学院的导师力邀他留下来考取博士学位。

1936 年秋，靳树梁经严恩棫（毕业于日本东京帝国大学矿冶工程系、时为钢铁界技术权威）推荐，调入南京国民政府资源委员会，参与创办中央钢铁厂。

资源委员会改隶军事委员会不久，决定利用中德易货协定的外资，在湖南湘潭创办中央钢铁厂。汉冶萍钢铁公司炼铁部主任严恩棫被邀出任资源委员会钢铁组组长，为项目筹备的技术总负责人。靳树梁作为严恩棫的助手参与项目筹备，出任资源委员会钢铁组副组长。1936 年的年底，严恩棫与靳树梁被派往德国，与承担中央钢铁厂设计的克虏伯公司商定初步设计。

1937 年 2 月，中央钢铁厂初步设计获准后，由靳树梁带队，首批从国内派出 8 人由上海乘船前往德国，开始了计划 3 年的留学旅程，他们中有毕业于天津北洋大学矿冶系的杨树棠、谭振雄、王原泰，有毕业于上海同济大学机械系的李松堂、史通、吴之凤，有毕业于上海交通大学机械系的张匡夏。同年 5 月，严恩棫再度率团赴德国洽谈技术设计，时任资源委员会矿业专门委员王之玺随行，后留在德国实习。在德国期间，严恩棫联系到靳树梁等 8 名在德国实习的人员，并邀请到与钢铁专业有关的留学生和专家 10 余人，其中有正在国外留学英国的邵象华、留学美国的毛鹤年等，一同参与中央钢铁厂的前期准备工作。

邵象华参与组建中央钢铁厂，是直接受到资源委员会委员长翁文灏的邀请。1937 年夏，英国老国王乔治五世去世、新国王乔治六世登基，各国政府均派代表参加新国王的加冕仪式，中国政府派出了翁文灏。当时，已经获得冶金硕士学位的邵象华，正在面临着未来的选择。伦敦帝国理工学院的导师劝说他再继续学习两年，以得到博士学位。这位教授还亲自给中国政府的有关部门发出了推荐信，希望给邵象华再延长一两年学习时间。翁文灏到达伦敦后，立即约见了邵象华，开门见山地问："我们正在办中央钢铁厂，你知道不知道？"邵象华回答道："我听说了，但不知道详细情况。""你念博士也很好，但不如办钢铁厂更有用，因为国家很需要。"翁文灏接着问道："你可不可以不要再念这个博士了，离开英国到德国去，参加中央钢铁厂筹备处的工作，作为一个骨干的技术人员，参加德国的那支实习队伍。"求学时代，就相信工业可以救国的邵象华，本来没有想读博士，出国留学也是为了中国的钢铁发展，所以马上就答应了翁文灏，于当年的 10 月抵达德国。

1937 年 10 月，毛鹤年、邵象华等在国外不同地区学习的留学生，先后前往德国柏林汇合。至此，以靳树梁为首包括杨树棠、李松堂、王之玺、毛鹤年、邵象华在内的 18 名中国冶金学子，全部汇聚到了德国柏林。

中国的学子们初到异国他乡，让他们处处感到新奇，然而最使他们感兴趣的是发达的德国钢铁工业。当年，德国钢的生产能力已经达到年产 1400 万吨以上，许多钢铁企业都采用了 200 吨左右的平炉，

15—20 吨的电炉和 1000 立方米以上的高炉，少数钢铁企业已经有了 30 吨碱性底吹转炉，万吨的锻压机也已经实际应用了。这些情形，对于具有强烈民族自尊心的中国学子来说，产生了一种巨大的刺激。在德国钢铁工业比较集中的鲁尔区，靳树梁等先后到过克虏伯财团的莱因豪森钢铁厂、保尔伯克钢铁厂、埃森电炉南厂和北厂实习，主要是跟总工长和值班工程师学习冶炼操作技术和炉体维护等。当时，多数人都住在工厂附近的居民家里，通过经常与房东接触、交流，一方面锻炼了口语能力，一方面密切了感情，学到了很多常识。每到周末，他们也经常请工厂里的技术员、工长等到住处做客，通过喝酒吃饭和他们交朋友。久而久之，这些德国人和他们结下了深厚的友谊，也乐意把技术和管理方面的经验传授给中国留学生。一次，一位德国人工长就把炼钢厂的年度总结拿给了靳树梁和杨树棠，并让他们抄了下来。这可是一个重大的收获，对于筹建钢厂有很重要的参考价值。

1938 年年初，靳树梁、王之玺、刘刚和严恩棫一起首批回国，于同年 4 月返抵武汉，踏上了战火纷飞的祖国土地。

抗日战争进入紧张阶段，湘潭中央钢铁厂被迫停建，兵工署和资源委员会联合成立钢铁厂迁建委员会，严恩棫、靳树梁、王之玺和刘刚四人被委任迁建委员会委员，主要是将汉阳铁厂、大冶铁厂、六河沟铁厂等厂的设备拆迁到四川大渡口重建。1938 年秋，靳树梁和王之玺与迁建人员一起撤到重庆，参与大渡口钢铁厂建厂规划的制订和炼铁高炉、炼钢平炉的设计。同年，资源委员会、兵工署和国民党云南省政府决定在云南建设钢铁厂，指派严恩棫、王之玺先行勘址，并最终确认将钢铁厂建于距昆明十公里处的安宁县郎家庄（今昆明钢铁公司所在地）。建厂初期，参与的主要工程技术人员有靳树梁、谭振雄、吴之凤、许声潮、杨尚灼等，他们都是德国留学实习的人员。1939 年 10 月，靳树梁被正式调入云南钢铁厂，出任钢铁厂工程师兼化铁股

（即高炉车间）股长。

1939 年 4 月，杨树棠、李松堂、毛鹤年等几位同学乘船辗转回到中国。由于上海、广州等港口已经被日寇侵占，他们只好在越南海防下船，经过河内、老街，才回到昆明。原打算继续北上重庆，但道路被炸坏，只得待在昆明。其间，毛鹤年被临时分配到昆明电工器材厂，参与电线厂建设。

没过几天，杨树棠等坐上卡车离开昆明，翻山越岭绕到了重庆。到重庆之前，大家在路上聊天，都以为重庆的抗战形势一定很好。而到了重庆后，他们却大失所望。"前方吃紧，后方紧吃。"那些达官贵人不谋抗日救国，反而花天酒地，更有人打着抗战旗号发国难财，把重庆搞得乌烟瘴气。他们这些人实在是看不顺眼，只好一心闭门搞钢铁。但是，在那个时代想搞钢铁谈何容易？偌大的一个重庆，竟没有一个像样的钢铁厂。最后，资源委员会把这批留学生借给了兵工署所辖的第二十四工厂。这个工厂的前身是重庆炼钢厂，由四川军阀刘湘的老师任厂长，国民党政府迁都重庆后划归兵工署，准备以冶炼军用钢材为主，也是大后方唯一开工生产的官营炼钢厂。所谓的炼钢厂，其实只有一座美国进口的 3 吨电炉，冶炼用的原料是当地的小高炉炼出的"生板"（一种板状的白口生铁），以及人工锻出的熟铁，四川人叫它"炒毛铁"。在这个工厂，杨树棠和李松堂分别出任炼钢部工程师兼主任、第二轧钢部工程师兼主任。不久，毛鹤年也来到了重庆，出任重庆大学电机系教授，讲授输配电工程、电力设备、电厂设计等课程。

同年，邵象华回国，被暂时分配到资源委员会下属的中央机器厂等待机会。随后，武汉大学迁至四川乐山，迁校委员会委员邵逸周时任武汉大学教授兼工学院院长，邀请时年 25 岁的邵象华到这所大学创建冶金系，成为武汉大学最年轻的教授。后来，资源委员会决定在重庆綦江办一个现代化的小型钢铁厂，委托邵象华负责筹建。他果敢地放弃了国际上流行的空气转炉，亲自设计出中国第一台新型平炉，投产时在业内引起轰动。在这台平炉上，31 岁的邵象华也为中国培养出了最早的一批炼钢人才。

1946 年 3 月间，苏军撤出东北后，国民党主力部队分别占领抚顺、鞍山、海城、营口、开原、昌图、法库、老四平街等城市，国民党嫡系部队新一军随后进入沈阳。与国民政府经济部东北区特派员孙越崎有莫逆之交的邵逸周，辞去玉门油矿总务处长，出任经济部东北区特派员办公处沈阳办事处处长。同时，与孙越崎有校友之谊的靳树梁（时任资源委员会钢铁组副组长）也被派往东北，出任经济部东北区特派员办公处本溪办事处处长。

1946 年 4 月，国民党嫡系部队新六军进占鞍山。同月 15 日，昭和制钢所被国民党政府接收，先后接收包括昭和制钢所"卫星厂"在内的日伪工厂共 23 家。当年 10 月 1 日，国民党"资源委员会鞍山钢铁有限公司"（简称鞍钢）宣布正式成立，邵逸周出任总经理。安徽徽州府休宁县黎阳人邵逸周，为著名徽商邵百万（国基）之子，1909 年赴英国留学，毕业于伦敦帝国科学工程学院皇家矿物学校；1911 年回国参加辛亥革命，初入孙中山总统府秘书处电报科，后任孙中山先生英文秘书。

国民党资源委员会属下的鞍钢成立前，即 1946 年 5 月，靳树梁被调到鞍山，参加接收昭和制钢所等工厂和组建鞍山钢铁有限公司，后任公司第一协理。

1946 年夏，国民党资源委员会委员长钱昌照（建国后曾任全国政协副主席）率团赴华北、东北等地视察，并到鞍钢，时任资源委员会钢铁组副组长王之玺随行。视察团路过北平，需要增加一些考察成员，时任资源委员会北平石景山钢铁厂轧钢厂厂长李松堂，欣然随团一道出关。8 月底，视察团到达鞍钢。视察团回南京后，王之玺即被任命为鞍钢协理。同年年底，国民党资源委员会副委员长孙越崎来东北视察，李松堂随行第二次来到鞍钢，并被留了下来，出任公司协理兼轧钢所所长。1947年4月，王之玺从南京赴鞍钢就任，协助邵逸周和靳树梁主管公司的技术与业务。同时，时任资源委员会四川綦江电化冶炼厂第四厂（炼钢厂）厂长的邵象华，被任命为鞍钢协理兼制钢所所长；主管京津唐电网发电及输配电运行的毛鹤年（时任冀北电力公司技术室主任），调任鞍钢动力所所长，后提任协理。1947年5月，时任华北钢铁公司筹委会委员兼唐山钢厂厂长的杨树棠，被资源委员会调到鞍钢，出任公司协理兼铸造所所长。

至此，当年以靳树梁为首的这几位赴德国留学实习的冶金专家，齐聚到了鞍钢。

邵象华来鞍钢，带来了一位从西北工学院矿冶系毕业两年的下属，叫师昌绪（我国著名材料科学家、战略科学家、中国科学院院士、中国工程院院士）。河北徐水人师昌绪调入鞍钢后，一直给同为河北人的公司协理杨树棠当业务秘书。其实，师昌绪与靳树梁有更厚一层关系。他们俩都是河北徐水人，师昌绪从小就在靳树梁家族办的私塾读书，靳家的家风、靳家的学风对他的影响，令他受用终生。1948年年初，师昌绪脱离鞍山这座"围城"，前往美国留学，就读密苏里大学矿冶学院。此行，很少有人知道是靳树梁一手安排的。

这些专家型的接收大员们踌躇满志，拉开了"干一番大事业"的架势，制订出一个雄心勃勃的修复鞍钢计划，试图通过两期修复，达到年产50万吨钢铁的目标。1947年7月，新任国民党政府行政院长张群和国防部长陈诚，先后来鞍钢视察。当时，鞍钢已经开工一组焦炉、一座平炉，炼铁2号高炉正在烘炉，初轧厂则轧出了8块钢锭。自1947年5月中旬起，东北民主联军转入战略反攻，连续发动强大的夏季攻势和秋季攻势，国民党在东北的统治处于风雨飘摇之中。鞍钢的外部运输基本隔绝，公司宣布停产，邵象华哭了。多年后，他回忆道："我花了那么多心血把炉子修好了，勉强把钢弄出来，（却）不能干了，我不伤心啊！"

当时，邵逸周和六位公司协理都居住在台町。协理们集中居住在中台町，靳树梁、李松堂、邵象华带来了家属，分别居住独立的别墅小楼；王之玺没有带来家属，自己单身居住一幢别墅；杨树棠和毛鹤年也没有带来家属，两个人合住一幢别墅。一天，邵逸周夫人携刚从四川齐鲁大学生物系毕业的小女儿邵和景（著名战地记者唐师曾的二伯母），从上海前往东北探亲，与邵逸周在沈阳会合后，一起乘车来到鞍山。晚上，邵逸周接到一个紧急电话又返回沈阳，从此再也没有回来。

邵逸周离开了，由靳树梁代理主持公司工作，协理们也都人心思动。

1947年11月间，经过几位协理的商定，拟早日撤出鞍钢。杨树棠和邵象华夫妇、李松堂夫妇携子女一道，先行离开了鞍山。他们在运输处处长张宝书夫妇的护送下，乘坐一列货车的守车试图冲出去，返回沈阳。车行至首山时，从铁路局负责人那里听到消息，辽阳北面的太子河过不去了，不得已又折返鞍山。陆路撤退的念头全部破灭了，他们只得设法从空中撤离。鞍山西部的飞机场，已经被民主联军占领，镇守山（今烈士山）南面的地势比较平坦（即今解放路地区），他们只好组织人力在此修筑临时飞机跑道。此间，他们与沈阳、北平的无线电联系频繁不断。继任资源委员会委员长孙越崎心里清楚，让他们撤退已经无望，乃急电告知："这是国内战争，不一定非跑不可。战争紧急时，要躲避到安全的地带，千万不要乱动，以防无畏的伤亡。"

1948年2月18日早晨，鞍山城区外的枪声更近，台町的个别住宅已落炮弹。几位协理决意按照孙越崎电告的精神行事，商定立即全部迁至厂区内躲避。靳树梁、李松堂、王之玺、杨树棠、毛鹤年以及家属装上能带走的东西，一起迁到了厂内轧钢所办公楼的二楼上居住。就在这天上午 10 时左右，资源委员会还在做最后的努力，租用了美国陈纳德飞虎队的一架飞机，飞至原大宫通（今胜利路）的上空，误以为下面的道路是临时修筑的飞机跑道，试图降落接走他们，但终因地面的障碍物太多未能成功，只得将一袋子一袋子钞票投掷下来后离去。

第二天早 6 时 30 分，东北人民解放军四纵、六纵和辽南独立师共六个步兵师和一个炮兵师，对鞍山市区发起总攻。下午，几位协理正在大白楼里的总办公处发放工资，国民党守军第 52 军不敌，将司令部由三孔桥外的今鞍钢钢铁研究中心旧楼迁至大白楼，把公司协理等全部人员从楼内赶出。大约在下午 4 时，靳树梁、李松堂、王之玺、杨树棠、毛鹤年撤至厂内的轧钢所。为了安全起见，他们在小楼的墙外挂上了白旗。过后，他们得知，邵象华夫妇及留用的德国炼焦专家曼纳尔和化工专家兼翻译李恩业躲到了化工所（即化工总厂）内。

已是夜里 11 时许，躲在轧钢所里的协理们，耳闻楼外有解放军喊话，命令楼里的人们出来。他们依次走下楼，只听为首的一位解放军说："多数是妇女儿童啊！"于是，这位军人命令将成年男子集中到化工总厂焦油车间的空仓库内，妇女儿童仍留在原处居住。

在这座空仓库里，6 位协理又重新聚到了一处。

在鞍山城郊的马家屯，国民党资源委员会派入鞍钢的 6 位协理，一个不缺地被发现了。护送的解放军当即将他们与其他人分开，带回到市里，安排在铁西华昌百货商店西侧的吉顺旅馆内。第二天，又将他们的家属接到了旅馆居住。

协理们返回市内的第三天晚上，辽南一专署专员刘云鹤（后转任鞍山市市长）在林侠（后任鞍钢公安处副处长兼市公安局副局长）的陪同下，前来旅馆探望，见面后的第一句话就是向他们表示歉意。自从身份暴露出来后，协理们也体验到了共产党对他们的格外重视与优待，由衷地向刘专员表示感谢。鉴于当时鞍山的形势动荡不定，如何处理与安置现留在鞍钢的技职人员？刘专员首先恳切地希望他们都留下来，并向他们征求意见。协理们商议后，向刘专员提出："只要我们几个协理留下来就可以了，其他的人可以任其自便，愿留的留，愿走的走。将来如若真有用着他们的时候，我们带个信去，他们就随时可以来。"

刘云鹤专员前来探望后的第二天下午，几位协理和家属共 11 人，由辽东军区军实处的王处长陪同，从吉顺旅馆转移到军实处的办公地点，即他们曾经躲避过的轧钢所小楼。几天后，又特意将 6 位协理请到了家中，吃了一顿热气腾腾的饺子……当年的情形，已经过去了 60 多年，邵象华仍然清晰地记得。

辽南一地委随攻城部队刚进城，就接到了上级的电报，要求他们妥善安置国民党派到鞍钢的工程技术人员，不能把技术人员当俘虏对待。党中央还分别于 1948 年 4 月和 7 月，两次就保护好鞍钢的技术人员给中共东北局发去电报。

数日后，协理们及家属被送往安东（今丹东），与先期抵达、自愿留下来的中高级技职人员雷天壮、杨振古、胡光沛、靳汉（靳树梁之子）等以及留用的日本技职人员会合。为了让他们安下心来学习与生活，于 6 月份成立了安东科学院。当年 8 月，王之玺、邵象华、杨树棠和毛鹤年被调到了哈尔滨，参加东北工业部工作。之后，王之玺、邵象华、杨树棠又被派往鸡西，协助修复一座小高炉。

鞍山解放的消息传到了北平，由于一时情况不明，杨树棠的夫人齐缀（民国时期著名戏曲理论家和历史学家、梅兰芳的京剧艺术合伙人齐如山之女）心里非常焦急。恰好资源委员会副委员长孙越崎正在北平，她会同王之玺的夫人沈如瑜和毛鹤年夫人童亚佶去找孙越崎。

当时，孙越崎已经得知靳树梁等协理在鞍山皆受到共产党的优待，安慰几位夫人说，他们虽然不能回来，但平安无事，并表示可以送她们去东北，工资照发。不久，杨树棠的业务秘书师昌绪从东北来到北平，到家里向齐缀报了平安。

1948年11月初，辽沈战役结束，王之玺、邵象华、杨树棠随同东北工业部部长王首道去了沈阳，3个星期后，东北局决定恢复鞍钢，他们又调回了鞍钢。12月1日，留在安东的李松堂及原鞍山钢铁有限公司技职人员和日本技术人员，乘坐火车也返回了鞍钢。

回到鞍钢的第二天，李松堂和王之玺、邵象华、杨树棠陪同即将就任鞍钢首任经理的李大璋、副经理郝希英、王勋等到厂区勘查。只见十里厂区一片荒凉，第二炼钢和第二初轧系统的设备被苏军拆走后，仅留下空荡荡的厂房；炼铁高炉有的被炸坏了，有的炉内凝结了铁水；破烂不堪的设备与废钢、废铁到处乱堆，地上杂草丛生，连焦炉顶上也长满了荒草；工厂周围的铁丝网大部分被破坏，人们可以随便进入厂区……整个工厂已经是千疮百孔，一派衰败景象。

李大璋等与4位专家用了一个多星期的时间，将厂区的工厂详细地看了一遍，一边看一边议，回来后即开始考虑复工问题，请王之玺牵头，邵象华、杨树棠和李松堂参与，制订全面复工计划。同时，也让留用的日本专家濑尾喜代三等提出一个复工计划。大致用了3个星期的时间，两份复工计划方案都搞出来了，送交经理李大璋审查。王之玺等提出的方案比日本专家的生产规模大，经过研究决定采取中国专家的方案组织复工。就是从这个时候起，王之玺调入计划处参加组织实施，邵象华、李松堂和杨树棠分管炼钢、轧钢和铸造，推进复工方案落实。

1948年12月26日，鞍钢公司正式成立。全公司按照专业划分为8个部门，即：采矿部，统管各个矿山；制铁部，兼管烧结厂；制钢部，兼管耐火材料厂和铁合金厂；轧钢部，统管轧钢各厂；制造部，统管机修、轧辊、钢锭模等厂；以及动力部、运输部。任命王之玺任计划处副处长，李松堂、邵象华、杨树棠、毛鹤年分别出任轧钢、炼钢、制造、动力部总工程师。

对于靳树梁的任命规格更高，协助鞍钢公司领导负责整个工厂业务。组织上的这种安排，不仅是对于他的资历与地位的一种考虑和照顾，更是对于他在历史转折关头的政治立场与表现的一种肯定和褒奖。在钢铁厂陷入"绝境"期间，靳树梁是这座钢铁之城真正的"主心骨"。为了稳定"军心"、避免损失，将钢铁厂尽可能完整地交给共产党，他"神不知鬼不觉"地做了大量工作。在解放大军日益逼近、城内人心惶惶的时候，甚至连他身边的几位公司协理都坐不住了，一度出走，又半路被截回，而靳树梁作为国民党政府点名要接出去的重要人物，却始终没有离开钢铁厂。

随着鞍山钢铁公司的成立，大规模恢复生产随即拉开了帷幕。

在鞍钢的恢复与建设中，6 位著名专家作出了巨大贡献，他们是鞍钢恢复建设的大功臣，也是中国钢铁事业的大功臣。随着钢铁工业和国民经济发展的需要，毛鹤年、靳树梁、王之玺和邵象华先后调离了鞍钢。1949 年春，毛鹤年调往东北工业部，领导并实施了丰满发电厂扩建工程、松抚输电线路升压工程、松抚二回线新建工程。他是当年的六位"接收大员"中最早离开鞍钢的。20 世纪 80 年代初，毛鹤年与师昌绪同一批当选为中国科学院院士，曾出任电力工业部副部长。1949 年 4 月，靳树梁调任本溪钢铁公司总工程师兼计划处副处长，后出任东北工学院第一任院长，1955 年当选为中国科学院首批学部委员，被周恩来总理赞誉为"新中国钢铁冶金伟大的开拓者和奠基人"。1964 年 7 月 5 日，靳树梁在沈阳逝世。在他身后，东北工学院院长的位置长期无人可替代，一直空缺了 12 年之久。1950 年年初，王之玺调往东北工业部，出任计划处副处长，参与东北工业的恢复与发展，并继续参与鞍钢生产计划安排和扩建计划的审查等工作，1955 年当选为中国科学院首批学部委员，后调到中央重工业部任生产技术司副司长。1958 年秋，邵象华调往冶金工业部钢铁研究总院任炼钢研究室主任、院副总工程师，1955 年当选为中国科学院学部委员，是享誉世界的著名冶金学者。

杨树棠和李松堂留在了鞍钢，为鞍钢的建设与发展奉献了毕生的精力。杨树棠曾任鞍钢副经理兼总工程师。李松堂曾任鞍钢设计院副院长兼总工程师，并当选为辽宁省第四届政协副主席。

当年的鞍钢"六大协理"，无论是从专业的经历还是从专业的成就来论，每个人都有资格和条件成为中国科学院的首批学部委员。但是，受晋升冶金专业学部委员的名额所限，杨树棠和李松堂没有能够成为首批学部委员，后来也没有能够成为院士，而资历和阅历都较之他们俩浅一些的邵象华则成为了首批学部委员。据靳树梁的后人介绍，在确定中国科学院首批学部委员的人选时，周恩来曾经将一份初选的名单交给靳树梁征求意见。一下子从鞍钢推举 3 位学部委员，从全国统筹考虑，显然有些不平衡，靳树梁推举了邵象华。而作出这样的选择，靳树梁丝毫没有个人成见，完全是为了钢铁冶金的未来着想，毕竟邵象华比他们都年轻。

一代钢铁栋梁相继离开了鞍钢，但他们的心中始终装着鞍钢。邵象华的夫人王晓云说，每次鞍钢有人来北京时，邵象华都会详细地问鞍钢的发展情况，他对鞍钢的感情很深。

在一代著名冶金专家的人生阅历中，鞍钢的岁月成为了最为灿烂的一页。

（作者曾任鞍钢党委办公室调研组组长。）

第一位走进鞍钢的大校

汪　蛟

今年是钟剑平同志逝世十周年。我深切地怀念这位为鞍钢、鞍山的建设和发展作出了重要贡献的老书记、老经理，同时回忆起这位第一位走进鞍钢的大校的辉煌人生。

1960 年钟剑平晋升为大校军衔时的留影

1962 年，中央决定缓建酒钢。1962 年 9 月，我从酒钢驻陕西工程处的西安冶金机械制造总厂酒钢工区调回鞍钢，被分配到基本建设处

（以下简称基建处）工作。1962 年 10 月的一天下午，公司机关召开干部大会，由公司领导同志传达中央八届十中全会精神，机关各处室的同志很早就坐到会场等候。这时，一位公司领导走上讲台。他身材伟岸，浓眉赭面，身上透出一股军人的英武之气。我问身旁基建处预算科李佰昌科长，这位领导是谁呀？他说是公司副经理钟剑平，据说是去年从沈阳军区转业来的。这时，钟经理开始作报告，他先敲一下桌上的话筒，问坐在会场后面的同志能否听清楚，大家说很清楚；他又说："我是安徽人，大家能听懂我的口音吗？"这次回答就不同了，有的说可以听懂，有的说不太懂。这时钟经理讲了一个故事。他说我在吉林省军区工作时，曾到中央党校学习，有一次校长林枫同志作报告。林枫同志是黑龙江省望奎县人，东北口音重，而学员们多是南方人，有些话确实听不懂。会后分组讨论时，有的同志竟然把林枫同志讲的批判"托洛斯基"说成"不让兔子吃鸡"，闹出了大笑话。这时会场顿时活跃起来。钟经理说："大家听不清楚时可以举手问，我可以重复的讲。"接着钟经理开始作传达报告。他声音洪亮，吐字清晰，传达中央文件重点处放慢语速，抑扬顿挫，对如何学习贯彻中央全会精神讲得明确具体，赢得了与会同志热烈的掌声。我对这位经理有了深刻印象。

后来，我随基建处处长何进到眼前山、弓长岭铁矿建设工地调研，从何处长那里了解了钟剑平经理的有关情况。何处长介绍说：1960 年年末，中央决定充实加强鞍钢领导班子。当时鞍钢主管生产的副经理马宾在 1959 年"反右倾"运动中受到批判，被下放到凌源钢铁厂；主管科技工作的副经理兼总轧钢师赵文敏因积劳成疾长期休养；根据周恩来总理的提议，中央决定从沈阳军区和北京军区调两位大校级干部到鞍钢任职。1961 年 2 月，中央任命沈阳军区装甲兵政治部主任钟剑平为鞍钢党委常委、副经理。钟剑平，安徽省舒城县人，1916 年出生，曾在安徽省师范学校读书，毕业后回舒城县中学任教，因宣传进步思想被解职。1938年7月参加新四军，同年10月加入中国共产党。抗日战争中，任新四军军部管理科科长、鲁南兵站政委暨新四军政治部组织科科长。在盐阜地区反"扫荡"突围时，时任新四军代军长的陈毅元帅指示钟剑平销毁一般性文件，但要把军部储存的银元全部带走，钟剑平表示一定完成任务。陈毅看银元数量较多，对军部领导和机关的同志说：这些银元小钟一个人带不了，大家都要带一些，以便轻装突围，并要求钟剑平登记造册，分路突围集中后清点入库。钟剑平认真照办并保护陈帅突围。突围成功后，经过清点一元未少，受到陈毅同志的表扬。后升任新四军鲁南兵站政委和政治部组织科科长。解放战争中，钟剑平任第三野战军后勤部卫生部政治部主任，参加了莱芜、淮海和渡江等战役。抗美援朝战争中，任志愿军后勤部208医院院长兼政委。后任吉林省军区政治部副主任，沈阳军区装甲兵政治部主任。钟剑平在长达23年的军旅生涯中，参加了抗日战争、解放战争和抗美援朝战争，为中华民族的解放事业做出了重要贡献。1960年晋升为大校军衔，并荣获一级解放勋章和三级独立自由勋章。

1961年，钟剑平转业后，中央任命他为鞍钢党委常委、副经理，主管基本建设和改扩建工作，这对钟剑平确实是一个全新的任务。当时鞍钢经历过"大跃进""反右倾"运动的影响，特别是苏联撕毁协议，撤走专家并带走图纸等全部资料，给改扩建工作造成极大困难，但这些并没有难倒钟剑平。在中共鞍山市委第二书记、鞍钢党委第一书记兼经理袁振等同志的支持下，他积极应对新的挑战。首先深入基层调查研究。在不长的时间内，他走遍了十里厂区、百里矿山。他在听取主管的基建处、设计院、设备处等单位领导及技术人员汇报后，带队到基层单位调研，发现鞍钢有几十处停建的"半拉子"工程，为了彻底弄清情况，他决定并经公司编委办同意，在基建处内增设一个"停缓建工程管理科"，负责清理这些"半拉子"工程，以便决定哪些要续建，哪些要彻底停建。其次，组织一支过硬的基建施工队伍。在调查中，钟剑平发现原鞍山冶金建筑总公司迁往甘肃建设酒钢后，鞍钢成立了一个修建部，但主要任务是承担设备检修工作，于是向公司党委建议单独建立一支施工队伍。经公司同意，由鞍钢矿建公司、铁路工程队及修建部的三工区和预制车间组建鞍钢建设公司，后更名为鞍山冶金建设公司。公司党委任命钟剑平兼任党委书记，基建处处长何进兼任经理，从而建立起一支专业技术工种门类齐全的施工队伍。为了便于工作，钟剑平要求公司给他配一名学工民建专业的技术人员作秘书，经袁振同志批示，公司人事处调我的校友时任鞍钢设计院土建科科长、技术员才文成同志为钟剑平同志的秘书。与此同时，钟剑平主持制定了《关于基本建设停缓建工程项目维护工作管理办法》，后来又制定了《鞍钢加强基本建设管理工作的决定》，明确了基建处是鞍钢管理基本建设的专业处，鞍山冶金建设公司是鞍钢改扩建"填平补齐"工程的总承包单位。同时他认真学习关于基本建设工作的管理知识和经验，请基建处、设计院、鞍建公司的领导和技术人员为他讲解有关基本建设的技术和管理工作知识。在 1962 年 11 月，他带领基建处副处长、高级工程师张振凯和我（当时任基建处技术员）到鞍钢最大的富矿弓长岭铁矿调研，了解到影响该矿深部开采的主要原因是风井通风量不足。经研究建议并报公司决定，新建一个东南风井。该工程于 1963 年初开工，钟剑平多次到现场调研，召开办公会，及时解决问题。1965 年建成，成为辽宁地区最大的风井，每小时通风量可达 2.4 万立方米，保证了弓矿采矿的需要，也为以后 157 主井的建设积累了经验，被公司命名为"样板井"。钟剑平工作极为认真，为了解决风井建设中的辅助车间服务费标准问题，他派我和鞍建井巷公司的石技术员三次到东北煤矿管理局学习调查，终于取得了一个甲乙双方都能接受的方案。苏联援建的冷轧薄板厂 1200 毫米机组，当时已经开工，由于苏联撕毁协议，撤走专家，造成工程停建。钟剑平发现后，决定开工重建，钟剑平和基建处的领导同志坐镇现场指挥，于1963年12月建成投产，为扩大鞍钢钢材品种做出了贡献。

钟剑平求知若渴，经常向有关领导和技术人员请教，在座谈中了解到一些发达国家已经用转炉炼钢并配以连铸机，钟剑平立即向公司建议并经公司决定，在第三炼钢厂建连铸机，成立了连铸工作队，决定自行设计和制造有关设备，很快开工建设，浇灌了基础，后因"文化大革命"影响停工，但为1972年修建转炉和连铸机创造了条件。钟剑平不仅很快掌握了基本建设和鞍钢生产、技术、管理的知识，而且取得了突出的业绩，受到袁振和曾在苏联进修的副经理马宾、林云峡、曾扬清等同志的赞扬，称他为冶金建设专家。

1964年，中央决定，在全国开展"学解放军、学大庆"活动。鞍钢党委为适应这一形势，决定党委成立政治部。1965年2月任命钟剑平为政治部主任。同年8月，中央批准钟剑平任鞍钢党委副书记兼政治部主任。有的同志说你又干老本行，轻车熟路，工作好做了。钟剑平却认为企业与部队情况不同，必须学习借鉴解放军和大庆的经验，结合鞍钢的实际去开展。在原冶金工业部部长、已被中央任命为中共鞍山市委第一书记兼鞍钢党委书记王鹤寿同志的支持下，钟剑平带领政治部同志积极开展工作。首先，他带领公司党委调研室、宣传部的同志去大庆学习经验。回鞍后，又亲自去沈阳军区装甲兵部队邀请由他和装甲兵政委邹衍（少将）同志精心培养的，全军学习毛主席著作积极分子廖初江来鞍钢为广大干部和职工作报告，引起强烈的反响，鞍钢迅速掀起了"学解放军、学大庆"的热潮。其次是抓典型，钟剑平以大庆"铁人"王进喜为榜样，先后组织政治部有关部门总结了大石桥镁矿培英关心帮助聋哑人后进转化的典型。1966年1月公司党委政治部召开大会，请培英介绍经验，并命名培英为思想政治工作标兵。

同年3月，公司党委政治部又总结了修建部工程师张炳林同志坚持革命化、劳动化，与工人一道积极开展技术革新的经验，命名他为鞍钢红专道路上的标兵。同年1月，一炼钢厂5号平炉铸钢工赵玉林在吊车大钩和钢水罐失控下降时临危不惧坚持压棒并呼叫吊车工提罐，避免了一场可能导致厂毁人亡的重大事故。钟剑平建议由公司党委和公司联合命名表彰，王鹤寿书记和代经理林诚同意钟剑平建议，授予赵玉林"钢铁英雄"称号。在鞍钢党委领导和钟剑平具体主持下，鞍钢"学大庆、学解放军"活动开展得轰轰烈烈，充分调动了广大干部职工的积极性。1965年鞍钢提前全面超额完成国家计划，创造了鞍钢发展史上的第二个"黄金时代"。1966年1月28日，鞍钢党委和中共鞍山市委联合召开党员干部大会，王鹤寿同志作工作报告，提出在生产建设上要实现"三个第一流"（即品种质量、生产工艺、主要经济技术指标达到世界第一流），创"四朵大红花"（即红矿浮选实收率超美国，高炉高压低耗创世界先进水平，双床平炉、炼低合钢创世界先进水平，轧钢系统进行大规模工艺革命，创世界先进水平）。会后，钟剑平主持召开鞍钢政治工作会议，研究贯彻"1·28"大会精神，制定把鞍钢建成大庆式企业的措施。

正当鞍钢广大干部职工满怀信心誓把鞍钢建设成为世界一流企业时，"文化大革命"开始了。在"文化大革命"初期，鞍山、鞍钢的主要领导"王赵罗钟"全部被打倒。这个"钟"，就是鞍钢党委副书记兼政治部主任钟剑平。历经磨难，坚韧前行，钟剑平和鞍钢十几万干部、职工，终于迎来了党的十一届三中全会以后的大好时光。

（作者曾任鞍钢工会副主席。本文系2016年为纪念钟剑平逝世十周年撰写的专稿。）

回忆与希望

穆景升

　　鞍钢技工学校创建至今，整整三十五周年了。回忆当年在那里工作的情景，往事如昨，历历在目，令人难忘。

　　1960年年末，我从辽宁省委党校学习结业，鞍钢组织部部长高一清同志找我谈话，传达了公司决定，派我到鞍钢技工学校接替刘绍钧校长的工作。我到鞍钢后，一直从事生产组织工作，从未接触教育。自己虽也读过大学，但读过书的人不一定会讲课，讲课好的人也不一定能组织好教学，隔行如隔山啊！尤其是能否把学校领导好，直接关

20世纪80年代穆景升任鞍钢副经理时留影

系到能否为鞍钢培养出德、智、体全面发展的优秀技术工人，因此，对能不能胜任这光荣而艰巨的任务，思想上有顾虑。不过作为一名党员，就应当服从组织分配。有困难自己去克服，绝不能跟组织讲价钱。这样，在1961年年初，我来到鞍钢技校，开始了新的工作。

鞍钢技校是当时全国冶金系统中最大的一所技工学校，有教学大楼四幢，实习工厂一座，并有图书馆、食堂、宿舍等附属设施，教学条件还是不错的；任课教师大都具有大学文化程度，许多实习教师是八级老技工，并接受过文化补习，师资水平较高；学生实行全国招生，年龄大都在十六七岁，精力充沛、上进心强；为了提高教学水平，学校还经常组织观摩教学，校领导分别下到班级听课，对教学情况进行评定；另外，还在师生中开展争取"三好（政治思想好，学习成绩好，遵守纪律好）学生"和"优秀班主任"活动，调动了师生的积极性，取得了显著的效果。那个时候上学出勤率很高，几乎没有缺教和旷课现象，人人埋头治学，校园秩序井然，回想起来，不禁神往！

我在技校工作两年，其中有两件事给我留下了深刻的印象：

三年自然灾害时期，天灾人祸、衣食匮乏，师生的生活非常清苦，主副食不足，伙食质量不佳，使正处在成长发育期的学生们普遍营养不良。当时的校党委书记张敏汉同志、副校长张秀蕴、闫恩让同志和我都觉得，要搞好教学，首先必须尽最大努力来改善师生的生活，我们一方面多呼吁、勤反映，争取福利供应部门的同情和照顾；一方面靠自己的力量解决困难，创建农场，并在校园空地上种植玉米和红薯；实习工厂自制实习工具，节省教育经费，还面向社会承揽机械加工、制造设备和零件，提取一部分收入作为福利基金以改善师生生活。尽管生活艰苦，但师生的热情高涨、毫无怨言，大家在一起劳动、互相学习、互相关心，充满着乐观主义精神和阶级友爱。特别令人感动的是，一些家住农村或有农村亲属的同志、同学，每次回乡带来一些农产品，都要分给大家一同享用，甚至几张烟叶，也要在一起搞"共产主义"。我们就是依靠着团结友爱，心往一处想、劲往一处使，努力地工作和学习，终于渡过了难关。这些看似婆婆妈妈的生活小事，却充满了同志之间深沉的爱。

另一件事是在 1962 年，我们接到上级文件，因为国家经济困难，必须精简机构，减少城市人口，缩小学校规模，所以决定凡设中专班的技校一律停止中专生招录，并解散最末一期中专班学生，农村学生仍回农村务农。这对我们来说，就意味着要解散整整一个毕业班。且不说国家在培养这批学生时投入了多少人力、物力，作为学生，尤其是农村学生，一旦解散，学业必然荒废，损失无法估量。学校经过多方讨论研究，决定由我到北京直接向部领导反映情况，说明我们的意见。部领导对我们的意见很重视。鉴于国家需要大量技术工人，经慎重考虑，决定将即将毕业的中专班改为技工班，不予解散。师生们闻讯欢欣鼓舞，这批学生也因此更珍惜得之不易的学习机会，加倍刻苦钻研。现在，他们当中绝大多数人已成为生产骨干，有的还走上了领导岗位。当时，部领导体察下情的民主作风和国家对技术工人的重视也给我留下了深刻的印象。

二十多年过去了，我虽然离开了技校，但并没有离开鞍钢，每逢路过技校，我总要停下来，深情地打量它，同时回忆起那难忘的日日夜夜。在庆祝建校三十五周年之际，我想，如何才能在目前技术工人素质下降、青黄不接的情况下，培养出大批适应社会主义现代化建设的优秀技工；如何才能把重视技术、尊重知识和知识分子，真正见诸于行动，而不是停留在口头上；如何才能从根本上提高教学质量而不是热衷于搞表面的轰轰烈烈；如何才能切实关心广大师生的学习、工作和生活，做到团结友爱、心心相印，共同把学校办得更好？所有这些，在当前建设社会主义物质文明和社会主义精神文明的改革进程中，在改变基础教育薄弱的现象，反对热衷于一张文凭而轻视实际操作能力的不良倾向中，确实是一个严峻的问题。找到切实可行的解决办法，把全部精力都用到提高中华民族的文化技术素质上，这就是我一个技校老职工的希望。

（作者曾任鞍钢副经理。）

三 进 鞍 钢

白士良

1959 年 5 月的一个上午，鞍山团市委在市府广场召开"争当增产节约突击手、向国庆十年大庆献厚礼"誓师大会。在鞍钢化工总厂北配煤车间当推煤机手的雷锋，与全市 8 万多名团员青年一同参加了这次誓师大会。在这次大会上，雷锋听到时任团市委副书记、鞍钢团委书记赵炳君所作的报告。赵炳君在报告中号召全市各条战线上的共青团员和青年，争当增产节约突击手，生产更多更好的钢、铁、钢材、焦炭、矿石，全面完成钢铁生产任务，向国庆十年大庆献厚礼。雷锋在当天的日记中写道："我保证克服一切困难，勤学苦练，早日学好技术；保证破除迷信，大闹技术革命；保证维护好机械，勤检查，勤注油；保证安全生产，不出机械和人身事故；保证做好宣传工作，发挥一个共青团员应有的热能。"

多年以后，赵炳君看到这段雷锋日记时，思绪万端。那是一个波澜壮阔、积极奋进的年代，雷锋正是在那个年代成长起来的优秀青年的代表。

晚年的赵炳君回顾自己三进鞍钢的经历，心潮澎湃，热血沸腾，他写了一首诗，寄托感怀：勤奋劳碌披肝胆，征程万里苦亦甜。精神财富无限力，抚今巨变心坦然。

一 进 鞍 钢

1940 年 1 月，13 岁的赵炳君从鞍山旧堡优级小学考入昭和制钢所实技训练所学习一年后，分配到制钢所研究所（即后来的钢铁研究所）第二冶金研究室当练习生。当时研究所95%是日本人，大多是知识分子。累活脏活全都由中国人干，一天只给9角钱工资，是同工种日本人的四分之一。有关分析化验技术性强的活儿根本不让中国人插手，中国人受欺压、受侮辱是常事。他们常常骂中国人是猪狗，比狗熊还笨，"支那人"就是劣等民族。有一次，赵炳君因遭到日本人无端责骂而愤怒离开，来到了烧结修理分厂，跟一位叫徐汉鼎的师傅学电钳工。都是中国人，都是穷苦人出身，徐师傅毫无保留地传授技能，不到一年赵炳君就可以独立操作了。一次，为了抢修一台设备连续加班，赵炳君过分劳累晕倒在现场，引发了一场事故。徐汉鼎奋不顾身抢救事故，被大火烧伤。日本工头根本不管工人的死活，找日本警察来厂调查，徐汉鼎忍着伤痛，自己承担责任，说了不少好话，两人才没有被送去坐牢，但挨了日本人一顿痛打。赵炳君想起了自己的爸爸赵凤楼在制钢所电器工厂工伤惨死的情景，更增加了对日本统治者的愤恨。那是1935年5月1日，下午2点多的时候，有人来到赵家，告知赵凤楼在厂里被电火烧伤，伤势严重，正在医院抢救。妈妈、奶奶和只有8岁的小炳君等人赶到满铁医院时，爸爸早已停止了呼吸，年仅31岁。全家人嚎啕大哭，在场的人都跟着抹眼泪，情景十分凄惨。

1944年5月，赵炳君从烧结厂转到电器工作课（电修厂），改行学车工，后来又学电气安装。1944年7月29日中午，刚刚收工休息，赵炳君端起饭盒准备吃饭，防空警报突然急剧地响起。工人们正想躲避，日本工头大声喊："没事哟，不要怕，是防空演习！"话音刚落，炸弹呼啸而来，发出震天动地的响声，顿时山摇地动，浓烟滚滚。几十架美国"B—29"型轰炸机在上空轰炸，高炉、焦炉中弹，纷纷倒塌。当时日本守备队在鞍山周围有数百门高射炮对空射击，一架飞机也没打下来。日本"神风号"战斗机赶来助战，空中上下翻滚，就是追不上

"B—29"，刚一靠近就被美军击落。工人们盼望把日本人炸垮，免得再当亡国奴，遭洋罪。昭和制钢所连续遭到3次轰炸，厂内人心惶惶，秩序混乱，工人们都不敢上班，赵炳君也脱离工厂回家种地了。

1945年8月15日，日本人彻底战败，无条件投降。9月份，苏军贴出布告，雇佣工人干活，每天给10元钱。赵炳君和几个人到厂里一看，是拆高炉、平炉、轧钢机等大型设备运回苏联。大家都很气愤，说给多少钱都不干。苏军一看中国人不干，就雇佣日本人干。那么多的重要设备，包括从德国引进的新设备伴随工人们多年了，这次都运回了苏联，真是叫人不理解。

1946年7月，国民党成立鞍山钢铁有限公司，总经理叫邵逸周，从关内派来的接收大员和技术人员共有好几百人，他们动员老工人上班。8月，赵炳君回到厂内报到，分配到耐火材料厂当电工。这回是给自己国家干活，工人热情很高。当时恢复炼钢炼铁生产急需耐火材料，工人们首先要修复生产耐火材料的大碾子。在一无图纸、二缺材料的情况下，仅用了半个月就修好了设备。厂长雷天壮握着工人的手久久不放松，说鞍钢工人真伟大，技术也很高，比他预想的好多了。到了1947年3、4月份，国民党急着打内战，到处抓兵。工人们上班、下班常常被抓走。大家战战兢兢，有的不敢上班了。上班的工资也很低，根本维持不了家庭生活。于是，由耐火厂发起，中板厂、钢管厂等厂数千工人举行了大罢工，要求解决工资待遇低的问题，直到公司总经理给予解决才复工。1947年7月，炼钢厂准备开工，要修复百吨吊车和平炉倾翻机等关键设备急需电工。赵炳君、巴岐山、赵大烈等5名电工被调到炼钢厂电气工段。这时人民解放军已经开始全面反攻，经常在鞍山周围活动。时局风雨飘摇，动荡不安，市内物价飞涨，人心惶惶。国民党52军决定在鞍山据守，工人们被迫去挖战壕、修工事，又去修飞机场。机场就在今天的东解放路一带，那时那里还是一片空地。

有一天，正干活时，解放军打来的炮弹落在飞机场中间，当监工的国民党官兵纷纷躲避，工人们本来就不愿意干，这时候一哄而散。10月上旬解放军切断了辽南铁路线，火车南北只能通30里，鞍山已经成为了一座孤城。国民党当局从沈阳派飞机空投东北流通券，空投地点就在今天的人民公园那片空地上。后来空投搞不成了，就在鞍山印刷本票（代替临时货币）发给工人。因物价飞涨，一个月工资买不了几十斤粮食，最低的生活水平都难以维持。而有的国民党官员却乘混乱之机，从厂内盗走钢材，到沈阳、北平、天津等地高价出售，大发横财。

1948年2月14日，人民解放军肃清鞍山外围的战斗打响了。19日拂晓，围城的解放军发起总攻。枪声、炮声带着激战的硝烟弥漫鞍山城区。激战到夜里零点左右，枪炮声才渐渐平息下来。人民解放军用6个师的优势兵力围攻鞍山，冲破国民党军设置的5道封锁线，占领了整个鞍山。至此，鞍山、鞍钢回到了人民的怀抱。"二·一九"三个字，以它特殊的意义记录在鞍山的历史上，永远铭刻在鞍山人民的心中。这个日子也成了赵炳君一生的转折点。

二 进 鞍 钢

1948年2月20日的早晨，21岁的赵炳君和几名工友，到工厂打听复工的消息。结果被告知战斗刚刚结束，暂时不能复工。但是几天后，赵炳君接到通知进厂报到，参加护厂。4月上旬，护厂队又通知赵炳君到辽南铁路局鞍山电务段报到，参加抢修鞍山至瓦房店的铁路电讯线路。抢修中，国民党的飞机狂轰滥炸，子弹在头顶上横飞，有的工友不幸牺牲。大家终于冒着生命危险完成了抢修任务。7月初，国民党军占领了辽阳，还经常到首山、灵山、立山一带骚扰，试图再度占领鞍钢。辽东分局指示把鞍钢的重要设备、器材运到后方。赵炳君和工友们又被调回厂内参加抢运。抢运总指挥是郝希英（郝在4月初被任命为鞍山钢铁厂厂长，曾任延安兵工厂厂长）。领导分配赵炳君负责组织工友们拆卸精密仪器，然后也参加抢运，把拆卸的设备运到瓦房店、普兰店等解放区。干这些活儿有危险又辛苦，但再苦再累也心甘情愿。1948年11月2日，锦州战斗胜利结束，东北全境解放。赵炳君和参加抢运的工人们才从普兰店又回到了厂里。

1948年12月26日，中共中央和东北行政委员会正式批准成立鞍山钢铁公司，李大璋任经理，郝希英、王勋任副经理。这时候，回到厂里的赵炳君被分配到炼钢厂，参加恢复生产并筹建工会。炼钢厂厂长是张宾，总工程师是国民党统治时期鞍山钢铁有限公司的协理、炼钢专家邵象华，工会主席刘华昌。赵炳君被任命为工会宣教委员，以后是工会副主席。这时候的炼钢厂也是一片荒凉，到处长满了蒿草。在共产党领导下，工人们在日本人预言"只能种高粱"的厂区里，掀起了轰轰烈烈的恢复生产热潮。赵炳君按厂里安排，先把他们原来电工班的老工人全都找了回来，再把认识、熟悉的工友通过各种办法千方百计找回来上班。工人们恢复生产热情高涨。头两个月不发工资也没有任何待遇，大家纷纷表示，不给报酬也干。后来从外地调来了大量苞米，每人每月发放150斤苞米，这样一来，工人们的干劲更高了。恢复生产突出的困难是器材奇缺，两手空空根本不能干活儿。按照市委的决定，各级工会组织广大职工开展献交器材立功竞赛活动。厂长张宾是1936年参加革命的老红军，又是大学生，前不久组织过抢运。市总工会把炼钢厂当作献交器材活动的重点。因此，厂长张宾和厂工会主席刘华昌让赵炳君具体负责炼钢厂的献交器材活动。赵炳君带头把家里的万能表、继电器、卡尺、虎钳子、电线等器材全部拿出来献给工厂。老工友、电工班长王启坤很快也献交了10多件器材。全厂很快掀起了献交器材的高潮。不到20天，就收到工人群众献交的各种设备器材1200多件，大大缓解了炼钢厂器材不足的问题，受到了上级工会的表扬，厂工会主席刘华昌在市里召开的会议上介绍了炼钢厂发动群众献交器材的经验。

1949年4月24日，是鞍钢人永远不能忘记的日子。在党中央和东北行政委员会亲切关怀下，经过几个月的修复，在沈杰亭、丁孝科、陈效法等炼钢工人精心操作下，新中国的第一炉钢水从炼钢厂的2号平炉欢快地流淌出来。这个振奋人心的消息立刻引起了轰动。5月1日劳动节这一天，炼钢厂举行了隆重的开工典礼。党中央派贺龙专程从沈阳赶来参加典礼。当天晚上，赵炳君随厂长张宾、鞍钢工会副主席王群、炼钢厂工会主席刘华昌来到台町迎宾馆，向贺龙汇报了炼钢厂的生产、职工教育和职工生活情况。贺老总很幽默，也没有架子，像唠家常似的作了三点指示。贺老总说，你们一是要大胆起用工人出身的干部；二是要抓好职工的文化技术教育，尽快掌握关键岗位的技术；三是要关心职工生活，尤其是工会干部更要关心工人的疾苦，替工人说话。赵炳君从来没有见过这么高级别的领导，心里紧张，手也不知道往哪儿放，只是静静地听贺老总讲话。共产党接管鞍钢以后，赵炳君已经多次聆听老干部们的讲话，几乎每一位领导讲话都要强调关心工人的生活。尤其是像贺老总这样的高级领导，和和气气，讲话贴近工人，关心工人的疾苦，让人倍感亲切。回厂后，他们把贺老总的指示，原原本本地向鞍钢领导郝希英作了汇报。

继炼钢厂举行开工典礼后，1949年7月9日，鞍钢公司在生产指挥中心大白楼前面的广场上举行了声势浩大的开工典礼。中共中央和中央军委派李富春同志送来了"为工业中国而斗争"的锦幛。上午8点，炼钢厂队伍由赵炳君和刘华昌带队进入会场，排在主席台的正前方。在赵炳君一生中，头一次带领这么多人的队伍，参加这么隆重的大会，真是终生难忘。

不久，按照党中央关于建立新民主主义青年团的决议，鞍钢也开始了建团工作。炼钢厂领导决定让赵炳君兼管青年团工作。赵炳君很为难，自己既不是党员，也不是团员，怎么能抓青年团工作呢？他把自己的想法向厂长张宾作了汇报。张宾对他说："你马上填表，我介绍你入团！"于是，赵炳君很快入了团，还当上了团支部书记。当时刚刚恢复生产，共和国还没有正式建立，特殊时期产生了一些特殊的作法并不奇怪。此后，经过严格审查，由仲恩荣和刘华昌介绍，他又加入了中国共产党，是鞍钢工人中最早的一批党员。

1949年7月30日，赵炳君到沈阳东北团委报到，8月3日，随东北地区90多名青年团干部乘火车去北京，参加刚刚成立的中央团校第一批团干部的培训学习。中央团校由团中央书记冯文彬兼任校长，讲课人都是党和国家领导人和知名教授，彭真、廖承志、谢觉哉、薛暮桥、于光远、艾思奇、陈绍禹、胡乔木、田家英、李立三、邓颖超、李维汉、陆定一、李富春、肖华等。内容主要有党史党建、哲学、政治经济学、科学社会主义、工运史、妇运史、经济、军事、建设、统战、文艺方针等。如此系统地、规范地学习，对赵炳君来说一生都受用不尽，坚定了他的共产主义信念和革命的人生观，为以后几十年的革命生涯奠定了坚实的思想基础。

1950年5月20日，中央团校举行了结业式。学习一结束，赵炳君连家也没回，先回到鞍钢，参加接待苏联共青团中央第一书记米哈伊洛夫为首的苏联访华代表团的工作。几天以后，赵炳君接到通知，到鞍钢基建处报到，任基建处团委书记。处党委书记孙冰水向赵炳君介绍情况，布置任务。紧接着，团市委在7月2日召开鞍山首届团员代表大会，赵炳君当选为团市委委员。10月份，又在沈阳参加了东北地区首届团员代表大会，和易晓光一道被选为东北团委委员。这时候，"抗美援朝，保家卫国"战争已经打响了，美国轰炸机已经多次飞过了鸭绿江，进行挑衅、轰炸，形势很紧张。共青团的工作很繁重也很艰巨，很多团员青年要求上前线，参加抗美援朝。赵炳君带领团员青年们一方面坚守岗位，增加生产，支援前线；另一方面动员青年们参军参战。干部们每人背一个挎包装文件，准备好一个简单的行李卷，晚上就睡办公室，一有情况随时出发，当然也可以上前线。这个时候，不少人动摇了，一些人经不起考验跑回家了。但大多数团员青年都表现得很坚定。王崇伦、杜光明、武玉兰、王太和等人都表现出临危不惧的大无畏精神。1951年，鞍钢为了加强设备维护检修力量，成立了机修总厂，调赵炳君担任团委书记。当时机修总厂职工中团员青年占60%以上。在抗美援朝高潮中，机修总厂承担了许多军工任务，如飞机的副油箱、坦克上的重要部件、大批军锹军镐、炮弹钢等。总厂成立了军工领导小组，赵炳君是军工领导小组成员之一，分工负责抓飞机副油箱项目。油箱主体搞成功了，但油箱拉杆多次试验都失败了。于是赵炳君组织了攻关组，由23岁的青年工人王崇伦负责。经过他刻苦钻研，在老师傅们的帮助下，数次改进刀具和卡具，终于试验成功，提前完成了任务，有力地支援了抗美援朝前线。共青团组织率先把王崇伦作为青年先进典型树立起来。1951年至1953年，王崇伦先后8次改进刀具，特别是万能工具胎的成功，一年完成了4年的工作量，被誉为"走在时间前面的人"。1954年6月，为了加强党对大型企业的领导，经党中央同意，决定成立鞍钢党委，同时组建鞍钢工会和鞍钢团委。赵炳君被任命为第一任鞍钢团委书记。团委下设三部一室，定编30人。1956年7月3日，张速、李竞、赵炳君为共青团鞍山市委副书记，赵炳君兼任鞍钢团委书记，张速兼任"鞍建"公司团委书记。

这一时期，赵炳君根据鞍钢职工青年人占比例较大，特别是农村青年多的现状，把培养青年技术工人，发挥他们在生产建设中的突击作用，作为共青团刻不容缓的任务。到1959年，鞍钢成立了50多个厂矿团委，12个直属团总支，下设700多个团支部，发展3万多名共青团员，提拔 1200 多名共青团专职干部，这些人后来大多数成为各单位的党、政领导。在那个年代，工人工资不高，劳动条件不好，团员青年们还能任劳任怨地干活，千方百计克服困难，创造出优异成绩，实在是感人至深。一炼钢的青年友谊炉（后改为先锋炉）、二炼钢的青年团结炉、三炼钢的青年跃进炉豪迈地提出"劳动不计报酬，工作不讲条件，再苦再累心也甜"的口号。

1953 年 3 月，共青团中央第一书记胡耀邦到鞍山视察工作，曾找鞍山的团干部易晓光、王清波、崔启明、张速、李竟、赵炳君谈话，他说："给你们鞍钢团组织出个题目，就是要研究一下，在大规模经济建设中，如何发挥团员和青年的突击作用问题。"要求一年后写报告交答卷。团市委常委会把这个任务交给了赵炳君和崔启明。从青年人的特点出发，两个人提出，在青年人占大多数的鞍钢，组织青年突击队和青年班组。赵炳君在机修总厂工具车间成立了王崇伦青年刨工班，崔启明在无缝厂建设工地成立了鞍钢第一支青年突击队，实践证明效果非常好。以后，在鞍钢共青团组织中普遍推广了青年班组和青年突击队经验。在开展反浪费活动中普遍建立了青年监督岗，向浪费现象作斗争。在遇到急、难、险、新任务时，还开展了争当青年突击手活动。鞍钢共青团开展的这些活动都取得了明显的成效。如一、二、三炼钢厂被命名的青年炉，在劳动竞赛中名列前茅，出色完成了生产优质钢和提高炉顶寿命的任务。团市委及时向团省委和团中央撰写了关于建立青年突击队、青年班组、青年监督岗的报告。团省委和团中央肯定了这些做法，调赵炳君在团中央召开的会议上介绍经验，很快全国掀起了"建立青年号"活动的浪潮。张百发青年突击队、倪志福青年车床、李瑞环青年木工组都是在这个浪潮中涌现出来的。1958 年 10 月，团中央在北京召开的"全国青年社会主义建设积极分子大会"，赵炳君作为辽宁代表团副团长和鞍钢"青年号"的代表王崇伦、于宝刚、李尚忠、余贵臣、冯志太等12名同志参加了大会。到1959年年底，鞍钢已经有1355个青年炉、班组、机车、电铲、机台，有2968名团员青年提前跨入1960年，第二炼钢厂青年团结炉荣获全国大型平炉竞赛冠军。

三 进 鞍 钢

1970年9月，在辽宁团省委和鞍山市经委等单位任职12年后，赵炳君又回到了鞍钢，任第二炼钢厂党委书记兼革委会主任（厂长）。

赵炳君晚年回忆往事的时候，把自己第三次进鞍钢工作的5年，视为他革命生涯中压力最大的5年，花费心血最多的5年，也是战高温、夺高产、守炉餐、伴炉眠、艰苦奋斗的5年。在此之前，赵炳君在市里的经委做主要领导工作，管理120多个国有地方企业，其中有50多个县团级单位，70多个非县团级单位。还有十几个工业局，十几个公司，共有十多万人。尽管如此，赵炳君所承担的毕竟是部门的管理工作，和具体管理一个年产200多万吨钢的炼钢厂相比，后者工作更加具体，任务更加艰巨。

赵炳君到二炼钢厂任职时，恰逢党中央提出了"结束钢铁十年徘徊，尽快把钢铁生产搞上去"的号召，赵炳君带领厂领导班子成员靠前指挥，和4千多名职工一道，开展了一场夺钢大战。

"火车跑得快，全凭车头带。"赵炳君是厂里的一把手，深知调动全体干部积极性的极端重要性。他到任后，带头吃住在厂，随时发现问题随时解决，给职工们做出了榜样。这时厂里大部分老干部、技术人员还都在车间劳动，有的还在农村接受再教育。而在厂指挥生产的人不少人是新手，有的甚至不懂生产。抓住这个问题，经请示市委主要领导同意，赵炳君和党委副书记崔杰亲自到农村，把原厂长张金城、总工程师周仁辅从农村调回来，参与领导班子工作。又建议公司把年轻有为的李华忠调来任第一副厂长，将生产科长刘宝玉提拔为生产副厂长。经市委和鞍钢领导同意，把23名不适应工作的干部调下来当工人；把在下面当工人的原车间主任、党总支书记调上来充实车间一级领导；工段一级干部也做了相应调整。下去一批，上来一批，此举得到了广大工人们的热烈拥护，收到了很好的效果。

有一次，厂里出了质量事故，分析会开了半天，既没有找出事故责任者，也没有找出事故的真正原因。大家互相推诿，没人承担责任。这件事促使赵炳君下决心抓改章建制，搞企业整顿。首先取消营连编制，恢复车间、工段名称。企业和军队毕竟有很大的不同，赵炳君曾经与人争论过这个问题。现在，他下决心把原来的规章制度修改完善后，认真贯彻执行。特别是质量、安全、人事考勤、交接班制度是重中之重。这项工作由李华忠负责，完成得很出色。三个月后，无章可循、有章不依的现象基本不存在了。人人有事干、事事有人管的主人翁责任感大大增强，生产管理出现了新面貌。

加强生产调度工作，是强化生产管理的又一举措。赵炳君和李华忠组织有关人员学习革命导师恩格斯的《论权威》，指出工厂就是战场，调度就是命令，必须强化生产指挥的权威。否则只能打乱仗。在赵炳君主持下，厂里重新配备了三班指挥长，刘宝玉兼总指挥长。赵炳君从自己做起，坚持上生产一线。副厂长以上干部也全部上一线倒班，在生产一线解决生产实际问题，不仅使生产顺行，还大大地密切干群关系。赵炳君经常吃住在厂，随时解决厂里出现的各种问题。这样，调度灵了，事故少了，质量提高了，产量也不断增加，工人们的干劲更足了。但是，也有人给赵炳君扣上了搞"管、卡、压，走回头路""搞复辟"的大帽子。

赵炳君并不为所动，继续抓整顿，抓生产管理。二炼钢厂有400多名大中专毕业生，当时大部分都在车间当工人。原来管技术的副厂长邢栋在炉下清理钢渣，还有一位每月拿150多元工资的工程师在食堂当会计，有人戏称他是"小食堂里的大会计"。赵炳君主持厂党委会议认真讨论研究，决定把邢栋官复原职，继续抓全厂的生产技术工作。建立总工程师制度，车间一级设专职工程师，把那位"大会计"调上来抓生产技术工作。厂里成立了"技术规划""氧气顶吹""滑动水口""品种质量"等技术攻关小组。与此同时，帮助工程技术人员解决住房、夫妻两地生活等问题，调动了职工的积极性，反响非常好。

辛勤努力赢得收获。1971年7月、8月，"电渣重融"试验成功，解决了海军潜艇用的特殊钢问题，填补了军工生产的空白，给国家节省了大量外汇，受到了海军司令部的通令表扬；1972年9月，"平炉氧气顶吹试验成功"，不仅钢的产量提高了，还大大地降低了生产成本，改善了工人的劳动条件；1974年6月"滑动水口"试验成功，不仅提高了钢锭质量，减少了漏钢事故，节约了大量的耐火材料，也降低了工人的劳动强度。为此，新华社发了消息，《人民日报》在第一版用整版篇幅介绍攻克滑动水口的事迹。冶金工业部炼钢司在二炼钢厂召开现场会，推广"滑动水口"和"氧气顶吹的经验"。以上三项技术创新成果在全国冶金系统引起了不小的震动。

赵炳君就是这样，无论有什么困难和问题，始终要抓好炼钢生产。他到二炼钢的第一年，钢产量完成210万吨；第二年完成215万吨；第三年完成220万吨。5年共完成1100多万吨钢。年年都创造了历史的最好水平，超额完成生产计划，为钢铁生产做出了重要贡献。

（作者曾任鞍钢保卫部防火管理处处长。）

鲜为人知的科研项目

胡嘉弟

20 世纪 50 年代，在鞍钢西南门外约一公里柳西屯西面的一片野地里，出现了一处神秘的处所。面积有几千平方米，周围用双层铁丝网夹高压电网围着，里面建起一座数百平方米的厂房和一座二层小楼房。配套设施比较完善，包括锅炉房、取暖系统、供水泵房、变电所、废物库、排水大坑、门卫传达室，铺设了柏油路，配有专用的解放牌大卡车，区域山体由军人持枪警卫。只有少数人知道，这是新成立的隶属鞍钢钢铁研究所（原中央试验室）的一个秘密研究室，代号"四二六"。

"四二六"研究室的成立，缘由 20 世纪 50 年代苏联援助的 156 项

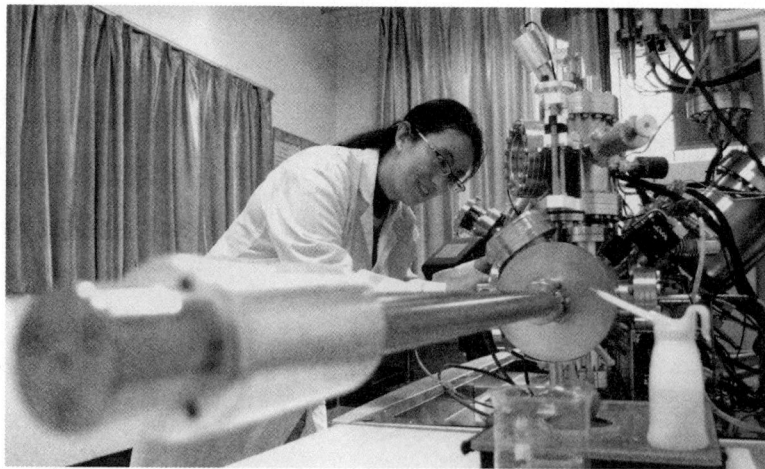

工作中的鞍钢科研人员

而产生的，完全按苏联专家的要求和提供图纸建设的，大部分的设备和仪器由苏联提供。"四二六"研究室是一个研究开发原子能和平利用即放射性同位素应用的机构，属于保密单位。

我于1963年被分配到中央试验室。到三炼钢劳动实习一年后，分配到"四二六"室试验组，主要围绕炼钢开展研究工作。当时鞍钢炼钢工艺全部是钢锭模浇注，钢锭内部质量决定了钢材的质量。钢锭是在近1600摄氏度钢液，经钢水罐浇注到钢锭模内成型的。钢液在钢锭模内逐渐凝固，凝固过程中受多种因素的影响。钢液中杂质的分布上浮决定了钢的纯净度，尤其硫、磷等夹杂直接影响钢材的性能。所以加强钢液凝固过程中硫磷等分布排除机理的研究，以便在冶炼和浇注过程中，采取相应措施，对于最终为提高钢材产品质量意义十分重要。但是炼钢是在高温条件下进行的，特别是对于1600多摄氏度的钢液内在质量的研究，常规的手段很难完成。而利用放射性同位素的特性，采取一定的手段，就能实际检测到钢液凝固机理，能观察到钢中夹杂分布、析出等情况。经过研究分析，在生产中采取应对措施或对已采取的措施进行改造和提高。例如对沸腾钢锭头部挂绝热板，镇静钢锭增加保温层等。我们利用放射性同位素硫32、磷35，对7.1吨、13吨、15吨钢锭等做跟踪试验，取得的试验数据在已有文献中没见到。在研究钢液凝固理论、钢锭结晶机理以及钢中夹杂的分布去除等，取得了确切的数据，为提高钢锭及钢材质量提供了可靠的依据。

"四二六"成立后，利用放射性同位素的特点，围绕炼钢、炼铁、烧结、焦化、轧钢等工艺流程，对产品质量等技术问题进行科学研究，对压力容器及其焊缝等开展无损探伤等，做了大量工作。在高温状态下一些常规手段无法进行的工作，利用放射性同位素的特性开展研究，对于优化钢铁生产工艺，提高产品的质量，提高各种加热装置的使用效能起到了重要的辅助作用。我记得，当时在高炉炉衬中埋设放射性同位素，随机测定高炉炉衬侵蚀情况，确定高炉检修参考数据。后来还在连铸结晶器上对结晶器内液面控制提供了检测手段。此外，还对公司的压力容器、大型管道的焊缝、采用钴60进行无损探伤。

当年的这个研究室，配套还是不够完善的。原设计中有两个最大的房间，这是较重要的放射性同位素分装间，是带有机械手与电控运输车的分装箱和人工用手套分装箱。这两套装置只有简单的装配图，没有实施。很多工作因无分装间，直接影响了研究工作的开展，全部分装工作只靠在放射源库的机械手进行。记得有一次在分装同位素磷35时，放射源从源缶取出后，机械手出了故障，为工作正常进行，我跑进放射源库用手抓放射源放入铅缶中。当时，尽管是为了工作，但还是显得年轻幼稚，安全观念淡漠。过后，想起来这件事，至今还心有余悸。20世纪60年代末，我们和设计院、钢研所搞设计的人员共同组成了"四二六"二期工程设计组，到中科院的原子能研究所、原子核研究所学习，完成了该项设计。当时，我背着图纸到上海原子核研究所驻在一个多月，经该所专家审查修改完善后，形成了施工设计图纸。但当时正值"文化大革命"时期，人员变动很大，对这项工作的重视程度大大降低，"四二六"的工作处于停顿状态，该工程随之停下了。"文化大革命"后期，我也离开了"四二六"。这项工程20世纪80年代才动工，只造了比较简单的β射线手动分装箱，勉强维持工作。这期间，在放射性同位素的试验研究中，曾产生大量含有放射性污染的废物。处理放射性废物，必须有放置废物的库房。库房需远离居民区，设在地下，待放射性同位素裹变到对人体无害时，才能处理。经省市有关部门审批，在辽阳隆昌山区建立了符合国家排放标准的废物库，解决了全省放射性废物的存放。

"四二六"研究项目专业人员的配置较为困难。20世纪60年代初，原子能和平利用的人才匮乏，工业企业中的专业人才几乎为零。公司从各有关院校和单位调配了一批与本专业有关联的人员，例如从东北工学院招来了"核物理"专业的，从中国科技大学招来"核仪表"专业的，从厦门大学、暨南大学、北京钢铁学院等招来了"放射化学"专业的，还有刚从波兰留学回来的焦化专业的，其他院校的炼铁炼钢等专业的，调入了几个有经验、技术水平高的技术人员和工人。由曾赴苏联进修的专家、时任钢研所副所长周熔领头，建成了一个真正意义上的基层研究单位——"四二六"室。"文化大革命"后，又调来了清华大学、东北大学、鞍山钢院等院校的大学毕业生充实了研究室的科研队伍。

到20世纪90年代，公司二发电厂改造，建设供煤系统，动迁了"四二六"原场地。"四二六"室人员合并到鞍钢自动化研究所。

现在，放射性同位素在鞍钢的应用不再是秘密了，所以我才讲述一下"四二六"的故事。在鞍钢的发展史上应该有这么一笔，应该记录下这么一段难忘的经历。

（作者曾任鞍钢技术中心能源设备处处长。）

密码蕴含的情愫

程裕民

　　由北京站开往大连方向的列车，次日黎明驶入山海关，出了山海关便是进入关东广袤大地了，一棵棵高耸的杨树、一座座村落飞逝而过，传说中寒冷难耐很遥远的地方即在眼前，离目的地越来越近，情绪有些激动浮想联翩。在短短两年里人生道路，发生如此重大变迁转折难以置信，颇为感慨。

　　两年前，即1960年的4月初，响应党的号召，说服唯一亲人——我的母亲，踏上一列满载支援江西钢铁基地建设的火车缓缓驶离了上海。翌日，抵达新余火车站。新余钢铁公司人事部门的负责人宣布几百人分配到各单位的名单，我与其他十多人分配至距新余市40多里的分宜石灰石采矿场。上了一辆卡车，一路上颠簸一个多小时终于抵达目的地，眼前是毛竹油毡纸搭建的简易宿舍棚和办公室。没有电灯，附近农民一辈子没见过电灯，水是从农村一座小学旁的泉水池拉来。场部被山坳所围绕，北山便是石灰石、白云石矿脉，采石场掌子面裸露出白色矿面，经过两天一夜奔波才安定下来。昨日还在繁华大都市——上海，今晚像来到另样世界，一时都难以适应，但没有人抱怨。我被安排在人事保卫科并兼文书工作。

　　1961年4月初的一天，夜9时，矿上唯一一台发电机停止运转，顷刻整个矿的电灯都没亮光，远处传来虫鸣声，那么静谧，那么孤寂。唯矿部办公小楼二楼人事保卫科亮着一盏煤油灯闪着荧光。在煤油灯下，当拆开新余钢铁公司文件时，我惊讶诧异，文件称：决定调程裕民同志于1961年4月8日，赴北京冶金工业部干部学校机要班学习，学习完成后到公司经理办工作。我唤醒已入睡的李金冰科长，急匆匆地说："怎么调我走呐，你手下没人咋办？"李科长说："我也不愿放你走，这是公司人事处考察后决定的，是件好事。"

由上海抵达北京火车站已是下午4时许，背着行李拎着手提包走出站台，回眸眺望崭新具有民族色彩的宏伟建筑，心潮起伏激动不已，这是我第一次来到祖国首都——北京的真实写照。冶金工业部干部学校，位于北京通县方向。来自全国各地学员58名。学习课程大致分四个项目。第一，政治课程基本免了，主要考虑学员来自工作岗位的党团员干部，具有一定政治教育基础，但内容十分明晰，要求十分明确。要求学员必须做到：对党忠诚，严守秘密，头可断，血可流，党的机密不能丢；耐得住清苦，不为名不为利，甘当无名英雄，树立干一辈子的思想理念；学员必须严遵纪律，不准请假，不能擅自外出，离校必须俩人同行，信件往来要向领导汇报。第二、第三、第四，均为收发业务及技术课程。

从春天到初秋，五个月的学习很快要结束了。9月16日，举行结业典礼，机要处赵处长（延安时期的机要员）发表了热情洋溢的讲话。冶金工业部办公厅主任讲话，指示我们回单位后要迅速开展工作。

告别北京，途经上海回家看望母亲，耽搁两天返回江西，正式向新余钢铁公司办公室领导报到。两个月后设立了机要科，公司派了一位资格很老的抗战老干部任科长，隶属公司办公室。

冬去春来，迎来1962年。过完春节偶然间听秘书科同志说："部里从新余调一名机要员去鞍钢工作。"还说："东北嘎冷，尿尿立马被冻住，阿拉上海人吃勿消"。传说得到证实，领导决定派彭同志，或廖同志去鞍钢，因其爱人均为农村户口，进不了城而搁置，拖了很长时间未见动静。到了 4 月，领导找我谈话，我对领导说，允许我考虑考虑，再向领导汇报。作为党员应该听从党的召唤，服从组织分配，既然能离开上海，又何不能离开江西！鞍钢是祖国钢都，对鞍钢老英雄孟泰、"走在时间前面"的王崇伦，他们的光辉业绩，留下深刻印象。最为重要的热爱密码译电工作，愿意到任务重工作量大的地方，锻炼自己能够真正成为名副其实的机要人员。鉴此，翌日主动找领导表示，服从党的需要，愿意去鞍钢。

在新余钢铁公司工作两年后，即 1962 年的 4 月，我踏上了奔赴鞍钢的行程。途中，由上海第二次到北京，再次见到赵处长、范树柏老师，很亲切，有一种回家的感觉。赵处长说："鞍钢的工作量大任务重，他们两人忙不过来，你去了是加强力量。"范老师说："鞍钢地处东北，气候与生活有所区别，思想上要有充分准备，慢慢会适应的。"在他陪同下进部里译电室观察，机要员们都是比我还年轻的姑娘和小伙，他们在埋头译电，我很是羡慕。

下午 2 时许，火车停靠鞍山站台，走出火车站面对站前广场南来北往的人群，顿觉陌生茫然，有来到异域他乡的感觉。鞍钢在哪里？火车站斜对面一幢小楼上写着鞍山邮电局，径直前往花五分钱给范政卿打个电话，约 15 分钟范骑着自行车来到邮电局，握手互致问候，他说："早就接到部里通知，你来了我很高兴，这下可有同伴了。"至此两人轮流一周倒班吃住于机要室，老范结束了一年之久独居大白楼的局面。女同志郑素芳已婚有小孩，只是在星期日白天参加轮流值班。鞍钢机要室隶属于鞍钢党委办公室。鞍钢译电工作量很大，每天固定《生产日报》必须上报冶金工业部。一份《生产日报》可抵上江西一周工作量。公司经理、副经理签发各部门呈报的电报络绎不绝，我暗下决心一定要赶上他们，以适应工作需要。与此同时，主动"办报"直接熟悉公司领导和领导的秘书，经过一段时间的实践，我悟出一个道理，为什么在江西密码电报应用如此少呢？而鞍钢除规模大龙头企业外，重要的是公司首长和部门领导，他们绝大多数是历经战争脱下军装的老红军，参加抗日战争、解放战争的老干部，他们对密码译电的重要性、及时性、机密性深有体会，高度重视，把它作为不可或缺的通信渠道及工具，保持了部队指挥员的传统。而江西则是新上马的钢铁企业，首长和部门的领导，多数是从上海等地调入干部，他们没有这样的经历，习惯于文件和电话请示汇报，缺乏对密码和密码通信的了解与认识。

范政卿同志原籍湖南，其妻在老家工作，机要室业务由他牵头。我独身自来鞍钢后，每逢新春佳节，便主动让老范休探亲假回家团聚过春节，本人则选"五一"或"十一"回沪探亲与老母亲相见。平常机关组织义务劳动或活动，我都积极带头参加。比如，七岭子农场需劳力收割，我卷铺盖作为党委办公室派出劳力参加劳动，一周时间打地铺吃住在那里。对此毫无怨言，深知是锻炼也是考验。来鞍钢时正值三年自然灾害恢复初期，机关工作人员粮食定量28斤/月，其中对南方人每月每人发三斤细粮票，可在食堂买大米饭或白面馒头。一般情况下选择窝窝头和大饼子，我的胃对高粱米适应不了。每每晚上在机要室值班，饿了，喝点水。关键一个字：忍，忍一忍就迎来明天。

光阴荏苒。1963年7月初，办公室副主任找我谈话，到部里学习机器译电任务，指示要努力学习，回来好开展工作。翌日，上午到了北京冶金工业部，赵处长和蔼地说："你来了，很好，这次就选了你和武钢的罗正林来学习机器操作，学习为期两个月，住的地方安排在新街口冶金部招待所，有啥问题吗？""没有。"我当即回答。停顿一下，赵处长又说："噢差点忘了，你来的是时候，明儿部里组织一百多人去机场迎接中国代表团从苏联莫斯科回国，机要处有6名年轻人前往，你随他们一起去吧，有啥问题吗？""没问题，没问题。"我听了很高兴，连连地回答。

那天是星期日，冶金工业部大院停了三辆大客车，我与部里机要处同志一起登车前往南苑机场，9时许到达。前来机场的还有国家其他部委迎接队伍，约1500余人，没有锣鼓没有红旗，欢迎队伍在停机坪东侧有一块空地排成U形，宣布了纪律，不准擅自脱离队形。过了半个钟点，从机场候机厅走出刘少奇、周恩来、朱德、陈毅等中央领导人及夫人。一架苏联飞机从云中刚降落停机坪，此刻毛主席来了，人们顿时欢呼雀跃。毛主席首先来到停机坪，与走下飞机的邓小平、彭真一一握手，并与苏联机组人员合影。拍完照，邓小平、彭真急匆匆来到欢迎队伍绕场一周，欢迎队伍报以热烈掌声。掌声刚停，更热烈的欢呼声和毛主席万岁的高呼声响彻天空。毛主席缓步来到欢迎队伍，挥动右手与大家打招呼。"毛主席万岁！毛主席万岁！"热烈地欢呼声久久回响在机场的上空。满怀着幸福和激动的心情回到招待所后，武钢的罗正林同志也于当晚到达招待所，当他听到我眉飞色舞地描述见到毛主席的情形时，顿足捶胸，后悔不迭地说："我咋来晚了呐，太遗憾了啦！真羡慕你们呀！"

机器代替手工编码，工作效率大大提高。处里派了王舒君大姐做我们两人的辅导老师，学习地点在大楼地下室的一个特定的房间，两张桌子安放两台机器，经辅导老师讲解才知道机器代号为EC68。辅导员只在每步开始讲课，之后每步结束进行测验考核，成绩直接报给处里。每天早7时赶到部里食堂用早餐，吃完早餐便来到地下室开始学习与操练，午饭后休息一个小时，返回地下室继续工作，晚饭后仍回地下室，直到20时方收拾用品及文件，放进大袋里封闭后，送二楼机要室保存。次日早餐后上二楼将东西取出，新的一天又开始了。一天三顿饭后立马转入地下，盛夏练习打键争分夺秒汗流浃背，我们深知肩上的担子与任务，只有把本事学到家方能当老师，才能传授给家里人。

两个月的时间眼看要到了，王舒君大姐对我们做最后考核，结果三门功课均达到或超过定额指标，若要与部里机要员相比，在时间速度质量方面尚存在差距。对此，我们觉得很庆幸，处里领导表示满意和欣慰。60 天的时间里，我们和部里译电员相处，加深了解，增进了友谊，临离别前大家到照相馆合影留念。为安全将机器带回鞍山，范老师特订购软卧车票，走的那晚部里同志分别护送我们上了火车。抵达鞍山，老范到站台候接，将机器放到华沙轿车里，直接拉回大白楼。

自 1963 年起，冶金工业部部长王鹤寿确定鞍钢为蹲点单位。1964 年年初，冶金工业部指派钢铁司副司长马成德率工作组进驻鞍钢（马成德曾任鞍钢一炼钢厂厂长）。工作重点是组织抓鞍钢技术改革，提高产品质量。1964 年 4 月 23 日，中共中央作出决定：由王鹤寿出任鞍山市委第一书记兼鞍钢党委书记。由此，迎来鞍钢历史上的一个"黄金时代"。

在这样的形势下，北京冶金工业部与鞍钢往来密码电报倍增，工作量陡然加大。为适应新形势的需要，部办公厅机要处与鞍钢研究决定，鞍钢机要室升格为机要科，任命程裕民为副科长，主持机要科工作。与此同时，加强了鞍钢机要工作的力度，对机要人员进行调整和加强。1964 年 6 月，从湖南把彭炳炎同志调来鞍钢，范正卿同志调往湖南，以解决夫妇两地生活问题。1965 年 8 月，派中办一局干部学校毕业的端木铁军来鞍钢工作。嗣后，部里又派刘叔奇、王自重、刘桂香、王成祥来到鞍钢。机要科人员鼎盛时期达到 6 名机要员。"工欲善其事，必先利其器。"新来的年轻同志，很努力很刻苦，通过传帮带和实际操作，在不长时间内便能独立承担译电任务了。1965-1966 年，译电工作量达到历史最高水平。由王鹤寿亲自起草电文长达数百字、上千字是常有的事，林诚代经理和各主管副经理所签发电报也可谓络绎不绝。

1966 年 4 月某日，接张秘书电话说："陶副经理请你到他办公室，快来。"撂下电话，我有点犯愣，极少有这种情况，一般都由张秘书传达或办理，亲自召见实属罕见。这里需简要说一说这位陶惕成副经理，他是位老革命老干部，我非常钦佩他，最爱听他的形势报告，顿挫抑扬激情演说深深打动人心。比听报告更为感动的是他对机要译电的重视和关切，尤为对机要员的爱护，至今难以忘怀。接过电话，我急忙撂下手里的工作，赶快下二楼来到陶副经理办公室，只见他脸色凝重严肃，像部队首长给下达命令说："小程，你准备好电台和译电员，随我开赴三线水城。"听完首长指令，即回答说，电台从鞍钢可以找到，报务员也可从鞍钢选调，译电员调动需向部里汇报。他听后稍平静深沉地说："三线建设不好，毛主席睡不好觉啊，你懂吗！"我即回答："懂。""好吧，你赶快去准备吧。"陶副经理听了我的表态露出满意的神情。离开陶副经理办公室，小步快走回到四楼科内，迅即给部机要处赵处长汇报，赵处长说机要译电员由部里给予调配，考虑熟悉鞍钢情况，你们选派一名机要员前往。科里考虑，决定派端木铁军先行赴三线。不久，李振畅由云南调鞍钢，部里指定由他负责水城机要室的工作。从黑龙江黄金公司，调马福庆、左泽忠同志，直接去水城报到。鞍钢从下属单位选调两名由部队转业的报务员苏方厚、朱范先，带着一部电台抵达水城指挥部，水城指挥部机要室有 4 名机要译电员，2 名报务员。机要员们自力更生，就地半山腰挖沙担土，硬是盖了一个干打垒房子。既及时开展工作，又做到隔音保密安全。至此鞍钢机要科形成三条密码通道：鞍钢—北京、鞍钢—水城、水城—北京。那段日子鞍钢译电工作量直线上升，俨然像一个战区司令部的机要部门。

随着"文化大革命"的升级，鞍钢形成了两大派别。机要科同志把革命热忱回归机要岗位，坚守阵地履行职责，作为无名英雄保卫着密码的安全。1967 年下半年，支左部队进驻"大白楼"，一位部队机要员找我们分别谈话，劝我们要回到革命路线，认清形势，不要犯错误等。与此同时，冶金工业部机要处造反派掌权头头，也做我的工作，劝站到"捍卫队"的立场。作为共产党员、共青团员的机要员，亲自进行机密电报的译电，多年工作实践，使我们对鞍钢形势及变化看得比较清楚。对此，坚持自己的观点和立场。见我们顽固不化，做我工作的人，便警告我们："你们会后悔的。"还对外宣扬说，他们是王鹤寿的机要科。

1968 年年初，机要科已是有其名无其实的空架子。当权派被夺权靠边站，谁来指挥生产？既无电报可收，又无电报可发。不久接到指令，将密码和密件，用绝密手段通过机要交通邮交北京。同时，由四人护送 EC68 机器送交北京。"文化大革命"不久，时任三线副总指挥彭德怀元帅被打倒了。一心扑在三线建设上，被誉为"西南钢铁王"的陶惕成殚精竭虑，一次批斗后心脏病发作而猝亡，命殒三线水城年仅 47 岁，他的豪言："铁骑定起飞"将永留世间。

水城被军管后，四名机要员返回鞍钢。8 月 17 日，鞍钢正式宣布实施军管，接收鞍钢的指挥权。同时，宣布机要科撤销，密码译电走到终点。按照冶金工业部和国家对机要人员安排意见，就地妥善安排工作。但军管会对程裕民等 4 人，下放盘锦"五·七干校"劳动，还有 6 名同志分别下到工厂当工人。

密码译电改变了我的人生轨迹，"文化大革命"又再次变更了人生之路。

党的十一届三中全会以后，原鞍钢机要科人员迎来新的春天，分别走向新的岗位，为鞍钢的生产和发展奉献了自己的韶华岁月，直到退休颐养晚年。回顾那段密码译电的日子，尽管有着严格纪律和规矩约束，尽管非常清苦平淡，立志做一名无名英雄的信念没变。大家对密码蕴含的情愫和友谊，我非常怀念，十分珍惜。

（作者曾任鞍钢档案处处长。）

印象深刻的两件事

孙士杰

1962 年我从东北工学院毕业，跨入"共和国钢铁工业长子"鞍钢的大门。坦诚地说，毕业后能在鞍钢这样全国最大的钢铁企业工作是我的幸运，也是施展才华与能力的良好机遇。35 年中，我亲历和目睹了鞍钢的发展变化。每每想起当年的拼搏，想起自己获得的多项奖励，仍然兴奋不已，其中有两件事印象特别深刻。

与美国 B·E 公司谈判

1979 年中美建交之前，中国机械进出口公司与美国 B·E 公司（BUCYRUS-ERIE）签署了购买该公司矿山设备的合同。1975 年设备到大孤山铁矿现场开箱检查时，发现 195B 电铲、45R 和 60R 牙轮钻等设备存在多处质量缺陷，尤其是 8 立方码 195B 电铲回转台裂纹缺陷十分严重。我方立即将此情况通报给 B·E 公司。B·E 同意来中国商谈，随即派出首席谈判代表 B·E 公司总工程师克拉斯纽思基（KRAS-CHNEWSKI）、B·E 公司主任冶金工程师帕瑟博（PASIERB）、现场安装技师李特瑞，以及中间商美籍华人王教仁四人谈判组来中国商谈。我方谈判组长是矿山公司机动处长董祥光同志，成员有大孤山矿刘廷安同志、我本人及译员杨同志。分工是刘以设备安装使用为主，我以设备制造为主。双方争论的焦点是回转台裂纹焊与不焊的问题。谈判前，外贸部、冶金部等领导向我们交代，这次谈判是根据"上海公报"

精神，中美间第一次贸易往来，关系到今后中美贸易前景走向和美国商界对中国的态度。要获得政治、技术、经济三方面的胜利才算全胜，只准打赢，不准打输。

7月19日—23日在北京中机公司124号室谈判未果，24日转移至鞍山。双方去大孤山矿现场检测后回宾馆继续商谈。首先由美方介绍实测结果：回转台共有24条热裂纹，其中3条已焊好，余下21条中有13条应焊修，另8条不需焊修，属无害裂纹。我方当即指出美方检测结果有误。一是裂纹最大长度、最大深度比我方实测的小；二是所谓已焊好的3条裂纹经我方探伤显示未焊好，仍存在裂纹；三是要害部位——回转台中心轴处的15号裂纹是最大隐患，美方没有予以足够的重视。我方明确提出，缺陷没搞清前，争论焊与不焊毫无意义，必先搞清缺陷再谈。听罢，美方有些茫然，提出临时休会，再去现场检测。

当日下午复会，美方首先承认工作不细，检测有误，向我方道歉。美方傲气受挫，初战告捷，谈判开个好头。但美方又用大量篇幅企图说服我方同意焊修。声言26吨重、结构复杂的回转台铸钢件，出现热裂纹难以避免，裂纹焊补也是正常的一道工序，设计时就考虑了这点，已经加大了安全系数，否则美国的铸钢厂都要关门，并拿出美国ASTM A27标准作证。

对于技术问题的狡辩必须用正确的技术理论与实践去澄清。于是由我阐述了热裂是由于钢水在凝固区间所受热应力、相变应力、型腔阻力、钢水纯净度、铸造工艺等多种因素造成的，采取适当的技术工艺措施完全可以生产出没有热裂纹的转台，我们鞍钢自己就可以做。碳钢铸件当然可以焊修，但不能说一概可以焊。接着我方刘工详细阐述了中心轴部位存在十分严重的15号裂纹，在负荷大、受交变应力作用下必须考虑应力集中、周期应力、静不定等问题，会给转台工作造成很大安全隐患，并会减少使用寿命，因此我方坚决不同意焊修。美方表示："我们回去复习了你们几位先生的讲话，我们理解了你们的意思，我们也表达过类似的想法。来中国前公司向我们交代，我们来中国不是躲避责任的，而是寻找一个更好的解决办法。我们准备了几个建议，报告给公司，等待回答，希望能得到一个满意的答复。"

当晚我方董祥光组长与美方中间商王教仁先生单独约谈，表示"如果美方坚持焊修不予更换新品，谈判到此结束。我们把转台送到进出口商品展览会公开展览，注明这是美国 B·E 公司卖给我们中国的'优质品'，请你把这个意见转达给美方。"

第二天八点开谈。美方组长兴致勃勃地说："星期天没休息表示道歉。国内传来了好消息，值得向你们转达。B·E 公司总经理贝尔格先生决定，为表示诚意，尽快送一台新转台过来。B·E 要做中国的好朋友，重新取得中国对我们的信心。"美方组长同时表示"今后没有我和 Pasierb 先生亲自检查，不准向中国发货。"

至此，鞍钢公司在中美建交前的第一次贸易质量问题谈判，经过十天鏖战，我方以取得全面胜利而结束，受到了两部及公司表奖。

探索中国人自己的铜板电镀技术

1987 年，鞍钢从日本神户制钢株式会社引进了具有当时先进水平的大型板坯连铸新技术，用以改造第三炼钢厂。其中关键备件——结晶器铜板电镀 Ni-Fe 合金技术，为节省投资没有引进，委托长春第一汽车制造厂和无锡电镀设备厂研究解决，并在机械制造公司西部机械厂新建一个电镀车间。公司在与神户制钢所签合同中，日方所供结晶器数量仅够试生产用，正式投产后由鞍钢自行解决。我时任西部机械厂总工程师，这一与时间赛跑的研制项目由我主抓。

对电镀，我是门外汉。一无资料，二无懂电镀的专业技术人员，其难度可想而知。怎么办？必须请明白人。于是公司很快给我厂调来了学表面处理、防腐的大本毕业生和作过电镀的老技工，并派往一汽参与试验。约半年时间，一汽研究出两种添加剂，镀成了 150 毫米×200 毫米的小试样，双方人马立即转移至我厂车间 Ni-Fe 线，进行铜板实物试镀。经过多次试验，没有一块镀成功。主要是镀层与基体结合不牢，特别是 Ni-Fe 工作层裂纹、剥落。久攻不下，一汽参试主力人员回厂查原因。此时，连铸试生产已近成功，即将投入正式生产，而由神户带来的结晶器所剩不多。公司试探日方可否再供我方一些结晶器，日方答应得倒很痛快，但价格要翻倍，明显是一种借机敲诈行为。公司领导当即予以拒绝，并明确要求我厂全力攻关，半年内镀出成品。于是我就把主要精力放在抓铜板电镀上。为加快速度，决定兵分两路，一路去宝钢学习，尽管宝钢镀铬属第一代技术，不如我们镀 Ni-Fe 第二代技术先进，但都属电镀同专业，必有可参考之处。第二路人马由我和两名年轻工程师带着一汽研制的两种添加剂进京，求助解放军防化研究院。该院肖研究员在反复分析一汽提供的两种添加剂之后，第三天交给我们两桶新添加剂，回厂试用。

汇总两路人马所获，主要进行三项改进：（1）改进镀前技术处理；（2）改用防化院研制的两种添加剂；（3）采用我们自己设计的工装，改变电镀工艺参数。为了保证用户尽快反馈试用情况，我厂与三炼钢厂的景奉儒同志（现任鞍钢集团副总经理）建立了紧密协作及时沟通关系。结果从第一块宽边铜板试镀开始就再也没有出现镀层结合不牢、裂纹、剥落问题。1992 年供货给三炼钢厂 160 块成品试用至 1993 年底，景奉儒同志反馈的情况：宽边铜板拉钢吨数是窄边铜板拉钢的两倍，超过了当时日方产品使用寿命，镀层理化性能也超出日方。独创性地研制成功，节约了 600 万美元技术引进费；国产顶替进口使三炼钢厂这个产品每年节省 89 万美元，我厂每年创效益 116 万元。1994 年被评为冶金部优质产品，1996 年被授予发明专利。

　　鞍山钢铁公司成立七十年来，约有十万余工程技术人员为其建设和发展发奋图强、奉献一生。从自己的经历上我认识到，技术人员就是要以精湛的技术立身、报国。鞍钢就是提高技术、展示才干、报效国家的平台，值得我们为他奋斗，为他奉献。

　　（作者曾任鞍钢机械制造公司西部机械厂总工程师。）

我所经历的鞍钢技术质量监督工作

杨喜义

我是 1964 年大学毕业后组织统一分配到鞍钢工作的，于 1999 年 6 月退休。先后在冷轧厂、铸管厂工作。其间，1965 年 5 月至 1966 年 12 月在第二薄板厂、中型厂、一初轧厂参加"四清"工作。1973 年 5 月调到军工质量处工作，后改为技术质量监督处。1994 年技术质量监督处升格为技术质量监督部。在鞍钢党组织的培养下，我加入了中国共产党，由技术员、工程师、高级工程师、科长、处长，升为技术质量监督部部长。在此期间，各级党组织对我培养教育，教我树立正确的人生观、世界观、价值观，并把我送到鞍钢党校进修一年，以提高我的思想水平、领导能力和组织能力。我非常感谢党组织对我的教育和培养。

我在技术质量监督部工作主要负责公司的技术管理、产品标准管理、产品质量管理、化验检验管理。同时负责全公司推行全面质量管理工作，产品创优工作。在公司党委和公司的领导下，各项工作都取得了很大成就，获得冶金工业部（以下简称冶金部）的表彰和嘉奖。鞍钢的产品创优，质量管理小组活动，废品减半工作，质量增利工作都在冶金系统推广，并得到了其他钢铁企业好评，许多单位派技术人员来考察学习。

下面我举几个事例：

钢铁是国家工业的基础，在我国长期计划经济模式下，钢材由国家（即冶金部）统管统销，即由冶金部分配，凭钢材供货指标才能得到钢材，价格由国家统一规定。当时鞍钢生产的钢材成本较高，主要是人工成本高，材料消耗高。因此，利润较低。鞍钢财务状况紧张。鞍钢要求各单位要降低成本，提高效益，同时要求各职能部门要积极想办法，挖潜力，提措施，增效益。在这种情况下，我们处提出质量增利的具体办法：一是减废增效，口号是废品减半；二是生产高精度、高性能、高牌号的产品，实行优质优价为鞍钢增效。在实行优质优价方面，鞍钢为冶金部做出了重大贡献。首先由鞍钢起草了螺纹钢、汽车板、桥梁板、容器板、型材等八项内控标准，即高于冶金标准。产品的精度、性能、化学成分都比冶金部标准高，如果按此标准生产、检验，出厂可在原价的基础上加价20%。这在当时钢材价格低，国家统一定价格的情况下，是一笔很大的效益。为起草内控标准，我们组织了全公司技术标准管理人员加班加点工作，在一个月的时间里将八项标准起草完毕。之后，我们请了冶金部的领导、冶金部标准所的领导和技术人员共计80多人来鞍钢参加审订会，冶金部派了5位司长来坐镇把关。经过三天的审定，全部通过，并由冶金部颁布实施。按这八项内控标准组织生产，鞍钢可在原价的基础上每年增收1亿元，这在当时价格低的情况下，是一笔巨大的利润。在公司生产经营比较困难的情况下，我们通过各项增利措施，在我退休前共计为公司增利19.6亿元，这是审计部对我离职审定的数据。质量增利工作一直受到公司的重视，并每年都列入实现鞍钢利润的重要措施。

鞍钢输出的钢材都要由技术质量监督部门签发"质量证明书"。几十年来，质量证明书都是由人工复写8份分别发给有关部门。8份证明书一次手写，下面的4份基本看不清。因此，用户意见很大，异议很多，长期没有好的办法解决。全国冶金系统都是如此。20世纪90年代后计算机逐渐增多，但计算机是社会控制商品，不经过鞍钢财务部门审批，市社会控制商品办公室批准，是不能购买的。我为了改变人工手写证明书的问题，经和计算机工程师商定用计算机打印"质量证明书"。我向科技部申请经费，在没有经过审批的情况下，购买了 20 台计算机，由计算机工程师培训工人，经过半年的培养训练，手把手地教，终于实现了鞍钢所有出厂的钢材产品质量证明书全部由计算机打印后发出。字迹工整、清楚、美观。这在当时的年代是一件了不起的事，用户一致赞扬。但我违反财经纪律，没经审批购买计算机的事，我向公司做了检讨，得到公司领导的批评和谅解，没有给我纪律处分。

（作者曾任鞍山钢铁技术质量监督部部长。）

鞍钢万门程控电话的开通

滕长宽

当年，鞍钢引进并开通 1.2 万门程控电话交换机，结束了打电话难的历史，使生产指挥准确、快捷，方便国内外联系和交往，为鞍钢以后的建设和发展起着重要作用。

鞍钢万门程控电话开通剪彩仪式

当初鞍钢电话装机容量极低，仅有两个模拟电话局。南局装有1956 年开通的东德 52-C 步进制自动电话交换机，容量 4 千门，还有国产 47 式自动交换机，容量 1 千门。1985 年初北局开通国产 HJ-921 纵横制自动电话交换机，装机容量 3 千门。当时鞍钢拥有 40 万职工（含集体企业职工），电话普及率只有百人 4、5 部电话。

　　打通电话难。电话交换机设备陈旧，装机少、负荷大、故障多，维护量大，成本高。步进式交换机本身通信质量差，噪声大，经常出现错号、掉号、串号和声音不清现象。因此，打通电话难，威胁着鞍钢安全生产和经营活动，职工反响较大。

　　改变鞍钢通信状况，已成为当务之急。

　　鞍钢电话机和交换机的改造发展经历了三个阶段。

　　第一阶段是人工交换机阶段（1949—1955年）。

　　鞍钢最早采用的是磁石式电话交换机，接着出现了共电式电话交换机，这些都是人工交换机。必须由接线人员来完成使用者电话间的接线和拆线，其特点是设备简单，容量小，操作程序多，需用大量人力，话务员工作繁重，速度又慢。

　　但是，在鞍钢恢复生产的年代里，人工交换机曾经发挥重要作用。1950年9月30日，电修厂电话车间马淑琴被评为鞍山市首届劳模，并在大会上介绍了恢复鞍钢通信的经验。电讯职工欢欣鼓舞，说明鞍钢和鞍山市对电讯工作重视。

　　第二阶段是机电式自动交换阶段（1956—1990年）。

　　在第一个五年计划期间，国家对鞍钢通信十分重视，批准鞍钢引进德国52-C步进制电话交换机。

　　它是由选择器和继电器组成新的自动电话交换机。它以机械动作代替人工电话交换机话务员的接线动作。当用户拨号时，交换机内相应的选择器就随着拨号时发出的脉冲电流一步一步地改变接续位置，将主叫和被叫用户间的电话线路自动接通。步进制自动交换机可方便地组成多局制市话网。它的优点是：电路简单，每个选择器都有各自的话路部分和控制部分，发生故障时影响面小。缺点是：接续速度慢，机件易磨损，杂音大，维护量大，号码编排不灵活，线群利用度小。

　　1985年初，鞍钢又安装国产HJ-921和47纵横制电话交换机共计4

千门。

步进制交换机和纵横式交换机都由具有机械动作的电磁元件构成，它们都属于机电式交换机。

第三个阶段是数字程控交换机（1991年至今）。

数字程控交换机的结构主要是由硬件和软件两部分组成。硬件包括话路部分、控制部分和输入输出部分。

软件包括程序部分和数据部分。

程控数字交换机处理速度快，体积小、容量大，灵活性强，服务功能多，便于改变交换机功能，便于建设智能网，向用户提供更多、更方便的电话服务。

从传统的人工交换机、机电交换机和电子交换机到计算机程控数字交换机，是鞍钢通信史上的重大变革。当年，鞍钢电气公司电讯车间领导刘全业、交换机工程师孙万阁、网络工程师李志勋、电话修理工程师崔桂荣、技师李殿俊等，对程控交换机工程、新旧交换机接口方案都提出建设性意见。

随着通信技术的发展，鞍钢以后将会安装更先进全光纤交换机。它是一种高速的网络传输中继设备，它较普通程控交换机而言，采用了光纤电缆作为传输介质。光纤传输的优点是速度更快、保密性更高，抗干扰能力更强，使用更加便捷。

鞍钢总经理李华忠、副经理李长发等公司领导，十分重视鞍钢的通信工作。当时，在国内还不能生产程控交换机的情况下，在李长发副经理具体领导下，经计划处、计控处、设计院、电修厂通过考察及信息资料，先后与美国ATNT公司、德国西门子公司、日本NEC和富士通公司，三个国家四个厂商接触，经过详细技术及经济比较，谈判和招标，最后决定与日本富士通公司签订1.2万门程控电话交换机合同，总金额298万美元，比国内引进同等设备节省约60万美元。

鞍钢引进的日本 F-150 万门程控电话，它接续速度快，功能多样、方便灵活、使用效率高、声音清晰、质量可靠，性能完全符合邮电部规定标准。能够极大提高鞍钢的通信能力，尽快结束鞍钢打电话难的历史。

这个被称为"综合信息楼工程"的项目，是鞍钢电讯史上，技术最先进、投资最多、难度最大、涉及面较广，施工时间较长的工程项目。

迁移工程包括，在鞍钢大白楼西侧（672 局）动迁涉及 5 个单位，动迁面积约 8000 平方米。日伪时期留下的防空洞、游泳池等给安全爆破增加难度。复杂的地下煤气管道，动力及电缆管道，还有库房、车库拆除动迁，场地平整，共用了一个月时间，投资约 100 万元。

土建工程包括，新建 3 个程控电话局。

在鞍钢大白楼西侧建设一座 4 层楼程控电话主局，编号为 672 局，作为鞍钢的汇接局，计 2850 平方米，附属水泵房、变电所、围栏约 700 平方米。当时装机容量为 8 千门，最终可达 3 万门。在 1989 年 1 月 3 日寒冬季节开工打第一根 12 米长水泥桩（共计 512 根）开始建局，到 1989 年 11 月 30 日完工。

在鞍钢立山桥洞内原 674 局基础上，扩建 75 局，计 1000 平方米，装机容量为 2 千门，为北部厂矿通话服务。1989 年 6 月 10 日动工，1989 年 11 月 15 日完工。

在灵山鞍钢冶金粉末厂四层办公楼内，加固和扩建约 1000 平方米，编号为 676 局，装机容量为 2 千门，为灵山地区厂矿服务。1989 年 6 月 30 日开工，1989 年 12 月 30 日竣工。

此外，还有原南局装修改造，编号为 673 局。安装程控与模拟的通信设备接口/转换设备，2 台人工转接台，分品跳线机架，局内电缆敷设，电缆井及变电所，水泵站，风机室施工及安装。通过割接和试调，承担与市电信局中继线连接和开通等任务。

1989 年 4 月 30 日到 1989 年 10 月 8 日，完成炼铁厂到三孔桥，再到钢研所、立山、灵山的电缆管道。完成程控主局到市九道街、铁西、立山程控局光缆、光端机和 PCM 端机安装任务。同时完成鞍钢 3 个程控局联网，与市话局中继线 850 条、长途出入中继线 200 条（原有 80 条）。从此，鞍钢程控网络遍布鞍钢及鞍山，架起空中彩虹，连接四面八方。

（作者曾任鞍钢集团电气公司副经理。）

从事信息研究五十年

白炳中

我于1963年8月大学毕业后分配到鞍钢钢铁研究所工作。1963年11月，宋迪夏所长宣布成立科技情报研究室，要求科技情报研究工作应成为科研试验研究工作的尖兵、耳目和参谋。钢研所科技情报研究室的建立，宣告我国钢铁企业界第一家科技情报研究机构的诞生。科技情报研究室成立后，积极收集世界钢铁工业发达国家有关钢铁生产技术发展现状、水平、动态、方向等方面的科技文献。在对国内外钢铁生产技术、装备、材料进行分析、对比、归纳、研究的基础上，撰写、编译出大量的有关炼铁、炼钢、轧钢、自动控制等专业技术方面的研究报告。并将上述信息研究报告提供给科研试验研究人员及有关领导参阅，充分发挥出信息研究工作的尖兵、耳目、参谋作用。

1973年10月，冶金工业部科技司委托冶金工业出版社编辑出版《日华冶金科技辞典》。我于1974年3月被借调到由冶金工业出版社总编辑杨直夫任组长的《日华冶金科技辞典》编写组工作。经过近两年的编译工作，该辞典于1975年10月由冶金工业出版社正式出版发行。辞典总文字量达到110余万字。

1978年10月，鞍钢情报研究所成立，我被组织任命为综合情报研究室主任。鞍钢情报研究所是以钢研所科技情报研究室为基础组建的。情报研究所设有综合情报研究室、冶炼情报研究室、轧钢情报研究室、自动化情报研究室、《国外钢铁》编辑部、《鞍钢技术》编辑部、技术图书馆等科室，共有各类专业技术及外语翻译人员 150 余人。1996 年 5 月，在情报研究所成立 18 年后，以鞍钢钢铁研究所和鞍钢情报研究所为基础，组建国家级企业技术中心——鞍钢技术中心，我被任命为专家办公室副主任。我在鞍钢从事科技信息研究工作近 40 年。退休后，于 2002 年被国家经贸委和联合国国际开发署联合成立的节能信息传播中心等研究单位，聘任为专家组技术顾问。在这些信息研究机构继续从事有关钢铁生产技术、节能环保技术的分析研究工作。总计从事科技信息研究工作 50 余年。

整整半个世纪。我所从事的工作，伴随着鞍钢科技信息研究的历程，也给我留下了宝贵的记忆。

1981 年，由我任课题负责人并执笔撰写的信息研究报告《国外钢铁工业节能新技术及其在鞍钢应用的建议》，被冶金工业部科技司、冶金工业部情报研究总所评为科技情报研究成果二等奖。1982 年，该信息研究报告被中国金属学会评为优秀学术论文，并将它作为中国金属学会与外国金属学会的交流论文，全文译成英文刊登在英国金属学会会刊等学术刊物上。

1991 年，由我任课题负责人并执笔撰写的《世界钢铁生产技术发展现状、水平、方向及辽宁省钢铁工业 2000 年前的发展战略研究》报告，被辽宁省科委、计委、经贸委、科协等评为辽宁省科技进步奖一等奖。该研究报告成为辽宁省制定产业技术发展政策的主要依据。

1992 年，由我任课题负责人并执笔撰写的《2000 年鞍山钢铁公司发展战略研究》报告，被鞍钢公司评为信息研究成果一等奖。该研究成果在全面分析研究世界钢铁工业发达国家钢铁生产技术发展水平、趋势、方向基础上，提出鞍钢学习和借鉴日本、德国、美国、法国等国家的先进技术、设备、材料的具体建议。

2002 年，作为执行主编参与了《加入 WTO 与中国冶金工业》一书的编撰工作。该书于 2003 年由冶金工业出版社出版发行，总文字量达 65 万字。该书系统、全面、详细地介绍了我国钢铁工业和有色金属工业的发展现状、水平及存在的主要问题。提出在我国正式加入世界贸易组织（WTO）后，为适应 WTO 规则的要求及提高我国钢铁和有色金属工业的国际市场竞争力，需采取的主要技术措施及政策方针。

在我 50 年的钢铁信息研究工作中，有许多重要项目与鞍钢技术改造紧密相联，与鞍钢科技发展紧密相联，与鞍钢职工队伍建设紧密相联。

1990 年，鞍钢公司决定将第一炼钢厂的平炉改造为技术先进的转炉。在公司决策层讨论将平炉改造为什么类型的转炉时产生了分歧。有人主张将平炉改造为顶底复合吹炼转炉，另有人主张将平炉改造为氧气底吹转炉。在有关人员意见产生分歧的情况下，主管此项技术改造工作的公司副总经理兼总工程师林滋泉同志到鞍钢情报研究所进行有关技术发展情况调查研究。当时，我将我执笔撰写的《世界转炉炼钢生产技术发展水平及关于鞍钢转炉炼钢生产技术的发展方向》研究报告，送给林滋泉副经理参阅。在该研究报告中指出：转炉的顶底复合吹炼技术自 20 世纪 80 年代初期正式应用于炼钢生产以来，很快便在法、日、德、英、美等钢铁工业发达国家得到应用。1990 年，在世界主要产钢国家中，顶底复合吹炼转炉的产钢能力已占到这些国家转炉总产钢能力的很高比率：法国为 100%，日本为 83%，德国为 82%，英国为 75%。1990 年，世界各国共有炼钢转炉 654 座，其中氧气底吹转炉仅有 19 座，占世界转炉总数的 3%，明显处于被淘汰的境地。顶底复合吹炼转炉所具有的技术优势是氧气底吹转炉不可比拟的。建议鞍钢公司决策层要顺应世界转炉炼钢生产技术的发展潮流，将鞍钢第一炼钢厂的平炉改造为技术先进的顶底复合吹炼转炉。经过多方调研，鞍钢公司决策将第一炼钢厂的平炉改造为顶底复合吹炼转炉。

1998 年，受鞍钢公司科技部的委托，我作为课题负责人撰写了《鞍钢公司 2010 年科技发展规划》。该规划论述了鞍钢公司各主要生产单位的生产技术现状、水平及存在的主要问题。提出到 2010 年要达到的生产技术水平、目标及应采取的措施。该规划得到鞍钢公司领导及科技部高度评价，公司对鞍钢技术中心予以奖励。

1999 年，受鞍钢公司党委组织部的委托，作为主编及撰稿人，编写了《鞍钢钢铁生产技术党员读本》一书，全书文字量达 25 万余字。该读本系统、全面、详细地介绍了鞍钢集团公司各主要生产厂、矿的生产技术发展水平、现状及所采用的主要生产技术装备。并在与当代世界钢铁工业发达国家的钢铁生产技术水平进行分析对比的基础上，提出了鞍钢公司为赶超世界先进钢铁生产技术水平应采取的主要措施及发展方向。该书由公司党委组织部组织印刷出版，分发给全公司党员学习借鉴。

（作者曾任鞍钢技术中心专家办公室主任。）

一支能打硬仗的建设队伍

马开才

我出生在秦岭南麓四川盆地的盆沿深山老林之中。20世纪50年代初，在读小学和初中时就知道鞍钢是我国的钢铁基地，钢铁工业的脊梁。那时，做梦都想到鞍钢看看。幸运的是，我的梦想成真了，最终成了鞍钢人，真不枉活一生。

鞍钢建设公司成立于新中国成立初，那时叫鞍建公司，为鞍钢的建设做出了不可磨灭的贡献。我到这支建设部队时，认识了一位工资"八级半"（当年工人最高工资八级）的老起重工孟师傅。那时他已满头白发，大家都称他为"老白毛"。在四川江油一次我同他闲谈时，称他为师傅，他笑着说，叫我"老白毛"吧，我喜欢听，这不是戏言。当谈起他和工人们将人民英雄纪念碑碑体从山东青岛运至北京，竖立于天安门广场时，他笑笑说，那是周恩来总理让他们，即人民英雄纪念碑建设筹备领导小组，找鞍钢帮忙，我是鞍钢派去的，完成任务是应该的，光荣是我们鞍钢的。见我听得认真，又说，现在有起重机好办了，那时没有。没有就有没有的办法，人，什么事办不成！我又问他工资高半级是不是很光荣？他停了一会儿深沉地说，那是周恩来总理对我的鼓励，要我好好干。接着他拍拍我的肩膀笑笑说，小伙子好好干，你们有文化又遇到了好时代。他的话、他的笑容给我留下了深刻的印象。如今，孟师傅早已作古，但是在天安门广场耸立的人民英雄纪念碑，永远是我们鞍钢人的骄傲。

20世纪50年代后期，逐渐进入了鞍钢支援全国的时期。在这种情况下，1958 年，我们鞍钢建设公司的前身——鞍钢基建公司，调至湖南湘潭，成立了湘钢建设公司，简称湘建，去建设我们伟大领袖毛主席的故乡。1964 年，基本建成了湘潭钢厂。这一年下半年开始，湘建陆续快速地调至四川江油，改名为冶金工业部第四冶金建设公司，执行毛主席的伟大战略部署——进行三线建设。四冶当时主要承建长城钢厂和峨嵋单晶硅（半导体材料）739 厂工程。长城钢厂在 20 世纪 60 年代，就利用了当时最为先进的炼钢设备，如电磁真空感应炉、电弧自耗炉、电子轰击炉等生产军工特殊钢材。我们骄傲，因为那些先进的炼钢设备就是我们建设安装的。

1966 年 8 月 1 日，第四冶金建设公司根据国务院、中央军委的命令，整编为"劳武结合，能工能战，以工为主"的中国人民解放军基本建设工程兵第一支队（师）。继续完成长城钢厂和 739 工程的建设。1971 年，在长钢主体工程完成后，根据国务院、中央军委的命令，一支队调往鞍山参加鞍钢及矿山的建设和改造。

历史已经证明，是党的英明决策选择了基建工程兵，是国家的经济建设选择了基建工程兵，是历史选择了基建工程兵。经过十多年南征北战艰苦奋斗的历程，充分显示了基建工程兵不愧是一支建设国家、保卫国家、自我积累、自我发展的部队。充分显示了基建工程兵劳武结合的特点，能工能战的优势，以工为主的业绩。这支队伍为国家经济建设，为鞍钢建设，为抢险救灾都做出了巨大贡献，而且为国家培养了一大批乐于奉献、不怕困难、勇往直前的经济建设骨干。

1983 年，根据国务院和中央军委的命令，一支队集体转业至鞍钢，成立了鞍钢建设公司。可以说，这支队伍既经历了人间辛劳又创造了人间奇迹和辉煌，最终带着骄傲与自豪，又回到了母亲的怀抱。建设公司成立后，体制、机制、思想观念极不适应形势的需要；部队正规的衣食住行给养体系被打破了，给队伍的稳定带来了一定的困难和包袱。但是，全体员工充分继承和发扬部队留下的优良传统，在困难和考验面前不彷徨、不迷茫，凭着思想作风过硬，纪律严明，凝聚力强，勇于吃苦，乐于奉献的精神，在新的时期闯出了一条新的道路。在鞍钢领导的关怀和帮助下，公司一边施工，一边培训，一边加强基地建设，先后建成了砼搅拌厂、金属结构厂、技术学校、单身宿舍和家属宿舍，既稳定了队伍又提高了整体施工能力。立足鞍钢，服务鞍钢。在鞍钢的技术改造中，很快就建成了鞍钢线材厂、厚板厂、热轧1780工程等众多技术改造工程，创造了线材速度、厚板模式、1780精品工程。建设公司最显著的特点是形成了独特的军企文化，纪律严明，勤学肯钻，上级叫干什么就干什么，鞍钢需要什么就干什么，从不讲条件，从不讲价钱，从不向困难低头，从不延误工期，工程完成时间提前率、准点率高于任何施工企业。我曾经私下同先后担任建设公司经理的几位领导同志闲谈，说谁来建设公司当经理都是他的福气。虽然是在不同时间不同地点说的，但他们都很赞成。我说，建设公司任何一个工程队，任何一个班组的工人，到下班时间，正换衣服准备回家。突然接到通知，有一项任务必须今天晚上干完，工人们准是二话不说，立即穿上工作服，到工地干上一个通宵，第二天早晨一定完成任务。这样的工人到哪里去找？经理们听完后，总是不断地点头，笑着说："是，是！"

经过多年的磨炼，建设公司不但成了全能的冶金建设企业，而且施工业务几乎延伸进了各个行业，并从国内走出了国门之外。2002年又同鞍钢修建公司合并重组，组建为鞍钢集团建设总公司。2005年企业改制，就成了现在的鞍钢建设集团有限公司。建设集团公司成立之后，施工能力，管理水平，适应和占领市场的能力，均大大提高，顺利完成了鞍钢西部改造和鲅鱼圈基地的建设。

（作者曾任鞍钢建设公司副总调度长。）

为冶金建设事业献青春

蒋明金

　　我于 1969 年参军到中国人民解放军基本建设工程兵服役。这支部队贯彻"劳武结合，能工能战，以工为主"的方针，承担国家重点工程项目冶金、水利等建设任务。1971 年 5 月前，部队在四川建设完长城钢铁厂后，6 月份，两万余名官兵调防鞍山，承担鞍钢建设任务。1983 年 5 月，全师近 6000 名官兵集体转业成建制划归鞍钢，组建为鞍钢建设公司。截至 2012 年，全公司承建鞍钢的工程项目 124 项，总产值 530.26 亿元，利润 7.96 亿元，61 项工程被国家、省部级评为全优、银质、鲁班奖工程，为鞍钢的发展壮大留下了彪炳史册的功绩。

　　回忆在鞍钢的峥嵘岁月，我和我的战友们，从军人到企业职工，为国家钢铁事业献了青春又献终生，把部队的"红色基因"传承到血

火热的鞍钢建筑工地

液里，"流淌"在每项工程中。回想往事仿佛就在昨天，成为永恒的记忆。

在转业仪式上，广大官兵表示，转业不转志，永远忠诚党，要把军队的好思想、好作风、好传统、好品格、好技能传承到企业，奉献给祖国的钢铁事业。由军人变工人，虽然我们的身份变了，但承担的工作任务没有变，环境没有变，仍然承担鞍钢的建设工程；仍然保持部队作息制度，严格执行调度命令，服从管理听指挥。全公司百余个工程队，上下班集合列队，统一工装，文明出行，文明施工，现场料清场净，建材机具堆放整齐有序。职工出工出勤、培训学习点名签到，请销假、遇事报告等制度一点不变。1999年我公司第二工程队，因工程质量、现场文明、员工作风、各项管理突出，被建设公司树为标杆工程队。时任鞍钢集团公司副经理蔡登楼曾组织科级以上干部参加的现场会推广，较好地促进和推动了各单位管理工作的开展。

建筑施工企业，成天与水泥砖瓦砂石打交道，夏战酷暑，冬斗严寒，环境艰苦。施工现场不固定，生活设施简陋，我们始终坚持立足本职，敢于吃苦，以苦为荣，报效国家的初心。1985年2月，一炼钢2号、7号电除尘技改大修，我公司几百名职工连续三天三夜轮班清理尘泥，凿除砼石，哪里艰苦哪里上，人人争先，勇往直前。在工期紧，任务艰巨情况下，零下20多摄氏度的夜晚，换班轮休时，没有帐篷，职工们围站在旷野地带，仰望着满天的星斗，耳听着呼啸的北风，脚踩着厚厚的冰雪，渡过了几个漫漫长夜。寒冷、饥饿交织在一起，没有人叫苦和退缩，为鞍钢实现"一片蓝天"贡献力量。厂内职工看见说：建设公司职工真是军人出身，作风过硬，不怕艰苦，大修像猛虎，个个都是铮铮铁骨。

20世纪70年代、80年代，施工机械不足，建筑工人需要付出更多的人力和精力。成千上万立方的砼搅拌需人工上料，搅拌出的砂浆砼也要人拉肩抬送到工地；凡遇大型钢筋砼工程连续浇注时，职工需多个昼夜不下班。高空作业用砖瓦石料，需人工上传和下递，手拽滑轮运送；开凿基础土石方，基本上全是人工开凿；矿山建设放炮，全靠人工用大锤钢钎铁镐打挖等等。在新 1 号高炉建设时，我队职工刘佰民，每天挖土 6 至 7 立方米，人称挖土大王。每当厂房封闭施工时，几十米高的墙体砌筑，每个厂房都需几千万块砖，上千立砂浆，全是靠职工双手上甩、手拉绳提上脚手架砌筑完成的。可想而知，这需要付出多大的艰辛。

在鞍钢工作几十年，先后承担新建、技改、大中修工程数不胜数。这些工程是事关鞍钢整体效益，生产能力，产品升级的关键。所以每项工程一旦开工，工期都是以小时计算，必须连续作业，抢点施工，不少职工几天几夜不下班连轴转是常事。工作中，每个党员都是一面旗帜，每个干部都是一个榜样，每个职工都是一个勇士。

在大型厂的几次技改中，原生产 25 米长重轨的轧钢生产线，要改为能生产 50 米、100 米长重轨新轧钢生产线，工程艰苦又复杂。负责施工的三公司提出口号："工期分秒不拖，质量分毫不差"。结果每项工程都是保质保量提前完成任务，而且都是一次联动试车成功，深受厂方好评。该厂厂长说，建设公司职工能攻善战，技术精良，真是部队的"红色基因"，在职工心中扎下了根。现在该厂轧制出 100 米重轨等产品闻名全国，走出国门走向世界，使鞍钢声誉大振。1984 年，我们承建的化工总厂南区生物脱酚环保污水处理工程，开工就实施三班作业，职工吃住在工地，按常规施工需要 18 个月才能完成的工程，我们仅用 8 个月就提前完成，而且工程质量获得国家部级银质奖。解决了化工厂长期排放酚氰污水的老大难问题，为鞍钢实现"一池清水"做出了贡献。在高炉大修时，职工们常是顶着 70 余摄氏度炉内高温进炉作业。职工们说：高炉大修，不但修好了炉体，也锤炼着钢建职工的坚强意志。

按东北常规，建筑企业冬季一般不施工，可我们建设公司从来没有冬闲。冬天顶风冒雪施工是常事。数九寒天，各工号机器轰鸣，施工井然有序，焊工、架工在几十米高的屋架上行走自如，迎风作业，焊花飞舞。土建工程采用冬期施工法，砼用电、蒸气加热养生，从没误过节点工期。在热轧厂1700工程建设中，不知有多少职工连班作业不回家；不知有多少个节假日星期天没有休息；不知吃了多少凉菜冷饭；不知凿打了多少废旧钢筋砼，开凿了多少个柱基和设备基础砼。特别是在几十米深的铁皮沟，成流、旋流井，主轧机等基础清挖於泥汤时，需人工一桶桶提出。地下水与泥沙混合一起，不彻底清完是不能绑扎钢筋打砼的。不少职工鞋袜里全是泥浆、冰疙瘩，工装上全是泥土和冰点，可职工们干劲不减，没有怨言，确保工程按期投产。集团公司的一位主要领导说：建设公司的职工真是"特殊材料"铸就的人，你们的苦干实干精神，是广大鞍钢职工学习的好榜样。

加班加点，没有报酬也愿干。我清楚记得，建设公司的基层工程队，施工期间几乎从没休息过双休日和节假日。广大职工始终保持工作不计时间，施工不讲条件，劳动不计报酬的奉献精神。我们接的工程，都是时间紧任务重的项目，不加班加点根本难以完成。1985年建设年产50万吨线材厂工程，正常工期需33个月，我们13个月建成，创造了"线材速度"；1992年建设年产100万吨宽厚板工程，合理工期需要54个月，我们10个月建成，体现了"厚板精神"。诸如此类质量好、速度快的工程太多了。时任国务院副总理邹家华在厚板厂竣工剪彩仪式上，特为建设公司题词："改革创奇迹，为国奉献无上光荣"。这是国务院领导对建设公司的高度评价。

可以自豪地说，鞍钢的每一件产品，都有我们钢建人的辛勤汗水，我们的足迹遍布40里钢城。我们无愧于党，无愧于鞍钢，无愧于建设公司，无愧于转业军人。还可以骄傲地说，我们是合格的共产党员，合格的鞍钢人。现在每当听到鞍钢产品用在我国的军工、航天、桥梁、船舶等高端制造业和进入国际市场时，就感到我们所付出的艰辛是值得的。今天，虽然我们这些转业军人先后退休了，但留给企业"红色基因"的宝贵精神财富，也融入企业员工的血液中，将是建设公司永恒的"无形资产"，将会激励一代代鞍钢建设职工创新向上、勤奋工作、顽强拼搏，为实现伟大的中国梦发挥更大的作用。

（作者曾任鞍钢建设公司三公司党委副书记。）

一位基建工程兵在鞍钢的经历

李仲轩

我是 1972 年 12 月 28 日乘军列到达祖国钢都鞍山的。经过三个月艰苦紧张的新兵训练后，被分配到 00012 部队九中队四排十三班服兵役。当班长把我们领回班里安排床位时，才知道与我临床的正是冶金工业部劳动模范——吴跃林。说起吴跃林，在我们部队无人不知，无人不晓。他 1966 年 8 月整编入伍后，先后 6 次荣立三等功，8 次受到大队、区队嘉奖，曾多次出席大队、支队、沈阳军区工程兵召开的经验交流会，是我们全部队学习的典型。通过一段时间的观察，我发现吴跃林文化并不高，也不高大威猛，但在他身上所体现的坚持不懈的学习精神、大公无私的奉献精神和扎根基层的工作热情却是我们一般人所难以做到的。我们班是钢筋班，负责钢筋的制作、绑扎任务，技术含量比较高。他不仅按图纸标料下料单，而且还协助班长指导制作与绑扎工序。他患有脑膜炎后遗症、胃病、关节炎等几种病，体质较弱，施工中却哪里艰苦出现在哪里，哪里关键就往哪里冲，不仅亲自带头大干，还严格把住安全质量关。在任务紧张时，他一天工作十多个小时。有时中队三班作业，他连续干两班，甚至干三班。经常为了完成任务晚下班，有时通勤车走了，他步行回到中队。由于工作需要，调到别的单位助勤，他怕本单位的任务受影响，就每天坚持利用中午休息时间回中队指导施工。业余时间，中队大小勤务，他抢着干。别人问他："你这样干到底图个啥?"他豪迈地回答："不图名，不图利，图的是体现人生价值。"他还积极热情地为部队传思想、树作风，一贯严格要求自己，时刻不脱离战士的行列，像义务兵战士一样，模范执行连队的各项规章制度，从不以自己年龄大、身体差、资格老而搞特殊。中队为了照顾老同志，让他与其他老同志单独住，可以不出早操，但他多次谢绝领导和同志们的照顾，始终同青年战士同吃、同住、同操练。因年龄大，有人笑他："胡子兵"，他也不在乎。平时，他还经常和大家谈心交心，做耐心细致的思想工作，关心每个同志的成长进步；在技术上他热心地毫不保留地传授给战友，直到学会为止；有的同志病了，他就主动帮助洗补衣服，端水送饭……因而，他被全中队同志誉为"编外指导员，同志知心人"。吴跃林的事迹平凡而伟大，不仅激励了我的过去，也必将影响我的一生。

1979年至1982年年底，在原半连轧厂东侧铁路旁，驻扎着我们00012部队的12中队。这是专门从事鞍钢铁路大修、中修、抢修和维修任务的队伍。俗称"铁道中队"。由于施工环境复杂艰苦，流动性大，加之工期短，时效性特别强，被称为鞍钢厂内的"铁道游击队"。鞍钢厂内的铁路由于承压大、运输任务重、大修改造频繁、年久失修等原因，经常出现交通不畅等突发问题。铁路施工的突出特点是露天作业，冬天战风雪，斗严寒，常年在零下20摄氏度左右的冰天雪地里作业；夏天冒酷暑，顶烈日，经常在零上30摄氏度以上的高温环境下施工。真是晴天一身汗，雨天"落汤鸡"。加之施工设备落后，基本全过程人工作业，工作强度相当大。铁路的主要施工材料就是钢轨、混凝土枕和道砟，一根钢轨的重量625公斤，一根混凝土枕的重量300公斤左右，一筐道砟也有100多公斤。铁路施工的工序是先清理、平整路基，然后将混凝土枕、钢轨用人工抬到固定位置摆放好，用配件将钢轨和混凝土枕连接成一体，最后按标高位置填道砟……直到试车成功。受施工现场和环境的限制，加之施工工艺和工具落后，在施工材料不能一步到位的情况下，只能靠人工将混凝土枕和钢轨抬到位，使用的工具铁锹、铁镐、撬棍、道钉锤、钢钎、八磅大锤、6尺木杠、扁担、藤条筐、铁扳手等，劳动强度相当大，体力消耗也快，稍不留神，还容易造成腰、腿部位受伤，施工的艰苦程度可想而知。特别令人难忘的是铁路道口的封闭施工，其紧张程度就像打仗一样，时间是以分钟作为计量单位的。鞍钢厂内的铁路运输任务十分繁忙，就像人的动脉血管一样在鞍钢厂内星罗棋布。职工上下班，各种交通工具进出都要经过无数个铁路道口。由于超时、超负荷运行，造成铁路道口的路基下沉，从而影响列车运行。为了不影响鞍钢厂内货物和原材料运输，不影响职工上下班，所以道口封闭施工一般采用早上班前和晚下班后或夜间进行，时间由鞍钢运输部确定。施工单位在施工前一定要将施工材料、工具、人员准备到位，不能有一丝一毫的马虎。铁路道口封闭施工要求一定先将旧的钢轨和不合格的轨枕拆除后换成新的，有时还要换道岔，工作量是新修铁路的2倍还多，工作时间只能提前，不能拖后。只听指挥员哨子一响，早就做好准备的战士们在班长、排长的带领下，按照各自分工迅速投入紧张的施工，拔道钉、卸钢轨、抬旧轨枕，清道床、换轨枕、钢轨，砸道钉，调水平、轨距……一切忙而不乱，井然有序，直到试车成功。一场苦战、恶战，战士们累得满头大汗，浑身疼痛，但没有一个叫苦喊累当逃兵的。凭着这种"一不怕苦、二不怕死"的精神和敢打硬拼的作风，铁道中队先后承担了粉煤灰、半连轧、矿渣山、灵山、东鞍山尾矿坝等铁路的新建任务，做到了鞍钢改造到哪里，铁路就修到哪里，哪里需要就到哪里战斗，被誉为"敢打硬仗的鞍钢建设工程兵"。

（作者曾任鞍钢建设公司工业公司党委副书记。）

我在宝钢翻译技术资料

王俊生

在纪念鞍钢成立 70 周年之际，回忆往事历历在目，有的事情想起来，至今还热血澎湃、栩栩如生。在我 40 年的工作经历中，在记忆深处，久久不能忘怀的是 30 多年前，我作为鞍钢技术翻译到宝钢做技术支援这件事。

20 世纪 80 年代，宝钢处于实现技术全面提升、管理全面进步阶段。宝钢运输部可以说是一个精干、高效的运输管理机构。当时，宝钢在大力引进技术和设备，从日本一些资料要翻译成中文，急需精通日文而且懂技术的翻译人员。为此宝钢向鞍钢提出扶助请求。

接到公司关于扶助宝钢的指令后，鞍钢运输部领导经过认真研究和反复斟酌，最后确定由运输部运研室沈天仁工程师带队，率领何自力、张茂增、小五、佘明荣还有我等 6 名同志前往上海进行技术支援。记得在 1983 年 11 月 21 日，我们一行 6 人准备踏上前往上海的火车。临行前，运研室领导朱治炳、周鸣俊两人不断嘱咐我们，一定要认真、全力以赴完成这项工作。同时要求我们认真学习宝钢的先进技术，回来后向部里汇报工作情况并介绍先进经验。

到了宝钢，我们就全身心投入翻译工作中。我们克服上海潮湿、阴冷，身体不适应环境的问题，加班加点翻译，有时还需深入现场与现场职工交谈设备情况，便于翻译的内容易于职工理解和现场操作。历时 1 个月的艰苦奋战，我们终于完成了"DI 式自动排水阀使用说明书""EIL 安全阀使用说明书""内燃机车用拉杆式自动间隙整距使用说明书""铁路轨距设置标准"等 9 份资料，翻译和部分校对译稿总计 8 万余字。宝钢运输部领导对我们的工作速度、质量给予高度评价。

在这期间，我们对宝钢运输部先进设备进行了考察和学习。最令我震撼的是宝钢运输部的无线遥控内燃机车：其车身有明显的"宝钢"两个不锈钢汉字标识；车身长 17 米，自重 100 吨，载重 400 吨；车上配有自动报警器、电子音乐钟；每台车仅需要一名司机操纵，无副司机、无信号员、无连接员、无扳道员；使用遥控器指挥机车电脑程序，有效范围在 300—500 米之间，司机下车使用转辙机或亲自用手扳道，用遥控器操纵，可自动进出作业。直到回鞍途中，我们还在为宝钢无线遥控内燃机车的先进性而惊叹。

回到鞍钢后，我们向运输部领导全面汇报了赴宝钢的工作情况及学习感受。运输部领导对我们的工作给予高度肯定，同时也给我们安排了新课题：做好鞍钢铁道车辆道口管理改进与提高。我们积极投入紧张的工作中，借鉴宝钢经验，为鞍钢铁运发展做出新贡献。

（作者曾任鞍钢运输部运输研究所翻译。）

亲历鞍钢立山医院的变化

孙殿文

我是 1959 年 4 月到鞍钢立山医院工作的，后来调到鞍钢曙光医院。在立山医院工作了 28 年，是立山医院发展变化的参与者、见证者，为立山医院奉献了最美丽的青春年华。在党的培养下，我从一名外科护士成长为护士长，一步步走来，担任了院工会主席、党委书记等职务。曾被选为鞍钢党委委员，立山区人民代表、常务委员，多次被评为鞍钢先进个人。这一切都是立山医院各级领导培养教育的结果，我只做了一个共产党员应该做的事。

立山医院是鞍山钢铁公司为适应鞍钢的发展，于 1956 年在立山区双山路兴建，1958 年 5 月 4 日开院的一座综合性医院，担负着鞍钢初轧厂、冷轧厂、钢绳厂等鞍钢北部单位和立山、太平、灵山等地区的鞍钢职工及家属的医疗、预防、保健任务。50 年来，为鞍钢的生产、发展和职工、家属的健康做出了重要贡献。

建院之初，医务人员力量薄弱，没有高级职称的技术拔尖人才，全院仅有 500 余名医生和护士，担负着全院的医疗重任，还包括太平、立山、灵山和北部四个门诊部，以及炼钢、轧钢、机总等十余个单位卫生所、保健站的医疗、预防和保健任务。尽管医技各方面不够先进，但医护人员都是认真热情地为鞍钢职工和群众服务，为大家创造有利的就医条件。开院初期医疗设备不足，仅有小型 X 光机、小型麻醉机、蔡司显微镜等 20 余种，59 台件，价值 30 余万元。没有病理设备、手术标本，只能送上级医院检验。生化检验做不了，血常规检查要一个人看显微镜，另一个人用算盘计数。X光拍照的片子要在显影液和定影液中浸泡晾干后才能看结果。技术设备的落后决定那个时候的医疗水平，当时只能治疗一些常见病，对于疑难杂症、危重病人、大外伤等都要请鞍钢铁东医院协助处理，或者转院到沈阳中国医大。

在改革开放的大潮中，在鞍钢公司的正确领导和支持下，医院大刀阔斧地改造。手术室由原来的三个手术间增加到十个手术间。增设了六个心脑血管病房、骨科病房、妇产科病房、中医科病房。投入大量资金购进设备，更新换代，比如购置了CT机、核磁共振、彩超、高压氧舱以及各种生化检验设备。这些设备的进入大大增强了临床检查辅助作用，提高了诊断的准确率。

医院引进先进设备的同时医疗技术水平也随之提高。只能做阑尾炎、疝气、肠梗阻、胃和十二指肠等手术的外科，已能够进行比如肝叶切除术、肾切除术、脾肾静脉吻合术、食道癌手术、结肠代食道手术，还能进行肺叶切除手术，心脏裂伤心包填塞手术，心脏支架微创手术。骨科从无到有，并能够断肢断指再植、人工髋膝关节置换、脊柱侧变矫直等。妇科能够腹膜外剖宫产、子宫全剔。眼科能够治疗白内障、青光眼、视网膜剥脱等。大批高难精的手术都取得了成功，与开院之初不可同日而语。医疗水平的提升是患者的幸福感，也为社会的和谐创建了良好的基础。

医院党委在鞍钢党委的领导下，加强党的自身建设，加强职工队伍建设，加强思想政治工作，认真落实党的知识分子政策，涌现出以黄文篇、严增福为代表的一批医德高尚、医技精湛的优秀党员和先进模范人物。医院党委号召全体医务人员向模范学习的活动，调动了全院职工的工作积极性。立山医院多次被评为鞍钢先进党委、鞍山市"八风"先进单位。

（作者曾任鞍钢曙光医院党委书记。）

为了这片蓝天

韩永宝

因为是"老鞍钢"，我退休后几乎每天都要临窗远眺鞍钢。当看到鞍钢上空的可见度在一天天一年年变好，逐渐变得清晰湛蓝时，我无比喜悦。鞍钢人大打蓝天保卫战，锁"黄龙"、治污染的故事又浮现在眼前。

碧水蓝天映衬下的鞍钢高炉群

1959 年我从鞍山冶金专科学校毕业后，被分配到鞍钢化工总厂二炼焦车间。当时正值"只要钢铁超英美，哪怕汗水漂起船"的"大跃进"年代。为了多产焦炭多炼铁，结焦时间缩短到 11、12 小时。高产也带来了高污染，焦炉多处冒烟漏气；装煤时经常有黑烟在炉顶直喷，上升管常放散淡黄色的"荒煤气"，红焦出炉时焦面冲天飞扬。尤其是沥青焦炉放散出的黄中带绿的沥青烟，是又呛人又有毒的"黄龙"，每天都要放散十几次，甚至几十次。

20 世纪 70 年代，冶金工业部和卫生部的联合调查组到鞍钢检测大气污染。对照国际标准，化工总厂焦炉上空的有机致癌物 3、4—苯并芘的含量经常超标。而沥青焦炉上空超标上百倍，就连鞍钢厂区周边的街道上空也时有超标。面对沥青焦炉的严重污染，大家都心急如焚。如果沥青焦炉停产，这年产七、八万吨沥青往哪销，用沥青焦生产的国防军工材料碳素电极怎么生产。80 年代初，我到抚顺 301 厂访问用户得知，该厂曾用二号石油延迟焦生产过碳素电极。我如获至宝，可以为沥青焦找到"替身"了。回厂后立马向主管副厂长赵贵臣汇报，厂党委决定成立考察组外出考察。经一个多月走访了石油、碳素、炼铝等近 20 个厂家和相关部门，同意可以用石油焦代替沥青焦。

我国改革开放大门敞开，鞍钢于 1981 年与澳大利亚签订了硬质沥青补偿贸易合同，用中温沥青改产硬质沥青向澳出口，给沥青找到了出路。经 18 个月的技术准备及设计施工，1983 年 7 月硬质沥青投产，一举砍掉了沥青焦炉，终于锁住了在鞍钢上空盘旋了多年的大"黄龙"。

鞍钢人治污染从未停步。虽然锁住"黄龙"，但焦炉上空依然有污染。据资料介绍，推出红焦时的污染为全焦炉的 70%，尤其是熄焦时，水与红焦接触产生的酚、氰等有害物质自由排放，严重腐蚀设备和污染大气。鞍钢人上下班碰上熄焦的"白龙"飞来，都设法躲避。多年来，鞍钢人急盼采用无污染的"干法熄焦"。让惰性循环气体在密闭的焦罐中定位结焦，可大大防止粉尘污染，而且还可利用红焦显热发电。早在 20 世纪 70 年代，鞍钢去西欧考察干法熄焦，后因资金短缺而搁浅。改革开放后，鞍钢生产发展了，环保工作也发生了翻天覆地的变

化。1994 年化工总厂安装了首套干法熄焦装置，至今鞍钢主厂区已有
18 套干熄焦在运转。除了干熄焦设备的短期年修外，再也没有"白龙"
上天。现在炼焦总厂全流程加强管理，开展技术革新，安装焦炉烟气
脱硫脱硝装置和机侧除尘装置等，使焦炉上空更清新更敞亮。还有炼
钢厂的"平改转"结束了平炉吹氧，同时安装电除尘，消灭了土红色
烟尘外排；铸管厂搬迁消灭了沥青烟；烧结和炼铁的科学除尘和各种
炉窑改造除尘等，杜绝一切跑、冒、滴、漏和扬尘。一代代鞍钢人终
于用智慧和心血，让 40 年前常在鞍钢上空游动的黑色大"蘑菇云"逐
渐消失了。据资料记载，鞍山市二级和二级以上的蓝天，2015 年比上
一年增加 23 天，2016 年又比上一年增加 57 天，达到 290 天。可见鞍
钢人蓝天保卫战的战果是显著的，也是可歌可赞的。

（作者曾任鞍钢附属企业公司机关工会主席。）

我与鞍钢

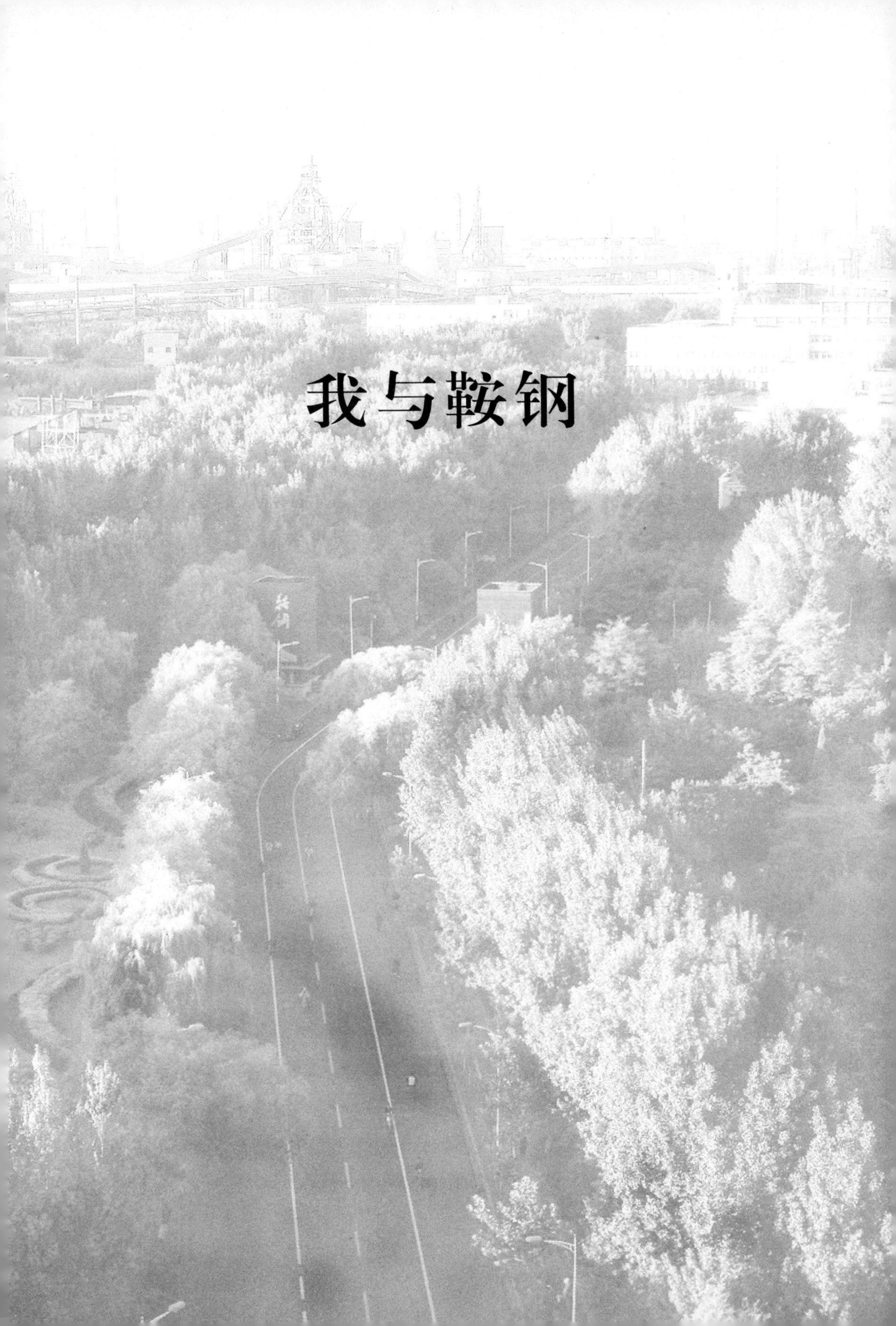

投身鞍钢　建设鞍钢

谭福润

　　1944年冬季，沂蒙山区革命根据地青年掀起参军热潮。我和学校初中班级的部分同学都积极报名参加了八路军。在抗日战争和解放战争中，我随部队转战山东，参加了莱芜战役和孟良崮战役，以后北渡黄河，渡江南下。1951年转业到浙江省政府工作。

　　1954年7月，中央组织部决定从浙江省抽调出一批地县级干部到东北支援国家第一个五年计划建设。办公厅领导决定从厅内抽出三名

1954年7月谭福润与妻子谷素云在杭州留影

县级干部去支援东北建设，我是其中之一。临行前，办公厅人事室的李主任告诉我说：机关党总支已批准你和谷素云的婚姻问题，临到东北前把婚结了吧。我本想到东北安顿下后再回杭州结婚，李主任和其他几个战友再三动员我，我也就同意结完婚再走。我和素云相处已经两年多，素云那时在浙江省人民银行工作。1952年省里召开省人民代表大会，我被抽到大会秘书处作财务组的组长，又从省财政厅、省银行各抽调两名会计人员，素云被抽调到大会财务组工作，从此两人相识。我临走那几天，素云到上海公出不在机关，李主任亲自跑到省计委综合处找到王处长，请他打电话让素云速回。她出差回杭州的第二天晚上，在省人民大会堂第一会议厅，由办公厅副主任杜召（女）主持结婚仪式。结婚那天晚上，办公厅内凡是和我熟悉的同志都参加了我的婚礼，另一方面也是欢送我去东北工作。那个年代我们这些当过兵的结婚极其简单，不用准备什么东西，住的房子、用的家具一切都是公家的，当时我们都是半供给制，两个人在一起就行啦。结婚七天，我们就离开杭州乘火车去东北。

浙江省委组织部提出了100多名调干名单，经沈阳、鞍山、鞍钢组织部门审查，挑选了70多名，其中都是各地委和省厅下属的处级干部及县委副书记、县长，年龄都在30岁左右，大多数是渡江南下的干部。从省政府办公厅抽出的三名干部，除了我之外，一名是办公厅的人事室副主任潘振富，另一名是办公厅副县级秘书于兴仁（潘振富"文化大革命"前从鞍钢调往贵州遵义市任纪委副书记，于兴仁调西北地区地质公司任党委书记）。调出的干部7月10日在杭州市西湖边的新泰宾馆集中。集中后浙江省委召开了欢送大会，省委领导亲自出席欢送。省委组织部指派省团委常委、组织部长朱远志和我负责带队。7月17日从杭州市乘专列火车，经过三天三夜到达沈阳。到沈阳下车，鞍钢派的汽车到沈阳迎接。我们调来的这些同志除留沈阳几个军工厂十几个同志外，其余的都到鞍山。一到鞍山就受到市委和鞍钢领导的热烈欢迎，当晚市委和鞍钢领导就宴请我们，鞍钢经理致了欢迎词。我代表大家在宴会上表了态，服从分配好好工作。之后公司安排我们在鞍钢红楼招待所附近丁字楼住宿，用餐在红楼招待所，伙食对我们特殊照顾。公司接待处带我们到鞍钢各厂矿参观，熟悉鞍钢情况，一个多月后才开始分配工作。调来的这些同志，除留在市委几名同志外，大部分配到鞍钢各生产厂矿和基本建设单位的基层工作。那时全国就一个大钢铁厂——鞍钢。从地方调来鞍钢的地委书记、专员，省厅的厅局长，来鞍钢都分配在各厂矿任厂矿长、党委书记。那时鞍钢下属的一些主要厂矿书记、厂矿长任免都经中央组织部批准。鞍钢公司组织部分配我到鞍钢铸钢车间当车间主任、总支书记。该车间是直接归公司领导，生产任务归鞍钢公司总机械师平衡下达。这个车间有 1600 多名职工，有两座 25 吨的平炉，两座 5 吨电炉，有各种大型铸造模型设备。主要生产炼铁炼钢用的大铁水罐和钢水罐，各轧钢厂用的各种型号的大型轧辊，矿山用的各种大型设备及鱼尾板，各生产厂用的铸造备件全由该车间生产。这个车间是伪满时期残留的旧厂房，生产环境极其恶劣，灰尘极大，进到车间有的地方都看不到人，那时治理环境的设备很差，只是在厂房里摆放些大风扇。车间担负的生产任务很重，我刚到这里两眼一抹黑什么都不懂，一边熟悉生产情况，一边工作。

那时工厂的管理制度是学习苏联实行一长制，行政厂长说了算，企业党委是起保证监督作用。1956 年以后，中央决定工厂实行党委领导下的厂长负责制。刚来时工作很困难，当时我想，不调来这里，在杭州省政府办公厅工作多好，办公室紧靠西湖边，宿舍也在靠近湖边离办公室不到四五百米。那时我们执行的是国家规定的半供给制，伙食规定分大中小灶，十三级以上的干部厅局级吃小灶，十六级县级以上干部吃中灶，十七级以下干部吃大灶食堂。我每到开饭时到中灶小食堂坐下就吃，吃饭不交钱。初到鞍钢厂里工作生活环境实在受不了，不仅现场污染严重，车间办公室桌子上落的灰尘极厚，上班就得套上帆布工作服，每天得到现场，每到夏天全身是汗水。职工吃饭，好几个厂在一个大食堂吃，到吃饭时间去早了排长队买饭，去晚了没有热乎饭菜。我每次都晚去半小时，不排队，买两个混合面馒头，一碗大菜汤，汤里边全是白油，买一盘土豆片。上班的交通工具都骑自行车。早晨7点到厂参加每天的调度会，晚上大都是7点多回家。我们刚来鞍钢的那几年，公司领导决定在鞍钢工学院成立老干部学习班，让新到鞍钢来的地方干部，利用每星期几次早7点至9点补习文化。我在这个班学习三年多文化课程。1957年，市委决定厂矿领导干部一律搬到工人居住区住，要求和工人打成一片。我家搬到小东门后又搬到太平村居住，每天上下班来去得一个多小时。我们一同来鞍钢的几位同志受不了鞍钢工作生活环境，要求调回浙江原单位工作。他们家属都没调来鞍山，经组织批准都调回了原单位。1956年成立鞍钢机械总厂，把现有十多个车间划归总厂领导，随机构变更，干部都有变化。公司决定调我到机械总厂任党委副书记。不到一年的时间，公司又决定撤销机械总厂，把十多个车间合并成立四个厂。又调我到铸钢厂当党委书记。铸钢、北部两厂合并，又调我到北部机修厂任党委副书记。

1959年8月，公司又决定调我到第一薄板厂任党委书记。第一薄板厂的厂区不在鞍钢大院内，在立山区大平村孟家沟。一薄板厂是个伪满时期留下的很老的厂子，全厂职工不到2000人。厂区狭小、厂房低、设备陈旧、工序不全。全厂的主要设备有四台两辊轧机、四座加热炉、两台掀板机和平整机，轧制的薄板大都靠笨重体力人工操作。工人在二三百摄氏度的高温轧机前操作，强度极大。厂内环境保护设备差，夏天防暑降温全靠大风扇吹，这个厂轧制的薄板长是1.8米，宽是750厘米，薄板的薄厚是0.75—1.2毫米，大都是用在盖厂房用的屋面板、包装板及农村所用之薄板。在那个年代国家钢材缺少的情况下，生产的薄板供不应求，国家很重视这个厂，但用户要求急需用的0.5毫米以下的板子，由于设备老化生产有些困难。在此，我们领导班子成员发动职工、工程技术人员，组成"三结合"小组搞技术革新，改造旧设备，解决工人的笨重体力劳动，提高产品质量。副总工程师汤富麟和老工人多次研究，自己动手制造设备，在轧钢机上安装双层升降台，经过一年多的反复试验终于成功。双层固定台安装在轧钢机上，实现了机械化操作，解除了工人在轧机前又热又累用钳子送钢板的笨重劳动。轧机上安装了双层固定台后，薄板产量大有增加，质量大有提高，由过去在轧机上只能轧制2—4片，提高到可轧制4—8片。用双层固定台可轧出0.35毫米的特薄钢板及矽钢片。当时全厂受到鞍钢公司领导的表扬，公司工会的表彰。

1958年，国家进入全面建设社会主义时期，各项工作及各项经济指标都在"大跃进"。农村普遍实行人民公社化，大办农村公共学堂。开展轰轰烈烈的全民大炼钢铁。在此时，出现了高标准、瞎指挥，浮夸风和"共产风"，"左"倾错误严重的泛滥起来。1959春，我公出顺便到山东老家，看到农村实行人民公社、集体办公共食堂，村里的各家各户老人小孩一到吃饭时都到公共食堂吃饭。有的人家住在山上还得下山到大食堂吃饭。这种做法不仅不能节约粮食，反而造成很大的浪费，真正是劳民伤财，老百姓怨言很多。农村老百姓根本不知道炼钢怎么炼法，科学常识一点都不懂，公社干部瞎指挥，把各家做饭用的铁锅拿出来，在露天地里垒个小炉子，用煤把锅烧化，烧出一堆废铁，就算是炼出了钢。在鞍钢北部机修厂领导班子学习会上，我学习发言时，联系到我到农村时看到农村干部搞浮夸风、瞎指挥的实情。可就在1960年春，鞍山市委在鞍钢东山宾馆召开市委扩大会议，会议内容是贯彻中央在党内开展"反右倾"的斗争。各厂矿党委书记都参加了这次市委扩大会议，会议开了一个多月。在会议期间北部机修厂党委的两个部长，把我在厂班子学习会上发言讲的农村那些情况，写了检举材料送到了市委扩大会上。会议看到检举我的材料，决定在鞍钢轧钢系统小组会上对我进行批判（因为我已从北部机修厂调到了鞍钢第一薄板厂任党委书记）。说我反对人民公社、反对大炼钢铁。在小组上批判了我一个星期，不管在小组里那些假积极分子对我怎么批判，我认为我说的都是实情，而且我是在班子学习会上说的，我没有在外边到处乱讲。说我认错态度不好，会议以后经鞍钢纪委讨论给我个党内警告处分。

1962 年 1 月，中央召开了七千人大会公开承认并检讨了人民公社、大炼钢铁的极其严重的浮夸风，给全国人民造成的危害。中央决定对"反右倾"所有被批判处分的同志一律平反。这时鞍钢党委在大白楼俱乐部召开了全公司党员干部大会。市委书记兼鞍钢党委书记袁振同志在会上宣布，对在"反右倾"时鞍钢被错批判处分的同志一律平反。第一名宣布的是对我的平反，说我当时反映的情况完全属实，这是每个共产党员应该有的实事求是的态度。会后，北部机修厂党委的两位部长来一薄板厂向我道歉。

1960 年，我国国民经济处于困难的情况下，我国的石油职工在东北松江大平原极其艰苦的条件下，发扬战天斗地、自力更生、艰苦创业的大无畏精神，在三年时间里建起一座比苏联还先进的年产六百万吨的大油田和大炼油厂。大庆油田成为 20 世纪 60 年代我国工业战线的先进旗帜。党中央发出了号召在全国工业战线上开展"工业学大庆"运动，学习大庆自力更生、艰苦创业的精神，以此推动全国工矿企业和社会主义经济建设向前发展。

1964 年 2 月，鞍钢公司党委书记找我谈话，让我到鞍钢无缝厂任党委书记。鞍钢无缝厂在 20 世纪 50 年代、60 年代是国家很重要的一个厂，该厂的党委书记、厂长都是报中组部任命。那时全国只有四川成都无缝钢管厂刚建成投产，包头、天津的无缝钢管厂正在建设。无缝管是当时很缺的钢材。那时国家领导人，各国外宾及各省、市领导来鞍钢视察参观，公司接待部门都安排到无缝厂。公司领导对无缝厂的生产管理、产品质量、生产文明非常关心。那时冶金工业部的王鹤寿部长在鞍山当第一书记兼鞍钢党委书记。他在鞍钢的那几年抓干部的思想作风，抓为用户服务，抓技术服务队提高产品质量，抓生产文明，都抓得非常紧。他常派他的秘书到无缝厂来检查生产文明，有时他不通知厂里亲自带着秘书来厂检查。对存在的问题，经常在干部大会上点名批评。几次点名批评无缝厂生产文明不合格，直到下令关闭无缝厂。外宾及国家领导人来鞍钢参观，不安排来无缝厂，什么时候无缝厂的生产文明搞好了才开放，让外宾和国家领导人来参观。那大半年，我们发动全厂职工没白没黑、没星期天突击大干。全厂职工苦干了大半年，厂内生产文明大有好转，经公司几次检查才基本算合格。1965年的那一年，国家主席刘少奇及夫人王光美来鞍钢参观，邓小平副总理陪同朝鲜领袖金日成来鞍钢参观，原国民党代总统李宗仁夫妇来参观，各国外宾和中央各部、各省市领导来参观，市交际处都安排参观无缝厂。

鞍钢无缝厂的成套设备都是20世纪50年代从苏联进口的，至20世纪60年代在国内来说，还算是机械化、自动化程度较高的厂子。所生产的无缝钢管，为石油管、航空管、汽车半轴管等，在国内都是稀缺品种，产量满足不了国家的需要，国家每年还需从国外进口无缝钢管。当时生产的有些钢管质量不过关，用户不断提出抗议，为此无缝厂常受到公司领导的批评。那时全国工业战线正开展轰轰烈烈的学大庆、争做大庆式企业活动。公司党委召开大会，动员各厂矿开展学解放军、学大庆争做大庆式企业。无缝厂在学大庆中针对产品质量问题，动员职工发扬自力更生、艰苦奋斗的精神，提高产品质量、开创名牌产品，大搞技术革新、技术革命，改变老大作风，树立全心全意为用户服务的思想。比如，当时存在的大口径无缝管壁薄厚不均、石油管不能涂防腐剂、航空管强度不够等质量问题。用户一再要求油管必须涂防腐剂。1953年开工时，从国外进口的涂油机，当时驻厂的外国专家亲自搞了3个月，都没有解决问题。生产的石油管只好不涂防腐剂，油管发到用户那已生锈变黄，用户经常要退货。这个难题，经过技术干部和设备技工几个月的反复研究试验，更换了设备的油嘴、油路、风路，终于试制成功，解决了长年没解决的石油管涂防腐剂的老大难问题。热轧穿孔机是一台自动化程度较高的主要设备，但生产中发现不少缺陷，严重影响产品质量的提高，过去总认为是从国外进口的，谁也不敢去碰它。设备车间老技工李六春等同志，大胆破除迷信，敢于在洋设备上搞改革。热轧车间主要设备穿孔机，工人操作中每次更换导板，需要两个人，一个人扶扳子，一个人抡大锤，敲打几十下，用20多分钟，才能松开螺丝，工人非常劳累。经过他们多次研究试验，改变了换导板的方法，每次更换导板只需10分钟。在此基础上，又经过研究试制成功了杠杆压紧器和入口嘴，使更换导板放下了大锤，大大减轻了工人的笨重体力劳动，缩短了更换导板的时间，提高了产品质量，每个班可多生产一吨多钢管。通过学解放军，学大庆，全厂技术干部和工人破除迷信，解放思想，敢于在洋设备上动刀，大搞设备革新、技术革命，使全厂钢管的产品质量有很大的提高，按时按质按量地完成订货合同，赢得了用户的满意，多次受到公司领导和用户的表扬。

当时有些军工厂的用户生产尖端军用设备，急需用一些特殊品种的钢管。比如大口径直径在150厘米不锈钢极薄壁管，导弹精密仪器上用的不锈钢的毛细管，这些特殊品种的军用不锈钢管，国家急用，我国又不能生产，国外订不到货，资本主义国家卡我们的脖子，用户求到鞍钢公司领导，公司领导要无缝厂试制生产。当厂里接到用户的合同后，发动职工出主意、想方设法生产出这些产品。老钳工、全国劳动模范李金山和冷拔二车间技术干部一起，经过多次研究提出了几个方案，最后决定自己动手制作一台大型挤压机、一台小型拔管机，自己制造模具，设备制造成后经过了多次的轧制试验，最后终于轧出了产品，送用户试用后完全合格，得到用户的极大表扬。那一年，冶金工业部和省里让鞍钢推荐出一个大庆式企业，鞍钢党委挑选出几个单位，最后公司党委讨论决定推荐无缝钢管厂为大庆式企业，送省里和冶金工业部报国务院批准。那时国务院批准冶金行业的大庆式企业只有两家，有马鞍山钢铁公司、鞍钢无缝钢管厂，在《人民日报》头版登载。1966 年 1 月，公司党委召开五千人的干部大会，设了十几个分会场，基层支部书记、车间主任、工段长都参加，主会场设在东山宾馆三楼会议厅，党委书记王鹤寿作大会报告，公司党委指定要我在大会上发言。辽宁省在沈阳召开学大庆会议，指定让鞍钢无缝厂去介绍经验，厂长殷渊在会上介绍了经验。《辽宁日报》头版全版套红大字标题刊登了鞍钢无缝厂学大庆争做大庆式企业的经验。

（作者曾任鞍钢党委副书记。本文摘自《岁月记忆》一书。）

鞍钢，我的梦

张 羽

鞍钢，过去是我的梦，未来是我的梦……

鞍钢，这个名字多么亲切，寄托着我深沉的爱恋和无限的情思；这个名字多么雄浑，蕴含着巨大的能量与力度，充满了粗犷、豪迈、伟岸的阳刚之气。在这个名字下面，有一支钢铁般的产业大军，挑得起千斤重担，闯得过万道雄关。

一

最初听到鞍钢这个名字，我还是只吃过十几年小米的"小八路"，还是个穿着"二尺半"、沾着延安泥土味的"土八路"。

解放战争的炮声像新春的爆竹，带给人们接连不断的喜悦。各个战场的捷报，雪片一样飞进新华社的机要室。我和其他几位年轻的机要员，从自己翻译的机要电报里看到一条重要喜讯，全国最大的钢铁工业基地——鞍钢，已经回到人民手中。我们兴奋，我们好奇，抢着打开地图寻找鞍钢的位置。找到了，他在这里！他雄踞东北，俯瞰辽河，是镶嵌在祖国这只美丽的天鹅颈上的一颗珍珠。

新华社的电稿不断地报道着鞍钢的消息。我们看到，鞍钢正在恢复，正在神话般地迅速运行起来。年轻的记者们兴致勃勃地奔赴鞍钢，一条条充满工业名词的报道飞往北京，飞到新华总社，有的竟把那些陌生的技术术语搞错、搞颠倒。领导批评说：外行看了像内行，内行

1991年9月4日鞍钢党委书记张羽（右）在"亚运之光"火炬传递仪式上接过火炬

看了是外行。是的，他们在大工业面前是门外汉，是小学生。他们有的还披着战场上的硝烟，有的还带着田野的风尘，有的耳边还回响着读书声。但是，他们毫不气馁。在巨大的成就面前，他们兴奋得睡不着觉，像传播战场上的捷报一样报道着鞍钢的喜讯。

鞍钢，在我的心目中是那样的神奇。怎么，一根地脚螺丝有一吨重，要用吊车才能吊起；怎么，厂门里的一座大桥比街道还宽，上面车流滚滚，人潮汹汹，比赶大集还热闹；怎么，火车、汽车、马车接头衔尾，纵横驰骋，气蒸烟腾，轰鸣震耳，好一个大车扬飞尘，天地何壮哉！

在电稿里，我看到解放了的鞍钢工人，不是像农民盼望分土地那样盼望分工厂，而是盼望烟囱早日冒烟，机器早日转动。他们积极献交工具、器材，一把榔头、一根螺丝钉也要用在厂里。于是，我理解了"孟泰仓库"，理解了什么是代表历史进步的产业工人。在劳动人民文化宫，我看到张明山创造的反围盘，那霓虹灯显示的钢筋如游龙穿梭；我看到年轻的王崇伦发明的万能工具胎，它那样一转、一转，竟有这等妙用。在收音机旁，我和大家怀着同样激动的心情，倾听着三大工程剪彩的实况转播。在报纸上，我知道了毛主席多么关心鞍钢，知道了千千万万老革命、工程师、热血青年都在向往着鞍钢。鞍钢在全国人民的支持下，在鞍钢人的拼搏中前进；鞍钢所取得的巨大成就，激励着全国人民，鼓舞着各行各业人们的斗志。

鞍钢吸引着我，我向往着鞍钢。我张开想象的翅膀，思索着他是什么样儿？那里一定是个美妙的地方，一定是个壮丽的地方，一定是个轰轰烈烈的地方，一定是个大有作为的地方。

我梦想有一天，我能够投身到这个火热的熔炉之中，在那里工作、战斗。

那时，鞍钢是我的梦，一个轮廓朦胧、却又十分美好的梦。

二

有一天，终于有一天，我来到了梦想中的鞍钢。那是 1961 年。

我告别了繁华的北京，告别了北大校园里那浓密、柔韧的柳丝，告别了亲人（把孩子送回了老家），带着一箱经济管理书籍来到鞍钢。我决心把我的热情、我的知识、我的年华，贡献给这片炽热的土地。

我曾想象鞍钢很大。身临其境，却又使我惊讶。我的想象力远远不够丰富，鞍钢比我头脑中的形象要大得多。一进三孔桥，映入眼帘的是一根直逼蓝天的烟囱，一栋数层楼高的厂房。好大呀！可是人们告诉我，这只是鞍钢里的一个厂，只是烧结总厂的一个车间。我的天！一个车间就大到这般天地，那鞍钢该有多大呢？我登上矿山，看到运载矿石的火车在山脚下像个玩具；我踏进厂区，看到山峰般的高炉，黑塔般的焦炉，火龙般的钢坯、钢材……

我深深地感叹钢材的来之不易，从采矿、破碎、球磨、烧结，到炼铁、炼钢、开坯、成材。

我更了解了鞍钢人的精神风貌和优良品格，由单纯的羡慕到理解他们的内心世界，敬佩他们吃苦耐劳、无私奉献的工人阶级本色。

那时，全国人民正在勒紧裤带渡过难关。工人们每天要干8小时的活，有的要流几公斤汗，可他们却吃不饱，更说不上吃好。但他们没有被困难吓倒，没有动摇坚强的意志。他们毫无怨言，埋头工作，如同老黄牛，吃的是草，挤出的却是滚烫、洁白、香甜的奶。他们只要吃到一碗热乎乎、稠糊糊、油乎乎大菜汤，就会感到满足。家属们在"保重点"，从嘴上省些粮食，让工友多吃点儿，多出力，多干活。我看到，皱纹堆垒的老大娘，用没有牙齿的嘴巴嚼着淀粉菜团，每咽一口都要吃力地伸长一下脖子；我看到，年轻的媳妇失去青春的红润，脸上浮肿、菜色；最难忘的是那些瘦骨伶仃的孩子们，他们穿着打了补丁的衣裤，但全身却收拾得干干净净，头发梳得光亮整齐，眉心还点上个"红脑门"，在没有灯光的楼梯口，唱着"洪湖水，浪打浪"。鞍钢人忍受着饥饿，忍受着痛苦，为国家贡献着血和汗。

三年调整，给鞍钢带来了生机。工人和家属有了足够的粮食吃，许多被划定为右派的良才摘了帽子，被拔了"白旗"的平了反。广大职工心情舒畅，斗志昂扬，开始了重振鞍钢的战斗，鞍钢迅速地进入了黄金时代。"三个第一流，四朵大红花"，植根于职工的心中，显示出巨大的凝聚力，吸引着职工忘我奋斗。技术协作队、技术攻关队，像雨后春笋，鞍钢形成技术革新、技术改造的高潮。学习毛主席著作，"像雷锋那样生活和工作"，"做焦裕禄式的人民勤务员"，如春雨润物，为广大职工提供了政治动力和精神食粮。十几万人一条心、一个劲，誓创世界第一流，其势如东去大江。古代哲人说："用众人之力，则无不成也。"1966 年，鞍钢已年产 500 万吨钢，十几项指标达到世界先进水平，高炉焦比、利用系数，超过美国、苏联，同日本并驾齐驱。鞍钢是中国钢铁工业的排头兵，正在为赶超世界先进水平大踏步前进。

鞍钢要成为世界一流企业！我在向往，我们在向往。这是我那时的一个梦，是我们鞍钢人那时的一个梦。

三

天有不测风云，"文化大革命"的疾风暴雨猛烈袭来。人们的追求，人们的理想，人们美好的梦，遭到致命的摧残。仅仅一年，鞍钢的生产便像泥石流冲过，从高坡上急剧滑下。1967 年产量下降到 1957 年的水平，有的车间停产了！邻居老李问我："老张，这是怎么回事，革命几十年的人怎么变成了敌人？为什么厂房里机器不转，却听到了麻雀的叫声？"他的眼里充满了迷茫，充满了忧虑。我沉思半晌回答："我也说不清楚。"我急忙转过脸去，泪水溢出眼眶，悄悄地流过腮边。谁能想到，正在变为现实的美好梦想，竟被一连串难以想象的噩梦所代替。

鞍钢广大职工沉默着，他们忍辱负重，但心里却非常清楚。不管"造反派"气焰多么嚣张，不管政治空气多么令人窒息，他们还是坚守岗位，用血肉、用筋骨，支撑着祖国的钢铁骨架。多少人带着"保守派""反革命"的罪名默默地工作，多少人顶住大批"唯生产力论"的狂潮，吃住在厂，日夜奋战。有一位老工程师，被斥之为出身不好，走白专道路，但他仍然埋头搞新技术、新工艺试验。"造反派"说这种试验有毒，影响工人健康，让他自己去操作。他不声不响地亲自干，结果却遭到一顿毒打。就是这位老工程师，得知造反派要停炉的消息，含着眼泪伸开双臂阻拦，一次又一次地呼喊："不能停炉，不能停炉啊！"

那些年，人们每月只能吃三两油，几斤细粮，鱼肉蛋凭票少量供应。鞍钢工人阶级从来不畏艰难。他们坚定地说：只要有大茄子、大酱、高粱米，就有钢！鞍钢决不能垮下去！

这是何等的觉悟，这是何等的品格，这是多么可爱的人啊！鞍钢要发展、要成为一流企业的梦没有被打碎，它深深地埋藏在鞍钢人的心底。

四

历史总是要为自己开辟道路的。一个崭新的、充满希望的时期开始了，鞍钢人民何等的激动。党的十一届三中全会以后，鞍钢人挺直了腰杆，舒展开眉头。大家更认清了发展生产力的重要，更认清了社会主义真谛之所在。大家比以往任何时候都明确地意识到，鞍钢必须腾飞，必须为社会主义现代化建设做出更大贡献。

一部巨大的机器高速度地旋转起来，改革给了这部机器以强大的动力。制定改造规划，全面实行承包，开展横向联合，引进国外先进技术、设备，鞍钢焕发了青春，呈现出蓬勃生机。鞍钢工人阶级发扬创新、求实、拼争、奉献的鞍钢精神，把孟泰作为楷模，以高度的主人翁责任感，冲天的干劲，惊人的聪明才智，创造出一个又一个奇迹。半连轧改造工程，25天完成了国外50天的工作量，创造了辉煌的半连轧精神，使外国专家也衷心叹服。50万吨线材公司的建设，13个月拿下了国外31个月的工程，打出了惊人的线材速度……

在遇到暂时困难，中央确定治理、整顿、深化改革方针的时候，鞍钢人的主人翁精神迅速升华，用自己的行动、用自己的心，谱写了辉煌的篇章。为了解决公司购煤用款的严重短缺问题，职工们、家属们倾尽私囊，不到一周的时间竟筹款2300多万元。鬓发斑白的老经济师，把准备买住房的一万元钱全部交给公司。他说：这是为了救活鞍钢，为了帮助国家。独自领着两个孩子和一位老人苦熬岁月的中年女工，不顾领导的劝阻，拿出 30 元钱。她含着热泪说：过去组织没少照顾咱，现在鞍钢有了难处，咱没多还有少嘛！孤独寂寞的老工程师把准备娶老伴的 1000 元钱连窝端出。他说：要先顾大家，后顾小家。满脸稚气的 6 岁小朋友，听爸爸妈妈说鞍钢缺钱，打开自己视为宝贝的小储蓄盒，一角一分地凑了 19 元 9 角 9 分，让爸爸带到厂里。他吃力地写了个字条：叔叔，对不起，我就这点钱，献给鞍钢买煤吧。这，就是现在的鞍钢人和未来的鞍钢人。

靠改革春风的驱动，靠鞍钢人的顽强拼搏，鞍钢开始腾飞。"六五"期间，鞍钢上缴给国家的利税达 66 亿元，相当于鞍钢固定资产的原值。五年间，鞍钢人交给国家一个完整的鞍钢！"七五"期间，鞍钢生铁产量提前四年达到"七五"计划指标；利税提前三年达到"七五"计划指标；钢产量提前两年达到"七五"计划指标。1988 年，实现利税在连年递增 10%的基础上，继续稳步增长，达到 24.45 亿元；上缴利税达到 16.3 亿元；钢产量突破了 800 万吨。

今天的现实，曾经是几代人的夙愿，几代人的梦。

五

"千江有水千江月，万里无云万里天。"鞍钢人没有在胜利中陶醉。鞍钢人纵目未来，要在广远的天地间大展宏图。鞍钢人迷恋着一个更为美好的梦。

早在 1986 年第三次党代会上，鞍钢就确定了新的发展战略目标：实现两步宏图，争创一流企业。第一步，到 20 世纪 90 年代初，形成 1000 万吨钢的综合生产能力；第二步，到 21 世纪末，形成 1500 万吨钢的综合生产能力；要把鞍钢建设成为具有中国特色的社会主义第一流企业。

我时常想，未来的鞍钢是个什么样子呢？那时，鞍钢的老区经过技术改造，已被重新武装起来，面貌一新，雄姿英发。在老区以外，将崛起一个现代化的新厂区。那里，花木繁茂，空气清新。未来的鞍钢，将由一代继承孟泰精神，又有现代科学知识的新人来主宰，他们会创造出更加惊天动地的伟业。

鞍钢啊，我的梦，过去是我的梦，未来是我的梦……

（作者曾任鞍钢党委书记。本文系 1989 年为纪念鞍钢开工 40 周年所作。）

走进工人阶级队伍

马成学

2018 年是鞍钢成立 70 周年，我有幸在鞍钢工作了 40 年。40 年的经历感悟和收获，像一部教育人引导人鼓舞人的文学作品，读哪一段都感到温暖幸福和自豪。入厂后那几年融入工人阶级的过程，还成为晚年愉悦身心不可替代的健康资源。

我 1970 年 11 月 11 日入鞍钢给水厂工程队当水道工。入厂前对鞍钢有些书本上的了解，知道鞍钢是我国最大的钢铁联合企业，有职工 14 万，其中最优秀的代表是受到毛主席八次接见的老英雄孟泰和被毛主席称赞为"青年的榜样"的王崇伦。能成为鞍钢的一员，心中充满了喜悦。

入厂不久，对企业环境形成三个深刻印象。一是崇尚劳动。当时厂里最有名气的是包福玉，他是水道车间的排泥工人。之所以名气最大，是因为他是全厂唯一的鞍钢劳动模范。二是注重技术。当时厂里工资最高的是孙建勋，每月为 204 元。在 20 世纪 50 年代初，厂长工资为 650 分，厂长助理孙建勋的工资为 800 分。原因孙建勋是哈尔滨某大学的毕业生，是鞍山水务方面的专业技术人员。当时学徒工月工资为 19 元，但青年们都愿意学技术。"学好车钳铆电焊，走遍天下都吃饭"的说法很有市场。入厂不久，队长宋长田就亲自组织新工人学习给排水知识，安排王作顺技术员上技术课。一位 1958 年入厂的女工对我说过，她们当年找对象是"双员"标准，即政治上是党员，业务上是技术员。三是人人平等。全厂1800多名职工，从上到下没有特殊人员。厂领导与普通员工一样，都是骑自行车上下班，都在大食堂就餐。厂里一栋住宅楼建成后，分到最好房子的是我们工程队看浴池的工人李新贵。厂里分管青年工作的革委会副主任姓刘，他在全厂青年大会上讲话卡了壳，当全场青年期待下文时，刘主任停了好一会说了句"就完了吧"离开了讲台。事后一位姓王的机关青年用手拍着刘主任的肚子说；"老刘哇，一下子草哇!"

20世纪70年代初期，鞍钢生产建设掀起了一个新高潮。我们工程队先后参加了万立方米制氧机、烧结厂改造、兴建十一高炉、耐火铀砖会战等工程，亲身感受到与先进生产方式相联系的工人阶级特有的先进性、组织性和纪律性。在十一高炉会战中，十几个单位数千名职工克服重重困难，为建设现代化大型高炉昼夜奋战。从运输、给水、供电、送气到基础、砌筑、安装、焊接、后勤供应等，从地下到地面再到空中几层十几层的作业，都紧张而有秩序地按计划推进。工程指挥部的广播站不断传来阶段性成果的捷报等消息，持续鼓舞着参战队伍的昂扬士气。最令人瞩目的是矗立在巍峨高炉群中的大抱子，约有30层楼高。巨大的抱杆自如地将几吨几十吨的设备、备件准确吊装到位。当人们仰望大抱子顶端红旗时，戴的帽子就会掉到地上。就是这样一个庞然大物，竟能够在鞍钢生产的心脏地带高炉群中行走。修建职工的聪明才智令现场的每一个人肃然起敬。

我们工程队有180多名职工，1958年前入厂的占55%。他们都是青年工人学习的榜样，不愧为"师傅"的称号。

水道工为力工，每月粮食定量50斤。力气最大的是李广英，他中等身材，肩宽背厚。平时四个人抬的水泵，他带一个人就能抬过来，而且把重担压在自己的肩上。当他吃力时，就会瞪起眼睛，把牙关咬得紧紧的，胡须都扎扎着，木扁担压断了就换成铁扁担。为了工作，从来不吝惜自己的力气。

力工的工作也有一定的技术含量，最考验力气和技术的是抢修时的灌铅口。冯绍春身体不算强壮，但在抢修灌铅口时能把力气和技术都用到好处。他两脚稳稳地站在管道接口两侧，一手提起200斤左右的铅锅，一手用铁钩钩住铅锅底部，将300多摄氏度的铅水缓缓注入管口。弄不好铅口会爆开，甚至会造成烧烫伤事故。没有冯师傅，抢修工作就会受到影响。

1972年新年前后的天气非常寒冷，管沟里的水抽到地面就会结冰。在打口时一颗"大牙"掉进水里，鲁春林脱掉棉袄，撸起秋衣袖子，用手在刺骨的泥水中将"大牙"捞起。"大牙"是用来均口用的小铁楔，形状像牙，是队里铁匠炉用钢筋头等边角料打出的几乎没什么成本的最小工具，但在鲁师傅那里，企业的一草一木都要呵护好。

付国清是班里的兼职安全员，他讲的"对工作要像抓老虎一样小心认真""出了事故个人遭痛苦，国家受损失"成为工友们的安全座右铭。付师傅家住沈阳，是"三八"职工。即在班8小时，上下班路上8小时，在家8小时，工作和生活都很辛苦。但付师傅每天脸上都挂着笑容，他喊出的劳动号子又高又亮，很快就能凝聚工友们的力量。付师傅的阳光心态能化解每位工友的不快。

1972年3月的一天，在快下班的时候接到上级通知，说一线出了事故，命令工程队派人到指定地点装事故现场加固用的钢轨。当我们赶到指定地点时，装钢轨的汽车已停在铁路的西侧，隔三条铁路的东侧有两垛两米多长的钢轨。我们跳下抢修车直奔钢轨垛，两人一组抬着钢轨装车。当我装完第一根钢轨转过身来时，见马友兰甩掉了棉袄，自己扛着一根钢轨迈着又稳又快的步子跨越铁路。瞬间我脑中闪出三点认识，一是马师傅真有力气，二是抢修任务很紧迫，三是在关键时刻共产党员要充分展示自己的形象。在马师傅的带动下，又有一些同志独自扛着钢轨装车。当装着钢轨的汽车奔向事故现场时，我们完成任务的时间不过 20 分钟。

高士显是我们班的班长，他工作认真，事业心强，善于带领全班完成各项任务。在万立方米制氧机会战接近尾声时，两条送水管线已安装结束。为了确保制氧机按期投产，高师傅动员全班同志利用下班时间为管道转弯处浇灌混凝土，这样可以使管道打压试水时间提前两天，保证管道如有漏水有充足时间修复。同志们都赞成高师傅的意见。我们十二位年轻力壮的同志分成两组，交替搅拌和浇灌混凝土，其他同志运送水泥、沙子和块石。到晚上十点多钟，完成了十多立方米混凝土的浇灌任务。

队党支部和队领导都非常重视青年工作，针对 22 个月青年工人就增加了 60 多名的实际情况，建立健全了团组织及符合青年成长规律的工作机制。反复宣传"没有水高炉也会烧弯腰"的道理，鼓励青年爱岗敬业。从交运队租来车辆安排青年祭扫烈士陵园，增强青年的接班意识。引导青年学习马克思主义，让列宁关于《共产党宣言》等经典著作成为每个有觉悟的工人所必读书籍的教导，成为青年学习马克思主义的内在动力。支持青年开展义务劳动和向四届人大一次会议献礼等活动，发挥青年在重点工程中的突击队作用。组织运动会和赛诗会等文体活动，培育青年团结向上的精神风貌。

有组织地培训教育和老师傅的传帮带，青年们都健康成长。在 18.5 公里水线工程冬季施工中，为了保护辽阳大沙河工地物资安全，青年自发组织了工地夜间保卫队。一天下午天降大雪，共青团员付志久没有赶上去工地的通勤车，为了参加工地夜间保卫工作，他顶着大雪，推着自行车，步行十多公里，赶到了工地。在高炉区施工中，共青团员王庆贺见倒着开来的火车要与人工绞磨机运送的钢管相撞时，不顾个人安危，冲上铁路，奋力摘掉钢绳与钢管的挂钩，避免了一起重大人身伤亡事故。共青团员赵殿伟下班以后到站前一带协助公交、公安的同志维持公共秩序，受到公用事业和公安部门的表彰。从1973年8月开始，先后有优秀共青团员入党，成为工人阶级的先锋战士，改革开放为青年成长创造了更加广阔的天地。1970年前后入厂的青年陆续成为生产技术和管理的骨干，其中有高级技师、高级工程师，有厂机关部门和下属单位负责人，有六人担任了基层党委书记、厂长、副厂长，王明仁同志担任了鞍钢集团副总经理。

（作者曾任鞍钢党委组织部部长。）

我用一生拥抱钢铁

陶 愚

新中国成立之初，我考入一所专科学校，随校方组织离家北上时，身上仅有分文，那是我每天以给人挑水挣钱维生的余钱，肩挑的行李就是薄棉被、薄棉大衣和换洗单衣，脚蹬一双简陋的蓝光鞋。上车前，同学们有亲友相送，我只有扁担伴随；开车时，车上车下一片哭声，好不热闹，我却是冷冷清清、乐乐呵呵的，心无任何牵挂，预想将来会比现在好些。到校后，是国家用公费培育了我。学校不惜重金聘请知名教授，以确保教学质量，同时更注意品德培养，同学之间互相关怀，和睦相处。毕业前，一位同学见我身穿破旧不堪的外裤，他找出两条好裤子，送给我替换。我非常感谢他，毕业分别虽已近60年，但我们之间的联系仍很紧密。应当说，我的人生观、品德、业务等基本素质，都是在那时铸就的。我很怀念母校和校长、老师、辅导员及同学。

从学校毕业后，正值党中央动员与集中全国的力量支援鞍钢，加快建设新中国第一座钢铁基地，我满怀着激情来到了鞍钢。从此，我的人生就选择了钢铁；从此，我的人生也始终伴随着钢铁。记得当年分配到鞍钢工作任练习生时，月薪定为130工薪分，折合人民币约有22元；3个月后定级为记账员，月收入提高了约40%；9个月后，晋级为三等八级会计员，行政职务提为股长，月收入比练习生时高80%。

那个时候，受热火朝天的时代的影响和熏陶，像我这样的年轻人

鞍钢厂区远眺

都是热情很高，干劲很足，完全是靠自己闯人生，没有人会去论背景，没有人去拉关系。其实，说起家庭背景，我们陶家还是很有渊源的。但是，在我的工作生涯中从来就没有想过追溯，当然也就从来没有留过多少记忆。

20世纪90年代之后，也是我离开了工作岗位之后，赋闲下来，寻点兴趣，陆续找到很多亲人，才得知我们氏族的始祖是唐尧，享誉中外的田园诗人陶渊明是宗祖中的佼佼者之一。我的高祖父文毅公陶澍，在清朝嘉庆道光年间，从京官17年而外放，由小吏逐升到连任封疆大臣17年。道光三年，他从安徽布政使擢升安徽巡抚；道光五年五月，调任江苏巡抚；道光十年六月，加太子少保，两个月后擢升两江总督兼江苏巡抚，并兼任兵部尚书、都察院右都御史，总督江南江西军务；道光十一年正月，兼理两淮盐政；道光十九年六月二日，病逝于宁城任上，敕加太子太保。高祖父陶澍在封建官场上经历38年，对腐败之行，了如指掌、深恶痛绝，且尽己之能整顿吏治，更加力行表率，是与龚自珍齐名的中国近代地主阶级改革派的思想精英。跟随他 16 年的幕僚魏源做墓志铭悼念他："为翰林能诗，为御史能言，及备兵川东，摘伏发奸，又为能吏。……可谓智不惑·勇不惧者也。悬河之辩不可复闻；骋古今之学，剸繁剧之才，不可复见。"时任江苏巡抚的林则徐赋诗赞他："廿年开府垂名久，才是平头六十翁。"10 年前，时值陶澍 230 周年诞辰，陶澍研究学会为纪念这位中国历史上划时代的名人，曾经在陶澍故里湖南安化召开学术研讨会。我作为陶文毅公五世孙，心里感到十分欣慰，我们子子孙孙都会继承文毅公勇勤廉善之风，为我们的国家努力奉献。

这里说的是我们陶家家庭背景的一个方面，也就是陶家的传统基因。还有一个方面，我们陶家还有红色基因，这也是让我和我的后人引以为自豪的。

我的大姑妈陶肃宜与大姑父傅麟婚后育有一儿一女，女儿生于 1904 年，起名傅凤君，我称她为春姐。不久，大姑妈因大姑父待她冷落，就带女儿一起回了娘家，从此没有再回婆家。春姐很聪慧，记忆力特好，诸如《牡丹亭》《桃花扇》《长生殿》《红楼梦》等小说中的诗、词、章节，她看过后，都可以整首、整段、整篇地连续背诵下来。在长沙时，她虽没有正式进过学校，但对我家的藏书，却读了不少，还写下很多精细的笔记。她的理解力很强，很有见识，性格坚强，吃苦耐劳。大概是她在十七八岁左右，就离开我们家了，到上海进入刘海粟创办的上海美术学校学习。以后，她结识了颜昌颐，与之结婚，并投身于革命队伍。从此，她给家来信，也是从别的地方间接转寄过来的，而且信件越来越少。

春姐夫颜昌颐，字燮甫，又名国宾，是彪炳千秋的革命先烈。颜昌颐于 1900 年 10 月 29 日出生在湖南省安乡县白螺湾村的一个书香世家。少年时期，他就胸怀大志，在长沙明德中学读书时，于自己的课桌右侧贴了一张"人贵有志，学贵有恒，锲而不舍，事必有成"16个字的纸条，作为座右铭，鞭策自己。不久，他当选为学生会负责人，他勉励自己要"立大志，将来为社会办好事"，还以诗言志："国步日艰难，生民似倒悬；青年应有责，破旧换新天。"

1918年10月，颜昌颐从明德中学毕业，考入保定育德中学留法预备班学习。翌年12月9日，他同聂荣臻、汪洋等乘坐法国"司芬克司"号邮轮，从上海杨树浦码头起航，前往法国巴黎，进入多姆公立中学边学习边做工，其间结识了周恩来、赵世炎、蔡和森、张昆弟、陈毅、李维汉、李富春等一批勤工俭学学生，并参与组织勤工俭学励进会。1921年10月13日，在法国政府和中国北洋军阀政府的策划下，将里昂警察当局囚禁104名中国勤工俭学学生强行遣返。翌日，他和蔡和森、李立三、张昆弟、罗学瓒、鲁易、陈毅等学友，一道被押送至马赛港，登上"波尔加"号邮轮，遣送回国。1922年，经邓中夏、陈为人介绍，颜昌颐在沪加入中国共产党，被安排到北京中法大学学习，并任中共香山地区书记，从事党的秘密工作。1923年11月，他和肖振声介绍陈毅、并经中共北方局考察批准由中国社会主义青年团团员转为中国共产党正式党员。1924年9月，颜昌颐被选派赴莫斯科东方劳动者共产主义大学学习。1925年2月，他与叶挺、王一飞、聂荣臻、熊雄、张善铭、杨善集、范易、李林、纪德福等26人被共产国际调到苏联红军学校中国班学习军事。

1925年9月3日，颜昌颐等从莫斯科归来后，时任党中央总书记陈独秀接见了他们。王一飞考虑党内从事军事工作的人越来越多，中央有必要成立一个专门机构，向陈独秀提出了成立中央军事部的建议。陈独秀采纳了这个建议，之后他按分配名单宣布：聂荣臻、叶挺、熊雄、张善铭、纪德福、杨善集等12位同志去南方，加强黄埔军校的工作；李林、范易等11位同志去北方，加强冯玉祥西北军的工作；王一飞和颜昌颐等 3 位同志就留在中央，负责筹组中央军事部的工作。中央军事部后改称中央军委，有工作人员十余人，王一飞任负责人，颜昌颐任技术书记（秘书）。聂荣臻回忆："这是我党中央最早的一个军委。"王一飞、颜昌颐因之也成为我党最早的军事领导人。

1927 年，蒋介石发动"四·一二"反革命政变后，中央任命周恩来为中央军事部部长，组成了以周恩来为部长，聂荣臻、王一飞、颜昌颐、欧阳钦等人为助手的中央军事部。7 月中旬，周恩来向中央军事部人员传达了中央决定南昌起义的指示，并指定聂荣臻、贺昌、颜昌颐等三人组成临时前敌军委，聂为书记，贺、颜为委员，立即赴江西九江向当地驻军中的共产党员传达中央决定，做好准备，策应起义。南昌起义后，颜昌颐任起义军十一军二十四师的党代表，率部南下，攻克会昌，占领潮汕，在汕建立了人民政权。10 月，起义军主力在潮汕地区遭敌围攻，转移到海陆丰南部，与董朗率领的 1200 余人的队伍会合，后扩编为工农革命军第二师，颜昌颐任师党代表，部队配合澎湃先后攻克了海丰县城和陆丰县城。随后，中共东江特委又重新成立，澎湃任书记，颜昌颐兼任委员和特委军委主任。1928 年 3 月初五，率部攻打海丰公平时，他的臀部、腿部多处受伤。因伤口复发，他遵照党的安排，经港转往沪治伤，任中共中央军委委员兼中共江苏省委军委秘书。

1929 年 8 月 24 日下午 4 点，他和彭湃、杨殷、邢士贞等人，在上海新闻路经远里 12 号开会，因叛徒告密，被英租界工部局逮捕。当周恩来得到"8 月 28 日晨，敌人要将彭湃、杨殷等同志从拘留所解往龙华警备司令部"的情报后，即下令中央特科所有会打枪的人一起出动，埋伏在囚车经过的途中，准备截车营救。红队队员和许多人一起，化装成拍电影外景的摄影队，武器装在一个皮箱里，由专人骑机器脚踏车送到现场。陈赓将装好大米的卡车开到囚车必经的路上，挡住囚车，迫使停车，然后下手。余下的特科人员，化装成小商贩、过路人，都一起来到现场，摆成一个"劫法场"的阵势，安排非常周密。然而，所有人员就绪后，送武器的三民照相馆老板范梦菊却来迟了，事先准备工作不细，枪内的润滑脂没有清除，不能立即使用，再加上敌人戒备森严，营救没有实现。澎湃等人引渡到上海龙华警备司令部后，颜昌颐被摧残得体无完肤、手足俱折。1929 年 8 月 30 日，彭湃、杨殷、颜昌颐、邢士贞等四位烈士，慷慨就义。9 月 14 日，周恩来在党的机关报《红旗日报》上撰文悼念，"四烈士的牺牲是中国革命、中国党之很大损失，四烈士不可磨灭的光辉将照在千万群众心中，熔成伟大革命的推动之力。"

再说我的春姐傅凤君。1927 年湖南"马日事变"后，她奉命回长沙，以教书为掩护，从事党的秘密工作，曾任湖南省妇女运动委员会负责人，后被叛徒告密，在长沙南门定王台被捕。之前，她已将党的文件及资料投入马桶中销毁了，未被搜到，保护了党的秘密，但人被带走并遭扣留。家里托人说情，答应如自首则放人，傅凤君坚决不干。1928 年 4 月 5 日，春姐被国民党军警将双手用粗大的麻绳反缚着押赴长沙教育会坪刑场处死，途经我家门口，她没有顾盼一下，头只向前望，面色柔和平淡。黄昏后，我的资哥、二哥和二嫂，用钱买通了乞丐，请他们将春姐的遗体偷着运出来。亲人们见到她的遗体，真是惨不忍睹，她身中数颗子弹，颈部还被刀砍断，若无颈后一小块皮的联系，就是身首异处了。大家悲痛欲绝，哭又不敢出声，只得含着眼泪，将她的颈部缝合好。装殓后，轻轻的将她的遗体托起放入棺椁中，并于当天深夜，由我的资哥和二哥雇人抬出城，偷偷地安葬了。春姐牺牲后，春姐夫颜昌颐还给我大姑妈写过两封信。

与春姐一同就义的还有郭亮，被捕时是中共湘鄂赣特委书记。郭亮是毛泽东的亲密战友，经毛泽东介绍先后加入新民学会和中国共产党。入党后，郭亮主要从事工人运动，先后任湖南省工团联合会副总干事、总干事，湖南省总工会委员长，中共湖南区委委员兼工农部部长，成为著名的工人运动领袖。毛泽东在延安谈起郭亮时，赞扬郭亮是"有名的工人运动组织者"。

春姐和郭亮就义当时的情况，鲁迅在沪发表过一条短讯。这条短讯后编入鲁迅先生的《三闲集》中的"铲共大观"，在这一章节中做了如下的叙述："仍是四月六日的《申报》上，又一段《长沙通信》叙述湘省破获共产党省委会，'处死刑者三十余人，黄花节斩决八名，'其中有几处文笔做得极好，抄一点在下面，'……是日执刑后，因马（淑纯，十六岁；志纯，十四岁）·傅（凤君二十四岁）三犯，系属女性，全城男女往观者，终日人山人海，拥挤不通。加以共魁郭亮之首级，又悬之司门口示众，往观者更众。司门口、八角亭一带，交通为之断绝。计南门一带民众，则看郭亮首级后，又赴教育会坪看女尸，北门一带民众则在教育会坪看女尸后，又往南门口看郭亮首级。全城扰攘，铲共空气，为之骤张；直至晚间，观者始不似日间之拥挤。"

春姐、春姐夫：每当我拿出亲人的信件、回忆录、党史、领袖传记、《红旗飘飘》和我的笔记，阅读到有关你们的事迹时，喜怒哀乐之情，都会交织在我心中，泪水情不自禁地涌出，与亲人们通电话忆及你们时，脑子里就会映现你们的形象和我们儿时见到的、你们住过的那间房子，好似模糊地看见春姐你还坐在房里看书，也联想出你们为解放全中国而奋斗的那种艰苦环境的画面。真的，我是多么地想念你们呀！你们知道吗？你们为之牺牲的、盼望建成的社会已经实现了，我们的国家逐步富强了，我们的生活也越来越好了，正因为如此，我更怀念你们。

上面所介绍的我的春姐和春姐夫的英雄事迹，在我从鞍钢退下来之前，从来没有向任何人透露过，但却始终激励着我为鞍钢、为祖国的钢铁事业默默地发出一寸光和一分热。

1966年3月，由鞍钢副经理陶惕成挂帅出征乌蒙山，包建水城钢铁厂，我作为基建总指挥部的一员踏上了征程。当时，总指挥部下设财务处，鞍钢财务处副处长高宝贵调任处长。在那个"天无三日晴、地无三尺平"的艰苦环境里，我们总指挥部机关上上下下都以总指挥陶惕成为榜样，一个个都有一股干劲、一股钻劲、一股牛劲，全然忘记了什么是苦、什么是累、什么是忙。水钢基建大会战告一段落后，部分同志陆续返回了鞍钢，组织决定留下了我，后出任水钢财务处处长。再后来，组织上考虑到多年的辛劳，将我调回了鞍钢，出任公司审计部部长。一度，国家审计署想调我去北京担任司局长，可是我与鞍钢、我与钢铁已经难舍难分，还是坚持留了下来。

值此鞍钢公司成立70周年之际，忆及我的一切，觉得都是甜蜜蜜的。

20世纪60年代初，我刚成家，单位分配的住房，朝北，单间，面积8个平方，水泥地面，两家共厨，燃煤取暖。5年后，调为3间，东西南北都有窗，面积增大两倍，白木地板，其余同前。20年后，调的住房虽仍是两家共厨，可室内面积却比成家时的房增大了3倍，红油地板，南北都有阳台，令全家人最满意的是，冬暖：有暖气，冬天进屋，室内暖呼呼的；夏凉：南北都有阳台，空气对流，夏天入室，房内凉爽爽的。搬进去，全家人觉得好似进入天堂，别提心情是多么的高兴。35年后，我已退休2年，组织上又给我调到了鞍钢房产最好的地区和结构新特的住宅，经我精心装修，恰似高级宾馆的高间，真是：楼上楼下，电灯电话，住房面积较成家时增大了13倍，前后对比，有如游千山无量观，拾级而上，步步登高，一步登天，天上天。

对几十年的辛勤工作，自认为还算可以。我们毕业时，师长、同学们的嘱咐，都写在毕业赠言本上，我一直珍藏，经常翻阅，对我起到了鞭策和鼓励的作用。虽已近 60 年了，但仍保存完好，同学聚会时，我拿了出来，老校长和同学们见到后，倍感亲切，引发了很多美好的回忆。由于我基本上遵行了这些嘱咐，使我的人生初步达到了那时自己的预想。这个评估，我是从总经理在一次鞍钢机关领导干部会上提到"他们的工作，在国内外小有名气"的插话中感悟到的，另外也是从国家、省、部、市及公司授予我的先进称号奖状里体悟到的。

（作者曾任鞍钢审计部部长。）

我骄傲，我是鞍钢人

栾贵财

"我骄傲，我是鞍钢人。"这句话是我的心声，我想也是许许多多鞍钢人的心声。

20 世纪 70 年代，我在鞍山市外办做接待外宾工作，常陪外宾参观鞍钢的矿山、炼铁厂、炼钢厂和轧钢厂，多次参与外宾同鞍钢公司、厂矿负责人的座谈，对鞍钢的发展及贡献有较多了解。鞍钢的宏伟壮观及热火朝天的生产场面，鞍钢人勇于拼搏、甘于奉献的精神风貌，也深深地感染、教育和影响着我。我崇敬、羡慕、钦佩鞍钢人，自己曾有渴望成为鞍钢人的强烈心愿。

鞍钢鲅鱼圈厂区夜景

世界上的事儿，有时竟会心想事成。20 世纪 80 年代初。杨克冰大姐升任省人大副主任，要选一个新秘书，我有幸被选中。跟随大姐工作一段时间后，大姐知我已 42 岁，是学政治理论的，怕误了我的专业与前程，便想另换一个年轻的秘书，于是给了我三项选择：一是去市委宣传部，二是去社科联，三是去党校。征求我的意见时，我沉思片刻后，提出进鞍钢党校。经杨大姐与鞍钢党委的石树林同志商讨后，于 1981 年秋便调入鞍钢党校当哲学教员，成了鞍钢人中的一员，我深感满意和欣喜。

1985 年年初，党校任命我当哲学教研室牵头副主任。那个时候，鞍钢的钢年产量总在 700 多万吨徘徊。1988 年，鞍钢领导向全体鞍钢人发出了力争年产钢达到 800 万吨的号召。为响应公司领导的号召，我主动向校领导书面请求，愿带两名年轻教员去生产一线协助工作。获准后，我和吴鸣、史晓燕两位年轻教员在 9 月 25 日来到二炼钢厂，一直干到 12 月 29 日结束。我们在不误校内讲课前提下，主要给钢厂党员、干部作辅导，为大家鼓劲加油。厂党委让我们参加厂内有关重要会议，协助对基层进行"建功立业"检查，办好"政工员培训班"，调查"明星班组长先进事迹"，给团员、青年出知识竞赛试题及判卷，评审论文等，也参加了扫雪、帮厨、清扫卫生等劳动，使我们受到了教育，得到了锻炼。更重要的是在 11 月 4 日，经我们与厂方联系，鞍钢党校和二炼钢厂联办了第一所业余党校，开创了党校开门办学的先河，公司"摄录美"人员还专门到钢厂给我们录了像。12 月 9 日，钢报发了《鞍钢党校把课堂搬到钢厂》的报道。12 月 26 日，鞍钢党委召开基层厂矿党委宣传部长会议，二炼钢厂宣传部长李春先在会上介绍了厂校配合搞好工作的经验，鞍钢党委副书记兼党校校长刘惠德在总结讲话时，对我们 3 名教员走出校门到基层协助工作给予肯定和赞扬。二炼钢厂举行欢送我们回校座谈时，厂党委书记崔显阳动情地说："以前上边来人总是'飞鸽牌'的，这次你们成了'永久牌'的。"参加二炼钢厂业余党校学习的学员，系统地学习了哲学，以后又多次学习科社、党建等课程。该业余党校机构健全，有学习计划、有学习制度、有学习笔记、有检查评比，学习效果较好，在1995年被评为《辽宁省先进基层党校》，是鞍钢唯一获此殊荣的业余党校。

1994年，我和中央党校的老同学宋惠昌联系，由鞍钢党校牵头，同公司企管处、矿山公司、耐火公司、矿渣公司、二炼钢厂，组建了"中国管理科学研究院管理哲学研究所鞍钢分所"。当时，北京有两位教授专程来鞍，和公司党委宣传部领导共同出席了分所挂牌仪式及成立大会。鞍钢分所由党校常务副校长于德清任所长，我是常务副所长。从1995年至2001年，分所共开过4次理论研讨会，研讨紧密配合鞍钢的生产、经营和管理等工作进行，共收到近百篇论文。有些论文被推荐给《鞍钢管理》刊物发表。1997年是中国管理科学研究院成立十周年，鞍钢分所上报的19篇论文被收录在《中国管理科学研究院1987—1997》一书中，扩大了鞍钢的知名度和影响力。

"鞍钢宪法"是鞍钢人的传家宝。在1999年辽宁省委党校和鞍钢党校共同承担了"鞍钢宪法"这一国家级科研课题研究后，上级指定我和经济学教员钟启泰、公司企管部的戴立顺参加了课题组。我还和省党校林志副校长进京对马宾、周传典和吴溪淳三位老领导进行谈访，写出了3个方面的内容。2000年年初正式出版了《鞍钢宪法研究》一书，成为系统研究和论述"鞍钢宪法"的第一部专著。2000年3月初，我在市社科联召开的纪念"鞍钢宪法"诞生40周年理论研讨会上作了重点发言。

从教学岗位上退休后，我仍心系鞍钢，尽力发挥余热，被鞍钢党委宣传部返聘4年，参加续写《鞍钢志》工作；为鞍钢博物馆多次捐赠展品，其中包括《中苏友好会员证》，鞍山市接待西哈努克亲王的请柬、宴会菜单，为纪念毛主席 100 周年诞辰及鞍钢无缝厂开工 40 周年特制的镀铜长链怀表。

今年，是鞍钢公司成立 70 周年和改革开放 40 周年。回首过往的峥嵘岁月，我做到了以热爱鞍钢、服务鞍钢、宣传鞍钢、赞美鞍钢为己任，获得了幸福和快乐。我以为，鞍钢不愧是为国家出钢材、出人才、出钱财、出经验的"大熔炉""大军营""大舞台""大学校""大花园"。我在鞍钢受到了培养和教育，经受了锤炼和考验，才健康成长和成熟起来。作为党所培养出来的党员知识分子，我深深地感恩培育与锻炼了自己的鞍钢和广大的鞍钢人。我也为当初选择当上了鞍钢人而深感欣慰与自豪，为此才敢说："我骄傲，我是鞍钢人。"

（作者曾任鞍钢党校哲学教研室主任。）

鞍钢老报人的回忆

赵金海

我于 1952 年 9 月服从国家分配来到鞍钢。当时全国分配给鞍钢 2000 多名大学毕业生（北方和南方高校各 1000 多名），我们复旦大学分配到 20 名，其中工商管理系 16 名、会计系 1 名、经济系 3 名。如今 3 个系各有 1 名留在鞍钢，可以说我一辈子都献身给鞍钢了，值得自豪。1948 年 2 月 19 日鞍山解放，4 月 4 日成立鞍山钢铁厂。12 月 26 日鞍山钢铁公司正式成立，建立了组织机构，下面已经有了 29 个厂矿。1949 年 6 月许多厂矿具备了开工生产的条件，7 月 9 日两万多名职工在大白楼前隆重举行开工典礼。我珍藏的"七九开工"和"三大工程"纪念章随时激励我不忘初心，要为鞍钢奋斗一辈子。

那时候，领导非常重视发挥知识分子作用，基建设备处处长一再说知识分子也是鞍钢工人队伍一分子，鼓励我们积极要求入党。1956 年 10 月，我和另外两位知识分子加入了中国共产党。工农干部与知识分子十分融洽团结。我们科的老关邀请我去郊区农家吃饭。我第一次坐炕腿麻坐不稳，他们拿来小板凳，吃高粱米水饭和大葱蘸大酱，辣得我直淌眼泪，强忍着往肚里吞，后来同学、同事友善地拿这事当笑谈。20 世纪 50 年代初期，全国和鞍钢风清气正，大家的积极性很高。即使学财经的毕业生待遇不如学理工的，农村来的一批干部不受重视，岗位不理想，大家似乎不太计较。农村干部晚上积极学习文化，从初小到升初中，业务熟悉起来。财经毕业的大学生上下班没有通勤车子接送，一样努力当好业余补习班老师。因为心情舒畅，各方面进步很快，1956年10月我出席了鞍山市工业先进生产者代表大会。1957年，政治形势风云突变，知识分子积极参与大鸣大放帮助党整风，想不到一部分人被错划为"右派分子"，基建设备处一位老工程师和两名大学毕业生、共青团员被批判。我是处长室秘书兼团总支部书记，党总支让我组织批评，所以我也整了人。1957年12月，全国下放干部，鞍钢不例外。处长兼党总支书记同我谈话，告诉我下放干部中有一部分属于预备干部，像我这样的大学生必须要下去锻炼。1958年12月下放干部分批调回，设备处果然让我当了秘书兼副科长。

为了加强党的领导，适应形势需要，根据中央和辽宁省委指示，鞍山市委决定再次组建鞍钢党委。1958年9月29日鞍钢党委正式成立，袁振任第一书记。1959年秋，鞍钢党委决定成立报社，创刊《鞍钢日报》。9月24日设备处让我去鞍钢报社报到，参与《鞍钢日报》创刊工作。1964年冶金工业部部长王鹤寿到鞍山市和鞍钢坐镇，任市委第一书记兼鞍钢党委书记，工作非常出色，鞍钢技术革新、技术革命开展得轰轰烈烈，"三个第一流""四朵大红花"名闻全国，那两年被称作鞍钢的黄金时期。《鞍钢日报》同时沾光，列为全国企业报排头兵。2009年5月，鞍钢史志编纂委员会编纂《鞍钢60年回忆录》，我应邀撰写的《袁振书记、王鹤寿书记与〈鞍钢日报〉的诞生和成长》被采纳入集。2009年9月鞍钢日报社纪念《鞍钢日报》创刊50周年，我作为老钢报人协助报社领导把1966年报纸停刊、机构撤销后丢失的文件资料尽量补足，出版了一些专辑，这篇回忆录也献给了报社。2009年王鹤寿同志100周年诞辰，中纪委决定出版《王鹤寿纪念文集》，鞍钢史志办推荐我的回忆录，被采纳编辑入集。王鹤寿书记平易近人，他下来没有带家属，一个人住在东山宾馆，办公室也设在东山宾馆，召开干部会常常在迎宾馆（今公司老干办）。王鹤寿书记讲话没有讲稿，往往拿个小纸片，出口成章。我时任编委，为了能跟上他的讲话速度，每次开会都是由我与其他编辑记者3人同时记录。会后，我们核对笔记本编写会议稿、整理讲话稿，总编辑看完清样马上送审阅。王鹤寿书记无论多晚总是耐心等着我们，认真审阅并解释修改意见，所以大家都愿意去。我从编辑、组长、编委直到报社副总编辑，一帆风顺。由于"文化大革命"开始，公司党委来不及批复。造反派要求把我列为走资派批判。王鹤寿尚在位上，说公司党委没有审批不算数，仍是编委。总算没有进"牛棚"。

关于"鞍钢宪法"有一个小插曲。某年，在纪念"鞍钢宪法"N周年时，我们的某刊物把毛泽东主席批示时间错写为1962年3月22日。原来1960年3月22日毛主席批示"鞍钢宪法"，各大报直到1962年才公开宣传"鞍钢宪法"，我写了一篇重温"鞍钢宪法"的文章发表在管理版。看来，组织老干部讲鞍钢故事很有必要。老干部有这方面的优势，重温《鞍钢四十年》《鞍钢60年回忆录》，将能想起许多鞍钢故事，年轻人听了，可以避免类似的小插曲再度发生。

党的十一届三中全会后，我要求归队，正好原中型轧钢厂组建新领导班子，我调任管理副厂长（后为总会计师）。在中型厂5年，我如鱼得水，积极推行现代化管理取得一定成就，公司企业管理处、财务处、经济研究所等多次到中型厂召开现场会。公司副经理主持，劳动工资处让我们为全公司专业人员讲定额管理。在实行定额管理基础上，中型厂试行标准成本制获得成功，1986年因此荣获辽宁省管理成果一等奖，我个人获得鞍山市"三师（工程师、经济师、会计师）竞赛"银奖，被鞍山市总工会评为一等功。我多次到大连造船厂、沪东造船厂、淮南矿务局煤矿等厂矿访问，了解鞍钢产品的使用情况，听到一些意见，但基本都赞不绝口。1984年冶金部邀我参加质量管理评审团到首钢、太钢、武钢等钢铁厂检查评比，与一些同学相见，学到许多经验，还从常州寄回 10 本《管理会计》（编写者曾经给鞍钢干部讲过课），全厂职工学习后，计划科、财务科积极推行全面预算管理。公司企业管理处看到我在《鞍钢日报》发表的文章，让我们总结经验编写了一本教材。当然，后来看到鞍钢实行的全面预算管理更先进。

改革开放最大变化就是鞍钢职工的思想解放，思维变化，行动迅速，各方面的面貌有很大改观。我在报社时骑自行车到各厂矿采访，开始时有人带领，后来我到处走动，不戴安全帽，无人负责安全生产管理。我调到中型厂，老厂房面貌依旧，办公楼和各工段周围不畅通，东一个小房西一个简易棚，甚至生产厂房里面通道旁边也是这样。行政科科长陪我看浴室，浴室简陋，更衣箱破旧，女职工的衣裤等乱挂。厂长从外面学习回来介绍先进单位经验，要我多拿出一些资金进行改造，如管道刷油漆，成品库平整地面，改造自行车场、厕所、浴室、新做更衣箱等，各工段同时进行改造。其实并没有增加多少成本，环境面貌和精神面貌却大不相同了。推行现代化管理，开始主要是学习培训，引进现代化管理方法，应用目标管理、价值工程、网络技术等，经历了由单一方法应用向多种方法配套应用，实现整体优化的过程。鞍钢是计算机开发应用起步较早的单位，1972 年冷轧厂采用 K-351 国产计算机，实现了 75 座罩式退火炉的温度自动控制。1982 年以后中型厂同各厂矿技术人员、业务干部都参加培训，鞍钢计算机应用得到迅速发展。如今各厂矿有关人员都坐在操作室应用计算机指挥生产。鞍钢成立信息中心，各厂矿相应建立计算机室，并与内部及外界联网。《鞍钢日报》报道鞍钢迈出了大数据、云计算、"智能工厂"建设重要一步。1984 年以来鞍钢积极推行科技体制改革。近些年李晏家、李超等先进代表纷纷成立创新工作室，汇聚职工智慧创造、创新，新技术、新产品层出不穷。李克强《政府工作报告》指出，五年来创新驱动发展成果丰硕。载人航天、深海探测、量子通信、大飞机等重大创新成果不断涌现。高铁网络、电子商务、移动支付、共享经济等引领世界潮流。"互联网+"广泛融入各行各业。这其中都有我们鞍钢的贡献。目睹鞍钢的发展变化确实有着幸福感、获得感、自豪感。

（任者曾任鞍钢日报副总编。）

在鞍钢的怀抱中成长

矫孝本

在我成长过程中，鞍钢始终关心我，爱护我，伴我同行。谢谢了——鞍钢！这片热土不仅滋润了我成长，而且教会了我如何做人。

我是1969年从鞍山钢铁学院电气自动化专业毕业，1970年分配到鞍钢中型厂电气工段成为了一名电工，从此开始了"知识分子接受再教育"的路子。我在大学入了党，学校当时搞政治建连，我被推荐当上了自动化专业连的政治指导员。分配到中型厂后，正赶上设备停产大修，我被临时抽调到大修指挥部政工组做宣传工作。大修结束后，我被正式调到厂党办作秘书，从此改行走上了政治工作的道路，这一干就是48年。

改革开放的前一年即1977年，我从市委办公厅调研处，调回鞍钢党委办公室，给鞍钢党委书记作专职秘书。记得在市委办公厅工作时，有一天领导通知我，鞍山市进口（日本）了三台12寸黑白电视机，问我要不要一台。我当时一下惊呆了，这样的好事居然降临到我的头上！我不加思索地答应了下来。后来跟邻居、朋友借了点钱，加上自己的积蓄，终于买下了一台电视机。当时邻居都很好奇，终日到我家观看节目，其中有住在同一楼的市公安局的一位副局长、市第三中学的校长，还有鞍钢公司工会的一名副主席等。那时我和岳父住在一起，50余平的小套间，地方小，大家就挤在一起，地上床上全是人。我每天为邻居准备水果、茶水招待他们。这台电视机陪伴全家度过了五年。

后来家家都买了彩色电视机，我这台电视机也就成了文物，至今还在我家保存着。

我是一个幸运儿，1977 年鞍钢公司房产部门考虑我老少三辈，分配了原电业局对面厢楼四层楼的里走外小套间，我从鞍钢 40 宿舍，爱人从鞍钢女职工一舍搬到新居。我记得乔迁新居的当天，正赶上鞍钢公司领导来这栋楼剪彩。从 1977 年到 1987 年正好十年，鞍钢公司又为鞍钢基层单位晋升为工程师的人员专门建了一栋楼，取名为知识分子楼。当时我已经晋升为电器工程师，又在基层单位任党委书记，所以分得近 70 平的五楼三个小房间的居室，应该说是锦上添花。老少三代人各有自己的卧室。无巧不成书，乔迁新居的前一天，又是公司领导来剪彩。从此一住就是十年。1997 年鞍钢又在园林十二条专门为各厂矿正处级以上干部盖了两栋复式楼。当时我已被提拔为正处级，又具有高级职称，按条件排号，分配到了 124.5 平的复式房间，一直住到现在。这套房我也享受到了鞍钢改革的优惠价格，买下了产权。

1985 年，我奉调到鞍钢情报所任党委书记。当时正赶上中央要求，现职党委书记必须经过党校系统培训。根据要求，我参加了鞍钢组织的三年半的党校学习，经考核和考试，我拿到了中央党校本科学历文凭。当时还有另一条要求，即基层党委书记必须具备计算机知识，能够简单地编程等，于是我报名参加了鞍钢干部学校总工程师学习班。经过 80 个学时的学习，经考核、考试取得了计算机知识结业证书。另外，还要求基层党委书记必须掌握统战理论知识。于是，我同时任公司党委宣传部副部长的李德舫同志受公司委托，带领全公司基层单位主管统战的同志，一道去厦门大学台湾知识讲习所，经过 21 天的学习，终于取得了合格证。党委书记不仅要懂政治理论，还要掌握一定的企业管理知识。我以 302 分（300 分为录取分数线）考取了东北工学院在鞍钢干校举办的副处级以上、45 周岁以下的现职人员研究生班，此次学习受益匪浅，为以后从事企业领导工作增加了本领。党委书记需要具备岗位任职资格，根据组织部门安排，我于 1992 年参加了鞍钢党校举办的脱产岗位职务培训。三个半月脱产学习，经过考核和考试取得了岗位职务培训合格证书。

现在退休了，组织上信任我，让我服务于厂离退休老同志。我说，鞍钢给了我一切，我要为鞍钢发展继续做贡献。

（作者曾任鞍钢股份计量厂党委书记。）

忆往事　记党恩

赵艳书

　　2018 年是鞍钢成立 70 周年，也是我在鞍钢工作成长的 70 年。新时代的鞍钢发生了翻天覆地的巨大变化，我们的生活也达到小康水平，生活幸福了不能忘本。回忆过去，我走过的路、经历的事记忆犹新，感慨万分。我已是 80 后老人，快乐健康地生活在这个美好的新社会和新时代，这些都要归功于党和组织的关怀和照顾，我非常诚恳地、发自内心地感谢党、感谢鞍钢。

　　说到这里我的脑海呈现出当年刚入厂的画面：1949 年的春天，18 岁的我来到了鞍钢大白楼东侧的一楼小白房——白楼卫生所报到。当时鞍钢尚没有医院，所有的行政人员、一部分医务人员在白楼卫生所，

鞍钢生产一线党员举行入党宣誓

另一部分是在当今的市中心医院（那时称市立医院）。

我作为一名小护士被分配到医院的内科病房倒班，居住在医院三楼女宿舍（一个大房间住有十几个人）。那时的我们风华正茂、朝气蓬勃，下夜班后也不知道休息，仍然战斗在第一线，现在回忆起来心里还是美滋滋的。那时的我工作起来精力充沛，不知道什么叫名利和地位，从不计较个人得失。看着那些专家、高级医师在医治病患，心里很是羡慕，但自己并无其他想法，只要吃饱、穿暖就感到很满足。穿的衣服也很简单朴素，要求不高，夏天有唯一的一条蓝布裙子。当时对生活要求不高，但每天工作的热情却非常高，从不怕脏和累。作为护士，每天的工作远远超出职责范围。那时候医院没有护工，所以没有家属护理的病人都要由我们来照顾，包括大小便。有一件事让我终生难忘：一次值夜班时，有位患者病逝。太平间没有抬送尸体的夜班人员，只好由我们当班的医护人员做这件事情。我与另一名年轻的值班护士用担架把尸体送往太平间。由于内心很害怕，距离太平间又比较远，我们连跑带颠地在周围全是野草的小路上疾走。糟糕的是半路上尸体从担架上滑落到地上，我俩费了好大劲搬到担架上送到了太平间，现在回想起来还有些后怕。

随着社会的不断进步，医院的医疗技术和设备在不断地完善，对医护人员的要求也更高了。组织上关心和培养我，多次送我到医学院学习，党校学习。经过坚持不懈的努力，我当上了医生，又晋级为副主任医师，成为高级知识分子中的一员，又加入了中国共产党。所有的一切，这都要感谢党的培养。

当我进入了婚嫁年龄的时候，在单位领导的介绍下，同鞍钢炼铁厂的一位技术员相识、结合。我的爱人也是个苦命的孩子，东北工学院毕业后报名参加鞍钢建设。天有不测风云，刚到30岁的他，因皮肤病住院检查，却发现患上了肝癌，我得知后立刻瘫坐在地上，顿时傻了。当时我们已有了3个儿子，大的7岁，小的才3岁，我没了主意，不知如何应对。为了进一步确诊和治疗，厂领导和医院领导协商让我们去北京看病，但是我的孩子无人照看。厂领导安排两名职工帮我照看两个孩子，我带着小儿子和丈夫一起来到北京医院。当时我们的生活都不富裕，工资收入也不高。正在准备向亲朋借钱时，传来好消息：我们双方单位党组织分工，我的工资铁西医院正常发放，炼铁厂负责我们去北京看病的一切开销。我们感动得热泪盈眶，这种恩情我们无以回报，只有感激，感谢共产党、感谢鞍钢。党是我们的大救星，为人民服务落到了实处，鞍钢党委雪中送炭。后来我的丈夫病逝，丧事都是炼铁厂出面办理的。当时我就告诉3个孩子，长大后一定要报答鞍钢，参加工作一定要在鞍钢，竭尽全力地为鞍钢做贡献。

如今我已进入耄耋之年，又迎来新的人生旅程，还能身处中国特色社会主义的新时代，享受着国家发展硕果，真是幸运之极。回想当年，如果不是鞍钢党组织的帮助，我的一家现在怎么能有幸福可言，是党给了我一个温暖的家。现在3个儿子都在鞍钢工作，我是三代同堂，其乐融融。我和老儿子三口人一起生活，住在宽阔的复式楼房，每天儿子开车把我送到老干部活动中心参加文体活动，时常还报名参加比赛，这种老有所养、老有所乐的生活真是让人羡慕！

我也是有着66年党龄的老党员了，怀揣着对党组织的感恩之心，在关心下一代工作中始终坚持着奉献。忆昔日又看今朝，这些来之不易的好日子是共产党给予我们的，应知恩图报。我的任务是教育好子孙后代，树正气，做好人；辈辈传，代代颂，没有共产党就没有新中国，只有共产党才能救中国。虽然我已老了，但我追随党组织的心永远不老。我在铁西医院老干部党支部担任着关工委副主任的职务，每年都是带头组织老干部捐资助学活动，在关心下一代工作中发挥余热，奉献爱心。我要始终践行自己的诺言：记党恩，听党话，跟党走！

（作者为鞍钢铁西医院离休干部。）

铁山的"老兵"

王茂宁

我在大孤山铁矿工作 9 年时间，认识和熟悉的人有限，但在日常工作中结识几位离休的老战士却给我留下了深刻印象。他们的言谈举止、音容笑貌至今记忆犹新，历历在目。特别是他们为鞍钢建设和矿山发展所彰显出一代军人的高尚风范，更加令人敬仰与钦佩。

大孤山铁矿是一个具有百年历史的矿山，开采于 1916 年。建国初期，在矿山建设的大军中，有一批来自人民军队的老兵。他们听从祖国的召唤，从硝烟弥漫的战场来到钻机轰鸣的采场，放下了枪杆子，拿起了钎杆子，由一名冲锋陷阵的战士变成了一名开矿职工。他们听从党的安排，无怨无悔，埋头苦干，为开发矿山，为钢铁事业，奉献了青春，奉献了一生。

到目前为止，陆陆续续从部队转业复员到矿上工作的同志已有 880 人左右。他们有的在革命战争年代里战功卓著，在国防建设中立功受奖。曾在抗日战争中负过伤的老战士李锡柱同志，今年 91 岁了，现在身体还很硬朗。他在部队时是三野野战部队的英雄尖刀连连长，到企业工作以后，一直在机关和车间当科员。有些人为他鸣不平，他总是乐呵呵地说："干啥都一样。这要看和谁比，我要是和牺牲的战士比，我是最幸福的人。"这位老同志是非分明，有大局意识。在矿里取消公务用小车后，能主动站出来作解释工作，稳定老同志的情绪，表现出老革命的高风亮节。

今年 87 岁的朱文进，是参加解放战争和抗美援朝的老战士，三等二级残疾军人，曾做过 2 次大手术。他每天除了体育锻炼，注意养生之外，热心于社会街道公益事业，做好治安巡防，解决邻里纠纷，帮扶贫困等工作。每逢"六一""七一"、国庆等重大节日，他都坚持对中小学生进行革命传统教育，讲革命先辈的英勇战斗故事，讲革命的优良传统，受到了广大青少年和家长们的欢迎。自 2017 年 5 月 1 日至今，他又带头和其他老同志，坚持每周六、周日到矿灯光球场，参加宣传中国传统文化的《国学》晨读站的晨读活动。他们的行动带动和影响了大孤山地区很多的小学生和家长来参加晨读，使孩子们从小受到传统文化启蒙教育，从小就懂得要提倡什么，要反对什么，培养孩子们尊重父母、关心他人、关心集体、助人为乐的美好心灵和高尚品德。

老一辈复员转业军人的光荣传统代代相传，以张忠威同志为代表的新一代转业军人在不断成长，成为钢铁战线上的生力军。张忠威自 1990 年从部队转业到矿山工作以来，发扬解放军的好思想好作风，严于律己，刻苦学习，钻研技术业务，逐步成长为矿业公司乃至鞍钢的一面旗帜。他所带的班组荣获矿业、鞍钢集团的模范班组称号，并受到全国总工会的表彰；个人荣获鞍钢劳动模范、辽宁省"五一劳动奖章"获得者称号。他说：只有先进的团队才能培养出先进的人才，只有先进的团队才能把革命传统传承下去。他还深有体会地说："我就是在老军人、老模范、老英雄、老技工、老师傅的亲手培养下成长起来的。"

大孤山铁矿有着关心关爱重视转业军人的光荣传统。特别是每年的 8 月 1 日，矿里都积极做好走访、座谈、慰问和纪念等活动。2011 年 8 月，老干部党支部书记沈光理亲自选材操刀雕刻一座玉石纪念碑，上面镌刻着当时健在的 15 位离休老战士的姓名。这些老兵见到自己名字刻在纪念碑上，很有自豪感和荣誉感。他们有的开玩笑说，这碑就是拿不到家里保留。为了满足老同志的意愿，老干办决定每人刻一枚印章可以拿回家中作纪念。印章的边款处刻有毛泽东的诗《七律·长征》，老兵们见到后深受感动。

铁山的老兵，就是这样的一个群体，他们离开军队后，离开工作岗位后，仍然发挥光和热，彰显着革命军人的高尚风范。

（作者曾任鞍钢矿业公司大孤山铁矿党委书记。）

难忘的修车会战

黄金利

1969 年 3 月，我从 23 军退伍来到鞍钢运输部机车车辆厂六连做修车钳工。当时修车工艺比较落后，我记得分解台车时需要两个人用套扳子才能把大螺帽拧下来进行备件检修。劳动强度之大，工作起来之艰苦，环境条件之恶劣，是现在年轻人难以想象的。举一个简单的例子，修翻斗车洗清风缸的工人，换作业服时连里边的内裤都不能穿，用"破布"缠身，下班洗澡时"破布"都是油污，只能扔掉。入厂不久，正赶上上级布置一项为配合钢铁产量提高，改造 200 辆新型敞车的任务。

繁忙的鞍钢铁路运输线

当时，年轻人只是凭一种热情去工作。现在回想起来，的确是学习、发扬"鞍钢宪法"精神发挥了巨大作用。在党委的领导下，我厂的高总工程师带领一个革新小组到路局灵山车辆段多次学习参观，回来后在很短的时间内连续制造了台车清洗机，解决了油污染的问题；制造了台车分解机，用地沟车装上电动扳手，解决了台车分解繁重的体力劳动问题；制造的剪板机，解决了各种钢板的剪切问题。一系列革新的成功，使修车的环境、条件、难度都得到了极大的改善，释放了职工们空前的热情和干劲。

在时间短、任务重、缺少劳动力的情况下，我们六连的小青年们按照党支部的指示，成立了青年突击队，吃住在厂，在厂俱乐部的舞台上用草垫子搭起了将近 30 个地铺，大家不计任何报酬地参加敞车改造大会战。由于有厂党委的正确领导，又有高总带领的革新小组的技术支持，加上我们青年突击队的作用，终于在规定的时间内完成了敞车改造的任务。

此次修车会战，使我在多方面得到了锻炼、提高和升华。这次修车会战，也使我认识到知识的力量，技术的作用。我作为一个初中毕业生，更渴望学习更多的技术知识。赶巧遇到东北工学院干部专修班招生，组织先送我到冶金运输学校补习了一年高中的课程。经过严格的考试，我还真考上了。在东工专修班学习了两年的管理工程课程，这两年的大学生涯真是收获颇多。从矿山到选矿、烧结，从炼铁、炼钢直到轧钢，系统地学习了钢铁生产全流程。不但学习了高等数学、英语、化学、物理等自然科学，还学习了工业统计、工业会计、优选法、网络技术、计算机管理等现代化工业管理知识。更让我想不到的是大学毕业后，上级组织又立刻让我到厂里做生产副厂长的工作。因为有上次修车会战的锻炼，以及多年实践经验的积累，所以我很快就适应了工作。这项工作不仅是修车而且最主要的是用车，要把全鞍钢所有生产厂矿的生产用车，用网络的方法连在一起，源源不断地为各兄弟厂矿输送出一辆辆、一列列安全适用的各种车辆，保证鞍钢生产的原燃料及时送到位，保证鞍钢生产的产品源源不断地运往祖国的四面八方。

修车会战仅仅是改变了车的形状和强度，从而适应了一时的生产需要，而思路的改变和觉悟的提高则是指导所有工作的根本。我觉得，最受益的这次修车会战，给我的启迪就在于必须不断地改变、创新，过去如此，现在如此，将来也是如此。

（作者曾任鞍钢铁路运输设备制造公司工会主席。）

修建沙河铁路大桥

张源清

2018 年是建党 97 周年纪念日，也是鞍钢成立 70 周年。

鞍钢是国家钢铁工业的长子，从我小学生起就在脑海里有记忆，也梦想将来有机会过去看看。后来从部队转业后，我们一大批四川籍战士都分配到鞍钢建设公司，从此我的梦想也就变成了现实，并在鞍钢一直工作了近 30 年。而今，建设鞍钢的很多往事仍然历历在目，最让我难忘的是修建沙河铁路大桥。

记得是在 1971 年 5 月 4 日，我们接到修建沙河铁路大桥这项工程任务。可以说，一项重要工程必须要在雨季到来之前把基础工程做好，就是桥墩要露出水面。同志们为了抢工期，只能分三班倒连续作业。我们大部分是南方人，鞍山的 5 月初，天还很冷，施工设备进不去，只能靠人工干。挖桥墩基础时，首先要把淤泥清除。同志们只能卷起裤腿，下到排水后的淤泥中用铁锹挖、用手扒、用洗脸盆一盆一盆地往小车里倒，有的采取人工肩挑抬，一天下来，同志们都成了泥人。在淤泥里泡的时间长了，脚都僵硬，觉得刺骨的寒冷，当时没有一个同志叫苦。经过了 40 多天不分昼夜的连续施工，终于在雨季到来之前把基础挖好，钢筋混凝土浇灌任务完成了。这座长 310 米的铁路大桥于 1971 年 5 月 6 日开工，1972 年 2 月底竣工通车，为解决当时鞍钢铁路运输遇到的困难起到了重要作用，也可见艰苦创业的精神一刻不能丢。

回顾鞍钢成立 70 年的历史，可以说鞍钢的发展日新月异，作为一名曾经参加过鞍钢建设的人也感到骄傲。鞍钢这块宝地，不仅出钢材，也出人才，全国各地的钢铁企业，绝大多数都有我们鞍山人的身影，各地都有鞍钢人的奉献，更体现鞍钢人的价值。如今的鞍钢人，要不忘初心，像老英雄孟泰那样，像雷锋、郭明义那样，让艰苦奋斗的精神，一代一代传承下去，生生不息。

（作者曾任鞍钢铁路设备检修公司工会主席。）

"中国好人"房洪瑾

潘景发

有这样一封来信，让房洪瑾感到意外又感到高兴。来信的人是一个曾受到房洪瑾资助的孩子，通信地址是孩子通过"希望办"查到的。孩子在信中称房洪瑾为解放军叔叔。一个穿了半辈子鞍钢工作服的人，被人误认为是解放军，房洪瑾觉得这是最高荣誉。因为雷锋一直是房洪瑾崇拜的偶像，"像雷锋同志那样学习、工作和奉献"，是他人生的遵循。

房洪瑾今年89岁，1952年8月毕业于天津南开大学化工专业，毕业后被分配到鞍钢化工总厂工作了42年，1987年加入中国共产党，

房洪瑾在家中留影

1993 年退休，退休前是教授级高级工程师。退休后，他参加了鞍钢关心下一代工作，先后资助了 88 名贫困儿童，累计捐款献爱心 8.5 万元。此外，他还向灾区捐款 9500 元。几年来，房洪瑾先后获得了鞍钢及以上各种荣誉称号 54 项，2015 年荣获全国关心下一代工作先进工作者称号，2016 年被鞍山市评为"道德楷模"，并荣获"辽宁好人"称号。2018 年，他被中央文明办评为"中国好人"。

房洪瑾出生在山东农村，家境贫寒，在亲戚的资助下读完高中。他在 1949 年考入天津南开大学，整个学习期间，完全是靠人民助学金和同学们的帮助完成学业的。他上大学时穿的衣服是同学们送的，穿的鞋子是学校实验室做完检验的样品。有一位同学借给他一件棉大衣，他整整穿了 3 个冬天。他说，我的经历使我对党和人民充满了深深的感激之情。当时，他每天废寝忘食地学习专业知识，不敢有一丝懈怠，最后以优异的成绩完成了学业。从毕业的那天起，他就暗下决心，一定要用实际行动来报答党、报答人民、报答社会。

1952 年大学毕业，他被分配到鞍钢化工总厂当上了一名技术员，立志要把所学到的知识全部贡献给鞍钢。在 40 多年的时间里，他刻苦钻研技术，先后参加两座焦炉的基建、12 座焦炉的大修改造及烘炉开工，主持精苯系统、二回收系统的大修工作。1956 年，为了降低焦饼中心温度差，提出改变煤气与空气斜道出口喷射夹角的理论。这一理论后来被收入冶金工业部出版的《焦炉调火》一书，应用在生产实践中，焦炭质量显著提高。因此，他获得公司重大课题攻关成果奖。

退休以后，随着鞍钢技改步伐的加快，化工总厂也开始了老焦炉系统全面升级改造，总厂聘请他为"技术咨询专家"。他想，是鞍钢培养造就了我，没有鞍钢就没有我今天的成就，我要为鞍钢技术改造尽我所能做贡献。他积极投身到大规模的焦炉工艺改造中，先后参加了焦炉建设一期和二期工程方案制定与干法熄焦技术应用方案的讨论，把多年积累的生产和技术经验毫无保留地传授给年轻的技术人员。此外，他还参加了化工总厂出版的《鞍钢炼焦技术》一书的编辑工作。这是一部自 1949 年至 2000 年（50 年）鞍钢煤焦生产的技术总结，他研究的焦炉调火技术等也收录其中。

1958 年 11 月，伟大的共产主义战士雷锋来到化工总厂工作。虽然房洪瑾与雷锋不在一个车间工作，但雷锋这个名字却一直鼓舞着他。毛泽东主席题词"向雷锋同志学习"之后，全国轰轰烈烈地开展学雷锋活动，化工总厂作为雷锋生前工作过的地方，学雷锋的氛围一直非常浓厚。雷锋艰苦奋斗精神、无私奉献精神、毫不利己专门利人的精神，在房洪瑾心中打下了深深的烙印。他常常在想，雷锋是在苦水里泡大的，是党给了他新的生命，他怀着对党的感恩之心，在短暂的生命历程中做了那么多有益于党、有益于人民的好事；我也经历过困苦，是党让我完成了学业，掌握了本领，过上幸福生活；我要像雷锋那样知恩、感恩、报恩，雷锋能做的，我也能做。

1997 年 11 月中旬的一天，房洪瑾从《人民日报》上看到一条中国青少年发展基金会救助失学儿童的消息，了解到一些贫困家庭的孩子连小学、中学都念不起，面临辍学的困境。他下定决心要尽自己所能，帮助这些孩子上学。于是，我到团市委希望工程办公室报名，从此踏上了资助贫困家庭学生的历程。

房洪瑾资助的第一名学生是岫岩县红旗营子乡塘坊村小学一年级男孩姜锦玉，第一笔捐助款是 400 元。在拿出这 400 元钱的那一刻，他强烈地意识到，自己做的是一件光荣而有意义的事情。

在房洪瑾资助的 88 名学生中，他用心最多、捐资最多的，是 1999 年开始资助的铁东区东长甸小学二年级的残疾女孩张璐璐。张璐璐是原鞍钢烧结总厂退休老工人张福臣的孙女，因患先天性脑瘫而不能行走。她自幼父母离异，跟着爷爷、奶奶生活，是享受政府最低生活保障救济的特困户。市妇联安排房洪瑾做她的代理家长。在 1999 年的暑假期间，房洪瑾雇了一辆三轮车，将小璐璐和她的奶奶一起拉到二一九公园，让她坐电动车，看猴子、孔雀等各种动物。坐上电动车的璐璐一改往日的忧郁，恢复了孩子的欢乐。璐璐激动地说："我今年 11 岁，这是我第一次到公园玩，太感谢房爷爷啦！"看到她稚嫩、天真的笑脸，房洪瑾告诉自己，这个孩子我帮定了。从那以后，每逢春节、元宵节、端午节、中秋节、国庆节这些重要节日，房洪瑾都会带上饺子、元宵、粽子、月饼和水果去看小璐璐。每年"六一"儿童节和璐璐的生日，房洪瑾都会送去书籍、文具和生日蛋糕，领她出去逛公园。璐璐爱看书、听故事，有一年的"六一"儿童节，房洪瑾买了两套共40 册故事书送给她。

璐璐行动不便，不能自己在户外活动，急需一辆轮椅。房洪瑾和老伴商量，用自己准备买自行车的钱，给璐璐买辆轮椅。一贯支持他资助贫困孩子的老伴，心疼地说："老房啊，你现在也是 70 多岁的人了，也应该考虑考虑你自己啊，你身体又不好，成天东奔西走，骑你那辆老掉牙的车子，万一出点什么事，我可怎么办？"他连忙安慰老伴说："璐璐现在正是长身体的时候，每天闷在家里见不到阳光，不利于她的健康。璐璐就像我的孙女一样，我知道她有困难，能不管吗？自行车的事可以放一放，你说呢？"老伴听房洪瑾这么说，非常理解地把买轮椅的钱交给了他。就这样，房洪瑾于 2002 年 5 月 8 日，花 846 元钱给小璐璐买了一台折叠式轮椅。当他把轮椅送到璐璐家的时候，璐璐奶奶激动地说："房工程师啊，你退休金也不多，还省下钱给璐璐买了这么好的轮椅，我代表全家人感谢您。"璐璐的爷爷也握住房洪瑾的手久久不放，激动得热泪盈眶。"六一"儿童节这天，房洪瑾又叫了一辆出租车将小璐璐和她奶奶一起拉到烈士山，小璐璐有生以来第一次登上烈士山的山顶。她坐着新买的轮椅，眺望钢城的全貌，感觉什么都是新鲜的，兴奋不已。她高兴地对房洪瑾说："房爷爷呀，原来山顶这么美。您真是太好了！我长大了也要做一个像您这样的好人。"这一次登烈士山，让小璐璐再一次感觉到生活的美好，在山顶平台上转了一圈又一圈，久久不愿离去。几年来，房洪瑾为璐璐拍的照片装满了一本相册，她非常喜欢。2004年1月，房洪瑾以璐璐奶奶王玉芬的名字在东长甸的农业银行第十四储蓄所办了个存折，每年存300元。2006年璐璐满18岁了，这一年他存了400元。在璐璐18岁生日那天，房洪瑾将本利合计1006元的存折亲手交给了她。在帮助璐璐6年多的时间里，房洪瑾共用去4000多元。2013年房洪瑾再次去看望璐璐，又给她留下了1000元，对璐璐的资助累计为5000多元。

2004年3月3日，房洪瑾又资助海城县西四镇西四小学一年级女孩翟程程。海城西四是房洪瑾下乡劳动8年的地方，他对那里有着深厚的感情。有一次，翟程程跟他说："房爷爷，您这么大年纪了，还总是来看我，我一定好好学习。我现在已经进班级前五名了，将来考上大学一定会报答您。"看到她的学习成绩不断进步，房洪瑾感觉做这些很值得。

在资助贫困学生的过程中，房洪瑾从没有给孩子们留下过地址。有的孩子通过"希望办"得到了他的地址，给他写信。有一封来信这样写道："敬爱的房爷爷您好，今天我收到了您捐给我的300元钱，心里有一种说不出来的激动，眼泪不知不觉地流了出来，您真是一个大好人，您已经退休了还捐钱给我，我真的很感谢您，是您让我知道世界上还有很多很多的好人，我一定会加倍努力，好好学习，掌握更多的知识和本领，长大做一名有益于社会的人，从而报答您和所有关心我的人。"

2008年，房洪瑾老伴的身体出了问题，做了手术。这期间他对老伴身体非常担心，思想压力很大，家里支出增加了，家务活也要他自己承担。在这种情况下，房洪瑾一方面细心地照顾老伴，鼓励她坚定信心战胜疾病；一方面继续坚持对困难家庭子女的帮扶工作，没有停止或放缓奉献爱心的步伐。老伴在病中依旧支持他帮助孩子们，这使房洪瑾由衷的感激，倍感欣慰。

自 1997 年至 2016 年，房洪瑾除资助贫困儿童以外，还在化工总厂老干部党支部的号召下，多次参加对下岗职工、街道贫困户及国内外重大自然灾害等捐助活动。在 2008 年，他以 21 年党龄每年 100 元的额度交纳特殊党费 2100 元。他说："能在党和人民需要的时候，贡献自己的力量，是最幸福的时候。我要好好保存这张收据，留给子孙，要他们听党话，跟党走。"

（作者曾任鞍钢化工总厂纪委书记。）

他的绰号叫"周助"

刘徐丽

鞍钢铁西医院离休干部周凯，大家都尊称他"周老"。"周老"今年已90岁高龄了，1944年10月参加革命，是一位有着71年党龄的老党员。

鞍钢托管中心领导接受周凯（右一）捐款

周老出生于安徽一户贫苦人家。16岁那一年，他参加了新四军，奔赴抗日前线。他随着部队打到黄河、渡过长江、跨过鸭绿江，先后参加过抗日战争、解放战争、抗美援朝战争。抗日和解放战争期间，他先后转战安徽、江苏、山东、河北、上海、浙江等地。他在部队里成长为一名医生，战场上舍生忘死、奋不顾身地救治每一名伤员；战场之外热心为百姓服务，战友和老乡们称他为"游击医生"。战争年代，他先后荣立二等功、三等功，多次受到嘉奖。

1966 年，他转业到鞍钢铁西医院，担任医院领导工作。他把部队优良作风和精湛医术带到医院，为医院的建设与发展做出了贡献。因此，周老立过功，受过奖。

"周老"在老干部中有个绰号叫"周助"，意思是无论谁有困难，只要他知道，总是第一时间伸出援手，帮助解决。

故事要从 1989 年说起。这一年，周老从医院领导岗位退了下来，把主要的精力放在了关心下一代、社会公益、扶贫帮困、献爱心做好事上来。几十年来，他做过的好事不胜枚举。

他年复一年为医院幼儿园的孩子献爱心。他自己掏腰包为孩子们购买喜欢的玩具、连环画册等儿童读物；给过生日的孩子送蛋糕和生日卡，并送上长辈们的祝福与希望；经常给孩子们送去各种水果；每年"六一"儿童节，他同孩子们一起联欢，一起去公园游园，想办法让孩子们接受健康向上的教育，为他们营造开心愉快幸福的成长氛围。

他年复一年应医院共青团和科室的邀请，为青年医务人员进行人生观、价值观、世界观的教育。讲党史、国史、家史、个人成长史；讲如何树立革命的理想信念，做一名全心全意为人民服务的合格的白衣战士；讲树立良好的医德医风，反对行业不正之风，启迪青年医务人员的心灵，激发青年人的干劲和活力。

他年复一年参加医院组织的医疗队，深入厂矿、农村，送医送药。每次医院组织这样的活动，周老总是第一个报名。他和年轻的医护人员一道，上高炉、去平炉、进车间，热心为生产一线的工人师傅们服务。他还随医疗队去农村，为村民诊治疾病，把党的关怀、社会的温暖送到农民的家里。

他年复一年坚持为扶贫助学捐款。"捐款力求早办、快办、办好，让有困难的家庭孩子早受益。"这是周老的建议，也是他的准则。他自己率先捐款，把捐款用在刀刃上。为提高扶贫工作的精准性，他亲自下科室调研，与医院工会一起研究确定扶贫助学对象及对突发事件的扶助事宜。截至 2004 年鞍钢铁西医院划归地方为止，铁西医院共有 159 名职工的孩子得到老干部的帮助。老干部们恒久真诚的捐助行动，深深打动了孩子们的心灵。他们纷纷表示：毕业以后要以实际行动报效祖国，回馈社会，报答长辈的关爱。

一个又一个"年复一年"，其中饱含深情。

铁西医院曾有一位男医生，因突发心梗病故，这突如其来的变故让他的妻子和两个孩子一下子陷入困境。周老得知这一情况后，马上送去 1000 元相助。这一笔在当时很可观的费用，帮助一家人渡过了难关。医生的遗孀给医院党委送去一张用大红纸写的"感谢信"，表达感激之情。

有一次，一名 9 岁的女孩因高热不退入院，不吃不喝，面色苍白，昏睡不醒。经过医院的会诊，确诊这名女孩得了"白血病"。父母得知病情，两人抱头痛哭。这对夫妇结婚后一直不孕，一年前从福利院领养了这个孩子。他俩没有固定工作，仅够维持生活的收入，难以支付巨额的治疗费。这一情况被周老得知后，他二话不说就给他们送去了 3000 块钱，不留姓名就离开了。周老的这一善举引起了新闻媒体的关注，经过媒体的宣传报道，引发了巨大的社会反响。医院内部、社会团体、个体经营者纷纷捐款，在不到半个月的时间里，筹集善款达 30 余万元，为患儿治疗赢得了时间，提供了资金保障。

周老说："是党救的我，知恩报恩，回报社会，是我应该做的事。趁我身体还行，要尽心尽力为党、为国家、为人民、为社会多做点实事。"周老每年都为鞍钢关心下一代工作捐款，有时一次就捐款 10000 元。周老在建党 90 周年时交特殊党费 9000 元，在建党 95 周年时交特殊党费 9500 元。党的十九大胜利召开之际，周老为关心下一代捐款 6000 元。

周老全心全意帮助别人，他自己的生活却十分简朴。他家里使用的还是 20 世纪 70 年代的老家具，床上用品已经洗得看不出原来的颜色和花纹了。他和老伴穿的都是最一般的衣服，每天粗茶淡饭，把省下来的钱都用在帮助他人上了。周老每次捐款多数都有老伴或女儿们陪同，可以说这也是他一家人的奉献。

近五年来，周老各类捐款超过 5 万元。在周老的带动下，关心下一代扶贫捐款助学工作，在铁西医院老干部队伍中已形成风气。每年 4 月 20 日，老同志们都主动捐款，献上自己的一份爱心。2018 年大家共捐款 13000 元，是上一年的两倍。

"周助"年九十，余热乐助人。周老乐于助人的精神感动鞍钢，也感动社会。他获得关心下一代奉献爱心、余热增辉优秀共产党员标兵称号。鞍钢托管中心党委作出决定，号召全体党员、干部、职工向周凯同志学习，不忘初心，牢记使命，为党关心下一代事业发光发热。

（作者曾任鞍钢铁西医院党委书记。）

老鞍钢给孩子们讲故事

王占君

清晨，在弓长岭的鱼菜市场，经常会看到一位个子不高、头发花白，戴着高度近视眼镜的老者，一边买菜，一边与熟人打着招呼，有的叫他老师，有的称他老领导，更多的喊他孟爷爷。他叫孟祥玉，是鞍钢矿山弓矿公司的退休干部。他早年就读于吉林大学化学系，20世纪60年代末毕业分配到鞍钢矿山，在弓矿第四中学当了一名老师，并逐渐走上领导岗位，曾先后当过校长、教育科长、露天铁矿党委副书记。

退休以后，本应在家安度晚年、享受清福的他，却当起了弓长岭新建小学的校外辅导员，并被弓长岭区关工委聘为"夕阳红"宣讲团的宣传员。

过去，我们的青少年爱国主义教育和革命历史、革命传统教育活动基本由那些参加过长征、抗日战争、解放战争、抗美援朝战争的老革命、老英雄来讲。他们知名度高、亲身经历、所作报告生动感人。如今，这些人年事已高，都已80岁开外，作报告也有些力不从心了。怎样把他们手中的接力棒接过来，继承这一优良传统？于是孟祥玉主动登门上讲台，利用自己的余热和多年积累的知识和经验，对青少年进行革命传统和爱国主义教育。从2007年11月开始，他对弓长岭区中小学生作演讲，到今年为止，累计讲课47场，听课班级为1218个，听课的师生和青少年达42000余人次。老骥伏枥，十年耕耘。他用自己辛

孟祥玉（后排右三）与学校师生合影

勤的汗水净化了孩子们的心灵，增强了爱国情怀，也给自己带来欢欣和愉悦。

孟祥玉今年74岁，在年轻时除了读书和写写书法外，别无其他爱好。为了做好对孩子的演讲，撰写讲稿，他学会了使用电脑，学会了上网查阅和下载资料，学会了打字和排版。

2011年9月，他的孙子出生了，只好和老伴一起到南京去带孙子。可为了完成讲课任务，在带孩子的同时，仍然挤出时间搜集资料，撰写讲稿。

从2012年开始，每年的9、10月份他都要特意专程从南京赶回弓长岭，给区中小学生讲课，至今已有六年时间了。每次他回来，做饭带孩子的任务就全部压在老伴一个人身上。2014年，他的孙女又出生了，两个 70 多岁的老人带两个孩子已经很辛苦了，但他为孩子们准备教案却一次也没耽误。有一次，他回弓长岭讲课，老伴来电话抱怨，他跟老伴说："要不然，我就不讲了？马上回去？"老伴说："我向你诉诉苦，心里才觉得好受些，并没有让你回来的意思，你就讲完了再回来吧，那边有那么多孩子等着你呢!"老伴的理解与支持，坚定了他继续讲下去的信心。

从 2007 年开始，他以纪念逢十的重大纪念日或发生重大事件为契机，结合中小学生的思想实际，选定一两个切入点，拟定演讲内容。

2007 年 12 月他以纪念南京大屠杀为契机，为学生们做了《热爱祖国、勿忘国耻》的主题演讲。

2008 年 10 月以我国成功举办北京奥运会和"神舟七号"胜利升空为契机，做了题为《树热爱祖国之心、立报效祖国之志，为中华民族的复兴贡献力量》的演讲。

2009 年 9 月以新中国成立 60 周年为契机，做了题为《我爱社会主义祖国》《社会主义好》和《走社会主义道路是唯一的选择》的演讲。

2010 年 10 月以志愿军赴朝抗美援朝 60 周年为契机，为中小学生做了《继承志愿军先烈的革命精神　做无硝烟中的胜者》的演讲。

2011 年 9 月以"九一八事变"八十周年为契机，为学生们做了《勿忘国耻　奋发向上》的主题演讲。

2012 年 10 月以党的十八大召开为契机，为学生做了《立下复兴志，当好接力人》的主题演讲。

2013 年 3 月以毛主席为雷锋同志题词五十周年为契机，给中小学生做了题为《走雷锋成长的路　做雷锋式的好少年》的演讲。

2014 年 10 月以纪念我国第一颗原子弹爆炸五十周年为契机，为学生们做了《努力学习　为圆中国梦做贡献》的主题演讲。

2015 年 9 月以纪念抗日战争胜利七十年为契机，做了题为《爱国情怀是圆梦的原动力》的演讲。

2017 年 10 月以红军长征胜利八十周年为契机，为中小学生做了《继承红军革命精神 新长征路上阔步走》的主题演讲。

为了加强计划性，克服随意性，避免内容重复，更为了提前筹集资料和素材，打造出精品，奉献给青少年，他于 2010 年初制定了《关于 2010—2012 年对青少年进行思想教育三年计划》；2013 年 2 月，又制定了《2013—2015 年对中小学生进行政治思想教育宣讲计划》；2015 年年底，再度制定了《2015—2019 年对中小学生进行思想教育宣讲计划》。

孟祥玉是教师出身，他的演讲立题与内容能够紧紧围绕学校的政治思想教育工作安排，并针对现在中小学生的思想实际来组织开展，既受学校的欢迎，也容易使中小学生接受。因此，他每次讲课后，学校都组织学生写心得体会，并安排各班级召开主题班会来消化他讲的内容，以此来达到教育目的，激发中小学生的爱国热情和继承革命传统，实现伟大中国梦的信心。

2017 年 9 月 18 日，他在区初中讲完课之后，主持会议的区中学团委书记在总结时讲到："今天，我们再一次听了孟爷爷的演讲，享受到了思想上的盛宴，受到了灵魂上的洗礼。"听到这，他也感到震撼，并暗下决心，只要身体不出毛病，就讲到 80 岁！每年为孩子们打造一篇思想教育的精品，不断地向他们输送正能量。

对于这些，有些同志很不理解，有的还好奇地问他说："像你这样既有高级职称，又是副处级干部，讲一场得好几百吧？"他笑一笑答道："一分钱也没有，白尽义务。"一些老同志夸赞他："老孟，你真行，够样！"也有的老同志不解地说道："你费心操力还白搭路费，这是图个啥呢？"

"图个啥？我这么做到底图个啥？"每当谈到这个话题，他感慨地说，"当我走进教室，看到孩子们渴望求知的目光时；当我演讲后，看到孩子们脸上浮现出灿烂满意的笑容，报以充满感激之情的热烈掌声的时候，我仿佛找到了我在刚参加工作时，第一次走上讲台的那种充满使命感和神圣感的感觉。"

（作者曾任鞍钢集团矿业公司弓矿机械厂党委书记。）

爱心义工服务队的带头人

杨宝库

赵德仁同志 1949 年 8 月参军，1982 年从驻鞍某部团长岗位转业，分配到原鞍钢质量处（质量检验中心前身）任副处长，1992 年 7 月离休后一直担任质量检验中心老干部党支部书记，现年 87 岁。这名老党员虽然离休多年，但始终牢记党的宗旨，践行党员使命，不忘初心，忠诚勤勉，几十年如一日地扶贫解难，奉献爱心。他自发组建"爱心义工服务队"，将关心下一代工作延伸到社会，定期开展公益性服务，解决部分弱势群体存在的实际问题。他老有所为，充满能量，深受广大群众的赞扬，多次被评为鞍钢集团公司优秀共产党员和关心下一代工作先进个人。

赵德仁（左五）与爱心之家义工服务队成员合影

赵德仁同志认为，人退休了，精神不能退，要继续为社会做点事；作为一名老党员、老干部，要以雷锋、郭明义为学习榜样，全心全意为人民服务，为党和人民做一些力所能及的贡献，更好地发挥余热。

2009 年深秋的一天，他同几名老同志聚集在一起，商谈如何尽自己所能为党为社会做些贡献。赵德仁同志当即提出，以社区为中心，对辖区居住的孤寡老人、贫困家庭开展帮扶和捐资助学等献爱心公益活动。他的倡议不仅得到了其他老同志的赞同，也得到了老伴梁颖和子女的大力支持。随后他提出了申请，"爱心义工服务队"获得市慈善总会批准，于 12 月 25 日正式成立。赵德仁同志任队长，老伴也参加义工服务队并担任会计，协助赵德仁同志做好义工服务队的各项管理工作。赵德仁和老伴商议后，决定将自家作为义工队的活动地点和会议室，定期组织义工队员进行政治学习，以理论知识武装头脑，坚定理想信念，通过学习党的十九大以后，会议文件和习近平总书记系列重要讲话精神，每名义工队员都表示，要在思想和行动上同以习近平同志为核心的党中央保持高度一致，为实现国家富强、民族振兴、人民幸福的中国梦尽自己的绵薄之力。

义工队主要针对一些社区里生活需要帮助的孤寡老人，生活难以为继的困难居民，由于家庭生活困难将面临辍学的品学兼优的学生，开展爱心帮扶活动，尽可能解决身边乃至社会上存在的一些实际问题。服务的对象有空巢老人 18 户，困难居民 11 户，需要资助的困难家庭子女 13 名，都由义工队员分片包干负责，让困难群体深深感受到社会大家庭的温暖。

鞍钢老劳模马素芹是一位住在上石桥的独居老人，今年 86 岁，儿子曾经是营口鞍钢鲅鱼圈分公司职工，因病已瘫痪在床，无法照顾老人。义工队成立之初就得知这个情况，连续 7 年坚持帮助照顾，定期到她居住的小院干农活，春种秋收夏除草，将老人的生活安顿得井井有条。她也在义工队员的带动下，加入了这个队伍，要将爱心传递下去。近来，老人身体不适，每次住院也是由义工队员轮流护理；出院后，包保队员也会经常到家中送粮送菜。

像这样的空巢老人，每位都由2—3名义工队员负责，定期到家中帮助打扫卫生做家务，帮助买粮买菜以及购买部分生活用品等，对生活困难的孤寡老人还送棉被、床单及炊具等日常生活用品。队员们经常给老人读书读报，陪伴老人谈心解闷，不但解决了他们的自身不便，更给他们带去了欢乐。大家都把彼此当作亲人一样，逢年过节也总是聚在一起。对于这些孤寡老人们，帮助购买生活用品固然重要，队员们给予的长时间的陪伴，更是他们最为需要的。义工队员也对社区的困难户实施经济援助，逢年过节送米面油等生活用品，每年平均资助米、面、油300余公斤。

孩子是祖国的花朵，需要更多的关爱。家住深沟寺的王田明俊是一名小学二年级学生，母亲早逝、父亲走失，一直和姥姥生活在一起。得知这个信息，赵德仁夫妇和队员前去探望，看见眼前这个机灵懂事的孩子，两人当即决定包保这个孩子，负责每年的学杂费用，也在每年儿童节的时候送去衣服、鞋子、文具等生活学习用品。每次去的时候，小明俊都会给赵爷爷和梁奶奶讲学校发生的事儿，孩子很聪明，成绩也一直很好，这是最让老两口欣慰的。湖南26中学一年级学生柴运程，父亲去世后，母亲也离他而去，奶奶从海城农村过来照顾他。这祖孙二人由3名队员负责，唐丽洁负责孩子每年的学杂费，王宏怡和岳晓峰负责每周到家中探望，会送去一些鱼肉蛋和生活用品。孩子可以继续上学、老人有人照顾，这个濒临破碎的家庭，重新燃起希望。义工队员用他们的真情，在一个个孩子心中描绘了五彩斑斓的世界。

除此之外，"爱心义工服务队"与鞍山市儿童福利院、鞍山市敬老院和贵州省的贫困山村，建立了长期帮扶关系。每逢节假日，义工队员都会去市敬老院帮助包饺子、为老人理发，去市儿童福利院看望那里的孤儿并送去一些小礼物，累计为贵州贫困山区捐献棉衣、毛衣等衣物 161 件。义工队经常组织公益活动，每年最少两次到玉佛山风景区组织捡垃圾，每次在活动过程中都有很多人自发地加入进来，为美化环境出一份力。义工队员还踊跃参与全国性的赈灾活动，岫岩水灾、甘肃舟曲泥石流、南方五省市旱灾、青海玉树地震、四川芦山地震等，全体队员累计捐款 17130 元。

2016 年，赵德仁同志以"爱心义工服务队"名义主动到市希望工程办公室请求资助贫困家庭子女就学。市希望工程办公室分配了千山区唐家房镇中心小学 10 名贫困家庭子女名额，义工队员纷纷主动申请参加救助。1 名队员与 1 名学生结成帮扶对子，资助学生每年 300 元学杂费，直到被资助学生初中毕业。同时也将这 10 名学生的家庭纳入义工服务队的帮扶范围，由几名队员包保 1 个家庭，定期前去看望。

目前，义工队已形成规范体系，有明确的学习、服务、财务等多项制度，成员均经过慈善总会培训，颁发工作证，还专门订制了帽子和红马甲，凡是义工队活动都穿戴整齐。其组织也在不断发展壮大，活动过程中，很多人受老同志影响也自觉地参与其中，还有一部分是曾经受过帮扶的人。义工队由成立之初的 11 名离退休老同志，发展到目前的 70 多名队员，既有在岗的热心公益活动的中青年同志，也有在校学生，成为了一支老中青少"四世同堂"的献爱心做奉献的义工组织。队伍不断壮大的同时，为了帮助到更多的困难人群，义工队有了明确的区域划分，分别设立了片长，就近分工负责空巢老人和特困户的走访帮扶，服务范围也在不断扩大，已遍布铁东、铁西、立山区等多个社区。

爱心义工服务队的善举，受到市慈善总会的肯定，以及受资助团体和个人的赞扬。他们的事迹多次在市电视台、《鞍山日报》和《千山晚报》上报道。2013 年"爱心义工服务队"被市精神文明指导委员会授予"志愿服务优秀团队"，赵德仁同志也荣获"最具爱心义工队长"的荣誉称号。

作为一名共产党员，赵德仁同志多年来帮助别人、快乐自己，默默无闻奉献爱心。在组建和参与义工队活动之余，他先后资助 6 名困难家庭子女就学或就业，为他们排忧解难，解决了家庭的后顾之忧。

当得知铁西区有一个叫马秀荣的女孩生长在单亲家庭，母亲残疾，家庭生活十分困难，赵德仁当即资助 2000 元维持其家庭生活。同时他还帮助女孩寻找就业前的培训班，经多方联系，使该女孩很快经过培训，就了业，缓解了家庭困难。2013 年，两名困难家庭的子女高维亚和朱家明考取了大学，但入学的学费成了难题。尤其是家住深沟寺的高维亚，父亲残疾，母亲没有工作，享受低保维持家庭生活，筹集学费难上加难。赵德仁同志得知后考虑到，孩子考取了大学本不容易，若失去上大学的机会就成了终身遗憾。为圆他们的大学梦，便与老伴商议拿出省吃俭用下来的一部分钱资助他们，资助两个孩子每人每年 2000 元，直至大学毕业。当老两口将钱送到高维亚家中时，高维亚的父亲跪在床上连连磕头，泪如雨下，用颤抖双手紧紧握住赵德仁，抽泣着说："是您给我的孩子上大学的机会，您的资助我们一辈子都忘不了，您是我们家的恩人啊！"被资助的两名大学生现在已经毕业参加了工作，工作之余经常打电话问候或到家中看望，感谢当年资助过他们的恩人。他们永远不会忘记，在困难之时，是赵德仁的资助使自己完成了学业，有了今天的生活。他们决心努力工作，回报社会。一颗颗爱的种子，就是这样在青少年的心中生根发芽。

在鞍钢集团关工委组织的捐资助学活动中，赵德仁同志积极带头，每次捐款均在 200 元以上。在他的带动下，质检中心老干部党支部在每次捐资助学活动中，人均捐款都超过 100 元。多年来，他本人资助贫困家庭子女就学资金已达 2 万余元。

赵德仁同志的爱心之举不仅仅局限于捐资助学，看到哪里有困难就把爱心奉献到哪里。当得知某地区遭受到自然灾害时，都能够积极主动向灾区人民伸出援助之手，奉献爱心捐款捐物。当知道有困难的家庭需要帮助，他主动帮扶，送钱送物。多年来，通过单位或市慈善总会多次向灾区人民和帮扶困难家庭捐款，累计已达 13910 元。

赵德仁同志始终以全心全意为人民服务为宗旨，自觉以雷锋、郭明义为学习榜样，服务社会，帮助他人，做好事行善事，默默无闻奉献爱心。

（作者曾任鞍钢技术质量监督部纪委书记。）

在矿区小镇传播传统文化

沈光理

鞍钢矿业大孤山铁矿关工委老同志们一直都在思考，怎样贴近矿区实际，选择什么样的切入点，才能更好地发挥作用。经过调查研究，决定"针对矿区居民特点，创建特色矿区文化，推进社会主义核心价值观教育"为宗旨，在传承上做文章，在青少年教育上求突破，走一条以国学经典培育时代新苗的特色育人之路。

矿关工委首先决定联合大矿小学成立大矿国学晨读站，并在矿区广场建立读书会讲堂，一起诵读国学经典。学生及家长在得知这一消息后，踊跃报名，积极参加。关工委与矿老干办、团委研究，以矿文体活动中心为基础，逐步建设以展示、阅读、活动为一体的国学经典传承教育基地。发动矿离退休老同志和青年职工开展义务劳动，对矿职工文体活动中心进行整理布置。向矿业公司老干办求援，帮助晨读站购置了大量的桌椅。为取得更好的效果，专门配置多媒体演示设备，设置"吟诵室""汉舞舞蹈室""唱诵声乐室"等特色功能室，建成开展各种国学传承教育活动的大型综合场所。在活动中心原有图书馆的基础上因地制宜，创建社区文化图书馆，号召离退休老干部捐款。购置书柜、书架十二套，购买国学经典书籍、青少年教育书籍七百余册，对社区居民全年开放。每逢节假日和空闲时间，都有大批的矿区居民领着孩子在这里借阅图书，学习知识。

有了基地，就要开展一些特色活动，形成有吸引力、有说服力、有影响力的国学传承教育活动模式。

关工委老同志以"讲国学、诵经典、尽孝道、作贡献"为主题，每周六、周日早7：00—8：00定期组织矿区青少年及家长一起诵读《诗经》《论语》《老子》等国学经典，以及其他能使青少年受到教益、增长知识的古文、古训。每周四晚5：30—7：30为读书会时间，开设"成人班"和"少儿班"，利用两个多小时时间学习国学经典，再用一周时间回家体会，培养孩子学国学的兴趣，增进孩子与父母间的沟通和交流。通过"成人读书会""少儿国学堂"，在学生与家长之间架起"互学""互问"的桥梁。

在搭建教育平台的过程中，注重发挥老同志的优势和作用。朱文进同志是参加过解放战争的老战士，也是大矿关工委副主任，积极带头参加晨读活动。在晨读站朱老的年纪最大，但坚持每天早早到，不论刮风下雨，只要晨读站活动正常，绝不缺席，为孩子们树立了热爱学习的好榜样。他常对孩子们说："我小的时候没有学习的时间和条件，现在有了大家一定要坚持学习！"孩子们纷纷表示要向朱爷爷一样坚持学习。离休老干部宿景文有5个孩子，一个博士后，两个博士生，两个本科生，大家都称赞他是教育孩子的专家。因为身体原因，他不能参加晨读活动，但他心系关爱下一代，只要有家长向他请教如何教育培养孩子，总是毫无保留，将自己毕生培养教育孩子的方法耐心细致地传授他人。

为进一步扩大晨读站影响力，激发社区群众学习传承国学的热情，关工委在矿区广场建设了国学经典展示区，制作了"矿区文化宣传板"；组织各种宣传演出，与大矿小学携手召开了"老少同乐诵国学"等活动，让孩子们更加深刻地理解国学经典的内在含义，教育孩子们将优秀的传统文化自觉落实于生活之中，快乐学习、健康成长。

为进一步提升国学学习的专业化水平，关工委特意聘请到中华传统文化促进会阎伟讲师主讲，举办了百余人参加的"道德大讲堂"讲座。通过阎老师的讲解，不仅拓宽了矿山居民的知识面，还促进了居民素养的提升。以"百家讲坛"为基本模式，协同大孤山矿小学，遴选部分优秀的国学爱好者谈心得，讲体会，并引导孩子们参与谈体会活动。

经过努力，矿关工委开展的国学传承教育活动取得了积极的成效，参与人数越来越多，在矿区居民中的影响力越来越大，对提高矿区居民综合素养，培养矿区青少年道德情操，形成健康有益的生活习惯，起到了积极的推动作用。

创出了活动品牌，影响力不断增强。传统文化教育活动从开始的几十人参加，到现在的几千人参与，已经成为大孤山矿区一项群众喜闻乐见的业余文化生活。经过关工委和志愿者们的积极努力，这项活动也成为大孤山矿区的一张名片，在鞍山市具有了一定的知名度和影响力。大孤山晨读站爱好者们在"鞍山市中华传统文化促进会晨读总站"的月评比赛中成绩斐然，多次获得"诵读月冠军""背诵月冠军""默写月冠军""年度背诵总冠军"等荣誉。还创出了"三个最多"："参加晨读人数最多、公益活动次数最多、各项比赛获奖人数最多"。大孤山矿关工委联合大矿小学推出的"以经典为伴、与圣贤同行"活动被《鞍山市教育前沿》报道，"传承国学经典，亲情传递宣传活动"在鞍山电视台新闻联播中播出。"迎十一·庆重阳""传承国学经典·迎新年""传承国学经典·共筑中国梦"等一系列活动的开展，使群众对宣传活动的认同度大大增强，参与度也更高。大矿关工委、大孤山矿、大孤山街道、大孤山矿小学联合"中华母亲讲堂"举行的"诵国学·赏梨花·钢都传情"大型宣传活动，被"中华母亲讲堂"上传到了"世界华人联合会"网站上。

达到了预期目标，矿区居民受到了教育，青少年们的道德水平得到了提高。大矿小学张鑫玉同学父母经常吵架，感情不和，11个月就由爷爷抚养。爷爷又做妈，又做爸，又做爷爷，对孙子溺爱，只要孙子要的，他都会尽力做到。有一次，老师让买个视力架，他爷爷就给买了新版的。张鑫玉看到别人的视力架比他的好，就哭着让爷爷再给买一个，爷爷很苦恼。这时正好罗老师看见了，让他背诵《弟子规》，当他背到"父母教，须敬听，父母责，须顺承"时，罗老师问他做得怎么样，他低下头，小声地说："老师我做错了。"罗老师对他说："《弟子规》只会背可不行，重点要力行，今天回家你就要向爷爷认错。"回到家里，张鑫玉给爷爷跪下说："爷爷我错了，我以后再也不和你耍脾气了，你带我太辛苦了！以后我再也不让你生气了。"听了孙子的话，爷爷再也控制不住了，流下了眼泪。从此之后，每周四爷爷都和张鑫玉一起坐在课堂里听课。家长们看到了孩子们的改变，都主动让孩子们参加学习、活动。

改善了社会风气，提高了矿区居民继承中华传统美德，学习优秀传统文化的兴趣。一些矿区居民说，传承国学经典，以文化人，改变了自己的生活习惯，再也不去打麻将了，家里笑声不断了。还有的居民以前对婆婆不好，经常找婆婆的毛病。通过学习国学，自己知道错了，一家人和睦相处，其乐融融。参加优秀传统文化学习活动逐步成为矿区居民的一种习惯、一种依赖，并从中受益，潜移默化地受到教育，整个矿区居民的道德素养得到了提升。

（作者曾任鞍钢矿业公司大孤山铁矿纪委书记。）

给青年科技人员讲传统

金振昌

钢铁研究院关工委与团委合作十五载，结下了难忘的不解之缘。年轻的科研人员与"五老"在鞍钢文化、鞍钢精神氛围内共同学习，抒发着钢铁长子的情怀。

鞍钢钢铁研究院关工委成员与青年科技人员合影

15年前，院党委决定大学毕业生入厂开篇教育由老干部承担。老干部关工委不辱使命，认真做好每年的开篇教育，将促进青年科技人员学习、成长，培养创新型人才，作为关工委根本任务。突出重点发挥优势，扎扎实实地开展了树立正确世界观、人生观、价值观以及社会主义荣辱观的教育。老干部讲党史，老战士讲军史，老专家讲厂史、讲院史；向他们传授"创新、求实、拼争、奉献"的鞍钢精神；讲述老一代科研人员无私奉献精神和科研成就，介绍冶炼专家杨树棠、军工专家曹荫之等为鞍钢发展做出的重大贡献，使新入厂的大学生知道在漫长的人生道路上如何做人，如何成长为一名德才兼备的创新型人才。同时，也向他们讲述青年科研人员近年来的成长过程与成就。当代发明家一级研究员于淑娟，她的课题基地在炼铁厂，工作环境艰苦。她在烟尘弥漫，热气扑面，气味熏人的污泥池边取样分析，一干就是20余载。如今她的成果达到国际领先水平，每年回收尘泥创效3.1亿元。真是不经一番寒霜苦，难得梅花放清香。钢研院是英雄辈出的地方，榜样就生活工作在我们身边。

金相老专家胡玉和把自己主编的50余万字的《X光衍射技术和设备应用》一书，以及他研究ODF函数技术等，提供给当年的青年科研人员刘仁东。如今刘仁东是鞍钢首席专家，汽车板的领军人物。刘仁东说："我们今天的研究都是在老一辈打下的基础上开展的。胡老把自己过去精心研究的成果和试验技术，毫无保留地传授给我们，我们课题组全体人员都得到了胡老的帮助。他老人家有求必应，甚至拄着拐杖步履蹒跚地亲临试验室指导我们操作设备。他还经常告诉我们，不要嫌弃这些老设备，初级试验这些设备还很管用。老人家一生热爱自己的事业，他的精神永远激励我们奋进。"

炼钢专家胡嘉弟与工艺所徐梦春、军工所李培兴两位年轻科研人员结成对子，向他们传授多年在现场与工人师傅紧密配合搞课题研究的经验与体会。他说：思考是一个长期过程，也就是说要学习一辈子、思考一辈子、干一辈子，只有这样才能不断进步，不断提高，不断创造高水平成果，更接近自己的梦想。

老党委书记侯治余对青年技术人员说："1955年我在无缝厂担任团委书记时，接待了来鞍钢的第一批清华大学毕业生，那些小伙子个个充满朝气，不怕苦，不怕脏，立即投入到各自岗位。这批人都很有成就，有的成了专家，有的走上了领导岗位，有的支援全国各个厂矿和院校。今天的青年技术人员一定要向这些前辈学习，肯于钻研，肯于吃苦，干出成就。"

当年立过两次大功的创福江向青年们讲述了自己参加塔山阻击战的经历。他讲道："战斗持续了三天三夜，阻击了敌人十几次进攻，最后他所在的班只剩下 4 个人。"听他的故事，大学生丁伟激动地说："我是锦州人，从小就听老一辈给我们讲述辽沈战役的故事，今天亲眼见到当年参战的老英雄，真是太激动了，我决不会忘记过去，要学习老一辈艰苦奋斗、不怕流血牺牲的精神，做好本职工作。"

老干部关工委与团委配合多年，在每一次开篇教育座谈交流中，都做到了有声有色，针对性强，感染力大。老同志言传身教，在青年科技人员心中深深扎了根，他们中有近百人与老同志建立了深厚的感情。老同志随时向他们讲述党和企业新使命、新变化、新举措，鼓舞他们创新进取、不忘初心、筑梦前行。很多年轻科技人员已走上科研关键岗位，有的成了专家，有的成了领军人物，不断为鞍钢科技创新做出卓越的贡献。

院关工委多年组织捐资助学活动，帮助贫困家庭子女就学。这项活动对青年起到了带动和引领作用。在今年"五四"座谈会中，团委书记向关工委老同志介绍了他们 12 年爱心接力，捐资助学之路。12 年前，院团委在距鞍山 100 多公里外的岫岩石灰窑镇李堡小学建立了资助关系。李堡小学覆盖 9 个村组，共有教职员工 12 人，学生 140 余人。当地经济落后，办学条件艰苦，学习环境恶劣，大多数孩子肩负着繁重的生活负担，可他们却从未放弃自己的理想。孩子们喜欢读书，渴望成才，想用知识改变命运，让自己的家庭早日摆脱贫困。十几年来院团委与该校师生结下了深厚友谊，他们为学校建立了微机室、图书馆，捐助各类文具 1500 余套，书包 100 余个，图书 300 余本，体育用品 100 余件，并重点资助学生 50 余人。在助学中，广大科研人员看到了山区农村的贫困状态，孩子们的求知渴望深深地打动了每个人的心。助学过程使他们成熟了，使他们知道应尽的社会责任，更加珍惜今天的生活、工作环境，同时也决心做好本职工作，使钢研院明天更加辉煌。

（作者曾任鞍钢钢铁研究所工会主席。）

后 记

在纪念鞍钢成立 70 周年之际，鞍钢关心下一代工作委员会（以下简称关工委）组织开展了"讲鞍钢故事"征文活动。这项活动得到了鞍钢各级关工委和离退休老同志的积极响应，共收到征文 60 余篇。这些征文内容丰富，信息量大，是研究和传播鞍钢历史文化的宝贵财富。在关工委领导尹利、石树林、闻宝满的倡议下，决定将这些征文编辑成书。在编辑过程中，又将没有收入《鞍钢人的回忆》《鞍钢六十年回忆录》两书的一些回忆文章和史料收入本书。

鞍钢集团公司党委高度重视"讲鞍钢故事"征文及本书编辑工作。鞍钢集团公司党委副书记栗宝卿亲自担任编委会主任，并为本书作序。

鞍山钢铁公司工会对本书的编辑工作给予了大力支持。鞍钢团委选派多名青年同志帮助校稿。许多离退休老同志对本书提出了修改意见。在此，一并表示感谢。

因本书篇幅有限，"讲鞍钢故事"征文没有全部选入，只选录了其中的一部分。由于时间仓促和编者水平有限，难免出现差错，请读者予以谅解。

编著者

2018 年 12 月